L'éditeur remercie les éditions Créaphis pour l'image de la page 60
tirée du livre *Paris-Banlieues, conflits et solidarités*.

Ouvrage réalisé avec le concours du ministère de la Culture et de la Communication,
direction de l'architecture et du patrimoine,
bureau de la recherche architecturale, urbaine et paysagère.

 ISBN : 978-2-91-545639-4

PARIS MÉTROPOLE

FORMES ET ÉCHELLES DU GRAND-PARIS

PHILIPPE PANERAI

Éditions de la Villette | SC

RF
2f25
POSTES
POSTE AERIENNE
OUVRE

Avertissement

La question de la métropole parisienne me poursuit depuis mes études. Inscrit dans le prolongement de l'histoire de Paris, le schéma directeur de 1965 posait alors, avec les villes nouvelles, la question d'une nouvelle échelle pour la capitale. Le concours pour l'aménagement du quartier des Halles de 1967 auquel j'ai participé dans l'équipe de Louis Arretche s'intéressait à son centre. Les questions n'ont guère changé.
L'enseignement à l'École d'architecture de Versailles puis à Paris, l'activité professionnelle d'architecte tourné vers l'urbanisme ont fourni mille occasions de parcourir, de relever, d'observer la région parisienne, d'y mener études et projets, de la comparer avec d'autres grandes métropoles. Plus récemment et à partir des réunions organisées à l'occasion de la révision du schéma directeur de la Région Île-de-France, un débat s'est construit auquel j'ai participé avec intérêt. Ce livre est issu de tout cela.

Il est inséparable du travail mené à l'agence depuis quinze ans : concours, études et projets sur Seine-Amont, Sarcelles, Versailles, Mantes, Champigny, Romainville, La Courneuve, Montereau, Grigny, Saint-Cloud, Saint-Ouen, Nanterre, la RN 14, la RN 445, la RN 6, Vigneux, La Défense, Corbeil, Seine-Rive-Gauche, le XIVe arrondissement, Ivry, Évry, la porte des Lilas, la Plaine de France, Massy, Aulnay, Boulogne.
Ma gratitude va naturellement à ceux qui, d'une manière ou d'une autre, ont été associés à ce travail. Avec Hélène Fernandez ont été posées les bases d'une cartographie du Grand-Paris, sujet sur lequel sa thèse a apporté des éclairages et des analyses particulièrement stimulantes ; elle a eu la gentillesse de relire la première version du manuscrit et de me faire profiter de ses remarques toujours pertinentes.
Avec Dominique Petermüller ont été approfondis à l'occasion de plusieurs projets, à Massy, Mantes et Plaine de France, les enjeux actuels du développement, avec Xavier Fabre, mon voisin, la question du métrophérique.
Interlocutrice permanente toujours agréable, Shahinda Lane, qui a participé dès l'origine aux comparaisons entre métropoles, a coordonné avec intelligence et sensibilité le recueil et la fabrication des illustrations. Nicolas Simon en a assuré le bon achèvement avec compétence et efficacité. Julie de Kimpe a eu la responsabilité du métrophérique. René Schmidt a inlassablement exploré les données démographiques. Flavia da Silva Antunes et Julia Kosciuk ont été mises à contribution sur la question des grands ensembles

et des tissus. Enfin Martine Eterradossi a assuré la saisie et le traitement des versions successives du texte sans se départir de son flegme.

Ma connaissance du Grand-Paris doit beaucoup aux élus et aux maîtres d'ouvrage qui m'ont permis de travailler sur tel ou tel territoire, d'en comprendre les enjeux et, pendant des temps plus ou moins longs, d'en partager un peu la vie. L'engagement concret que constitue chaque projet a construit progressivement mon point de vue. S'ils sont trop nombreux pour que je les cite, qu'ils sachent que je les en remercie.
En contrepoint de ces visions localisées, l'indispensable ouverture sur l'échelle métropolitaine a été favorisée par la rencontre de quelques personnes que je tiens à remercier pour leur apport.
Christina Conrad, présidente de l'ordre des architectes d'Île-de-France, a instauré en organisant les débats publics sur la révision du SDRIF un mouvement d'idées particulièrement fécond auquel je dois l'envie de continuer. Pierre Mansat, adjoint au maire de Paris chargé des relations avec les collectivités territoriales d'Île-de-France, m'a invité aux séminaires et aux rencontres sur le thème de la Métropole qui ont enrichi ma réflexion. Yves Laffoucrière, directeur général, m'a fait participer au conseil de qualité de l'Immobilière 3F dont les visites et les débats réguliers ont constitué un lieu d'observation privilégié du logement social en Île-de-France. Claude Bartolone m'a associé à un atelier de réflexion où le croisement des approches politique, économique, environnementale et sociale sur le territoire de la Seine-Saint-Denis a été riche et stimulant.
Les séminaires et colloques organisés par Rosemary Wakerman à New York, Guy Burgel et Michel Cantal-Dupart à Paris ont fourni l'occasion de premières synthèses amorçant l'idée d'un développement que cet essai concrétise.

Une place particulière doit être donnée à Marc Bédarida et aux Éditions de la Villette dont le rôle essentiel a commencé par la suggestion d'écrire puis par un accompagnement attentif et continu.

introduction

Au cours du dernier siècle, Paris a dépassé ses limites pour former une agglomération où se rassemblent des territoires divers coupés par des infrastructures de transports et des forêts, où les parties habitées coexistent avec des zones agricoles, des pôles d'emplois, des secteurs naturels, des plates-formes logistiques. Le centre ancien, la Ville de Paris, ne représente plus que 5 % du territoire urbanisé et doit composer avec d'autres centralités. Aux grandes villes historiques de la banlieue sont venues s'ajouter des urbanisations nouvelles souvent marquées par des polarités dédiées à des usages spécifiques : transport, loisirs, consommation, travail. L'ensemble dessine une vaste nébuleuse, organisée selon la figure de la constellation, caractérisée par une augmentation exponentielle des dimensions, des distances et des temps de parcours.
Une extension urbaine sans précédent défie nos repères. Elle modifie notablement notre perception de la ville et la pratique que nous en avons. C'est inconfortable, mais il faut en prendre son parti. Cette extension a été vingt fois commentée. Ses liens avec la révolution industrielle et la démultiplication des moyens de communication sont bien connus. Elle commence avec le chemin de fer et le tramway avant de s'accélérer grâce à l'automobile, au téléphone, au câble et au Net. Avec deux conséquences : la distance au centre, régie pendant des siècles par la règle implicite de ne pas excéder une heure de marche, soit 5 km, est largement dépassée ; du coup, la forme de la ville autrefois compacte et généralement limitée nous échappe. Son dessin n'est plus mémorisable, ses limites sont incertaines, son identité est en cause.
Cette ville qui a dépassé les limites communales est vouée à l'intercommunalité, ce qui pose à l'évidence la question, d'une part, de la multipolarité ou du polycentrisme, et d'autre part, celle des échelles de la gouvernance. D'autant que les différentes collectivités qui composent ce Grand-Paris acceptent de moins en moins d'être dans une position subordonnée, asservies à un centre principal doté de tous les pouvoirs. Les territoires se rejoignent et les infrastructures techniques, les plates-formes logistiques, les dépôts et

les réserves ne peuvent plus continuer d'être sans cesse repoussés à la marge ou chez le voisin. Il n'y a plus de marge, les confins doivent être intégrés et valorisés, les infrastructures assimilées. Le cimetière autrefois mis à distance devient un parc urbain d'un caractère particulier autour duquel on ne refuse plus d'habiter, le canal, ouvrage « technique », un lieu de promenade qui suscite des fronts bâtis recherchés.

La question de la gouvernance est au cœur des débats sur l'avenir de l'agglomération parisienne. Depuis trois ans, les tables rondes et ateliers organisés à l'occasion de la révision du schéma directeur ont rencontré d'autres initiatives : journées d'études au Sénat, Conférence métropolitaine organisée à l'initiative de la Ville de Paris, débats dans les CAUE, renforcement des intercommunalités, prise de position des élus… Plus récemment, le président de la République, en invoquant à deux reprises la nécessité d'une nouvelle donne, a ravivé les passions. La nomination d'un secrétaire d'État chargé de la Région Capitale et l'organisation d'un concours d'idées sur le Grand-Paris en sont la conséquence.

Le débat sur Paris et son agglomération est essentiel : quelle ville et pour qui ? Par quelles modalités associer les citoyens aux décisions qui les concernent ? Comment faire participer les acteurs économiques aux stratégies d'aménagement qui fixent le cadre du développement ? Il se nourrit des espoirs, des inquiétudes et des prises de conscience récentes sur l'environnement et la préservation des ressources, la densité et l'économie des sols, les modes de transport et le développement économique, le logement et l'emploi.

Parmi les publications qui fleurissent, plusieurs ouvrages traitent de cette question. *Paris Banlieues, conflits et solidarités* d'Annie Foucaut, Emmanuel Bélanger et Mathieu Flonneau (éditions Créaphis) met en perspective historique les relations de la capitale et de ses voisins. *Le Grand-Paris* de Jacques Offner (La Documentation française) rassemble les prises de position récentes de différents acteurs. La revue *Urbanisme* avec un dossier spécial, « Le Grand-Paris en débat », poursuit le travail engagé par petites touches dans chaque numéro. Sans compter la presse quotidienne et hebdomadaire qui du *Parisien* au *Monde*, du *Nouvel Observateur* à *Télérama* apporte jour après jour, semaine après semaine, de nouvelles informations ou de nouveaux points de vue. Pourtant la dimension physique de l'agglomération parisienne reste le plus souvent absente. Guy Burgel dans *Paris meurt-il ?* (Perrin) l'évoque mais son propos majeur reste politique. Paul Chemetov et Frédéric Gilli dans l'essai réalisé pour la DIACT : « Une région de projets : l'avenir de Paris », proposent une cartographie stimulante. Mais à part ces quelques cas, la forme de la ville, reflet de son histoire et condition de son avenir, reste assez généralement ignorée, comme si développement économique, enjeux de pouvoir ou conflits sociaux ne s'inscrivaient pas dans un territoire concret.

D'où cet essai qui traite de la forme de la ville en essayant de fournir des outils et des repères pour décrire l'agglomération parisienne et imaginer son avenir. Car les décisions ou les débats qui se sont amorcés autour du Grand-Paris ne peuvent se limiter à la question de la gouvernance et des pouvoirs. L'agglomération parisienne est habitée, elle possède une histoire et il est essentiel d'appréhender la matérialité de son territoire, les marques qui y sont déjà inscrites et les potentialités qui s'en dégagent. Malgré son étendue, il faut tenter de décrire la qualité des lieux ou tout au moins de l'évoquer. Il faut s'interroger sur les limites et se demander si cette notion aujourd'hui a un sens, mesurer des distances qui ne sont pas seulement des kilomètres abstraits mais des parcours, des temps vécus.

UNE APPROCHE EN SEPT CHAPITRES

L'ouvrage comprend sept chapitres. Le premier est consacré à la **densité**, ce qui est une manière d'apprécier la répartition des habitants à l'intérieur d'une grande métropole et d'associer des quantités de population à des territoires habités. **Échelles et limites** forment la matière du second chapitre et constituent une tentative pour cerner des entités urbaines dépassant et englobant le Paris central. Avec **géographies**, j'ai tenté une évocation du site global de l'agglomération parisienne, de son occupation et de ses paysages. **Pavillonnaires et grands ensembles** insistent sur les formes habitées en posant la question de leur évolution et de leur densification. Enfin le chapitre 5, **mobilité/centralités** reprend une vision globale en analysant l'agglomération à partir de ses réseaux de transports en commun. Pour découvrir une métropole dont les contours sont incertains, même si le centre est connu, la comparaison avec d'autres grandes métropoles s'est avérée fructueuse. **Paris, Londres, New York et Shanghai** constituent le chapitre 6. Enfin, pour conclure, un dernier chapitre associe la question des limites à celle des **formes de la gouvernance** et tente de donner des contenus précis aux termes du débat actuel.
Chaque fois j'ai tenté d'associer des définitions, une description générale des quantités et des exemples précis. De dire aussi, modestement, mon point de vue sur ce que j'ai compris du schéma directeur de 2007 et d'illustrer ou d'expliquer des points de vue souvent abstraits ou exprimés dans un langage politico-technocratique qui les rend opaques au plus grand nombre, comme si urbanisme ou aménagement urbain devaient rester un domaine réservé aux seuls spécialistes.
La question de la gouvernance, si elle renvoie à celle de la forme, n'est pas indépendante des mots. À Paris, prenant la suite des extensions précédentes, l'action d'Haussmann a consisté à élargir le centre, à passer de la ville du piéton et des charrettes à celle du chemin de fer ; ce faisant, Montmartre,

Ménilmontant ou le village d'Austerlitz sont devenus Paris. Mais depuis plus d'un siècle et demi, la limite de Paris calquée sur l'enceinte de Thiers, remplacée dans les années 20 par la ceinture des HBM, redoublée dans les années 60 par le boulevard périphérique qui suscite un nouvel anneau de constructions denses et élevées, enferme la capitale et l'isole de sa banlieue : coupure physique, barrière sociale… Or, depuis longtemps, Paris ne se restreint plus à sa seule définition administrative.

Dans la compétition internationale entre les villes, la concurrence pour les jeux Olympiques en fut une illustration douloureuse, la ville c'est l'agglomération. Nous ne sommes plus au temps où le conseil municipal de Paris acceptait le métro à condition qu'il ne dépasse pas les limites communales. Vu de Houston, du Caire, ou de Shanghai, l'aéroport de Roissy-Charles-de-Gaulle est l'aéroport de Paris, le stade de France est à Paris, La Défense est Paris. Et le Paris central, le Paris « historique » et institutionnel n'est pas le patrimoine ou la propriété des seuls habitants des vingt arrondissements ou de leurs élus, mais le centre d'une ville de 5 à 9 millions d'habitants qui sont de Clichy, d'Évry, de Versailles ou de Bobigny, mais qui sont aussi Parisiens comme à Londres on est de Hackney ou de Southwark et Londonien, à Montréal, de Westmount ou d'Outremont et Montréalais.

C'est donc à la recherche de ce Grand-Paris, ce Paris-Métropole ou métropolitain, que cet essai est dédié. Avec la conviction qu'entre le Paris hérité d'Haussmann et la Région Île-de-France, il manque au moins un échelon intermédiaire, une unité urbaine qui fasse sens, un nom qui rassemble et fédère.

On l'aura compris, par ville ou par Paris, j'entends l'ensemble de l'agglomération et non la Ville de Paris au sens de l'entité administrative centrale (les 20 arrondissements) que j'appelle Paris intra-muros pour en souligner l'actuelle clôture et la nécessité d'en sortir[1].

Malgré les connotations négatives qui lui sont fréquemment associées, j'ai souvent utilisé le terme banlieue pour marquer une double conviction. Que la ville aujourd'hui englobe sa banlieue, ce qui ne gomme pas les différences avec la ville-centre mais pose clairement la question de l'unité et de l'identité commune. Que si à l'intérieur de l'agglomération parisienne, certaines banlieues difficiles posent un véritable problème social et politique, ce n'est pas en supprimant le mot que l'on y portera remède. Le terme de banlieue restera dévalorisant aussi longtemps que l'on méprisera ceux qui y habitent.

1 Un premier état de ces réflexions a fait l'objet d'une présentation à la Maison de l'Architecture à Paris, lors des débats préparant la contribution au SDRIF automne/hiver 2005-2006, puis d'une communication au séminaire Paris-New York organisé par la Maison de France (université de New York) en avril 2006.

intr

1234567

on **densités** échelles et limites géographies pavillons et grands ensembles mobilité / centra

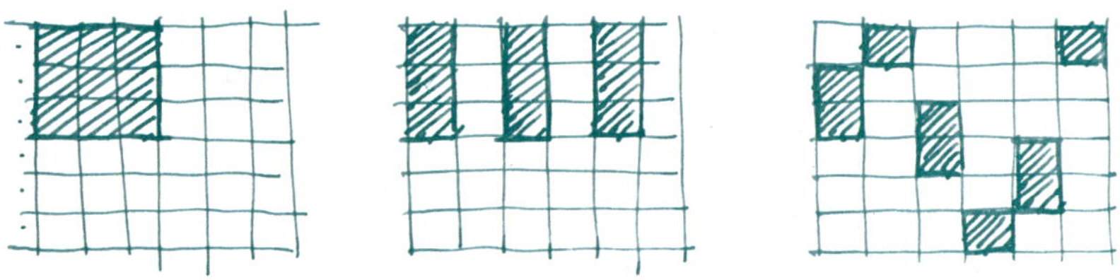

à densité égale : concentration, ordonnance ou dispersion ?

Une des capitales les plus denses d'Europe, entend-on souvent dire de Paris avec une pointe de fierté. De fait, avec 2,16 millions d'habitants sur 85 km² Paris intra-muros affiche une densité moyenne de 255 habitants à l'hectare (h/ha) qui dépasse même 400 dans certains quartiers. Mais sitôt franchi le périphérique tout change. Saint-Ouen compte 101 h/ha, le département du Val-de-Marne 50 h/ha.
Souvent comparée à Paris Londres compte 52 h/ha. Mais il s'agit-là du Grand-Londres, rassemblé dans la Greater London Authority, 8,28 millions d'habitants sur un territoire de 1 580 km², qu'il serait plus convenable de comparer à la métropole parisienne : 8,5 millions d'habitants sur 1 450 km² (58 h/ha). Et d'un seul coup, nos certitudes chancellent : Londres malgré son affection pour la maison individuelle et son goût pour les grands parcs serait presque aussi dense que Paris. Davantage même si l'on compare les agglomérations : 9,9 millions d'habitants sur 2 700 km² pour Paris, soit 36 h/ha, 9,4 millions sur 2 260 km² pour Londres, soit 41 h/ha.

Au-delà des querelles de chiffres et des interprétations mal fondées, il m'est apparu utile d'engager une réflexion sur Paris en commençant par la densité car si la ville est un paysage, c'est un paysage habité. Entre les 2 millions du Paris intra-muros et les 11 millions de Franciliens, j'ai voulu savoir comment se répartissent ces habitants, quels espaces ils occupent, dans quels territoires plus ou moins étendus, plus ou moins denses, ils se regroupent.
Et puis il y a l'avenir. La maîtrise de la densité conditionne notre capacité à

dépasser la contradiction entre la nécessité impérieuse de construire pour loger les habitants et celle non moins impérieuse de limiter l'étalement urbain. Le schéma directeur de la région Île-de-France (SDRIF) de 1994 prévoyait 54 000 logements par an, seulement 43 000 ont été réalisés (certains parlent de 41 000, voire moins), le futur SDRIF en prévoit 60 000. Le calcul est simple : poursuivre la tendance d'une densité moyenne de 25 logements à l'hectare brut consommera plus de 2 400 hectares par an ; en dix ans 240 km^2, plus de deux fois la superficie de la ville de Paris ; en trente ans toutes les réserves foncières de l'agglomération.
Toutefois la nécessité d'une forte densité ne doit pas être vue seulement sous l'angle de la préservation des espaces naturels et du foncier pour les générations suivantes. Densifier c'est aussi conforter les centres existants et remodeler les territoires, rapprocher les habitants des transports et des services pour faciliter leur vie quotidienne, développer les qualités urbaines de l'agglomération et confirmer Paris dans son rôle de capitale à l'échelle de la mondialisation.

DENSITÉ ET OCCUPATION DU SOL

Aussi bien dans les médias que dans les débats professionnels, la densité apparaît le plus souvent comme une valeur aux qualités mouvantes, tantôt bénéfique et favorisant une vie urbaine intense, tantôt abusive, synonyme d'entassement, cause de violence et de conflit.
Bénéfique, on se rappelle l'exposition itinérante « Inter-Cités » organisée par les Agences d'urbanisme en 2005 qui présentait sous forme de panneaux comparatifs les densités de différents quartiers des grandes agglomérations françaises avec, en filigrane, un éloge du centre et des quartiers centraux. Les jugements évoluent : en quelques années, l'intérêt pour l'environnement et le souci de durabilité ont conduit de nombreux maires, des responsables de l'aménagement, des associations et des habitants à revendiquer une densité raisonnable qui hier encore faisait peur. À l'opposé, certains s'effraient au seul énoncé du mot, accusent une densité trop forte de leur point de vue d'être à l'origine de tous les maux, dénoncent l'urbanisme inhumain, l'entassement, la promiscuité, le clapier. Beaucoup enfin n'y voient qu'une notion abstraite sans réel intérêt.
D'où l'utilité de quelques précautions. La première consiste à définir les notions afin de comparer ce qui est comparable, à préciser s'il s'agit de densité nette ou de densité brute, à ne pas confondre la mesure de la densité et l'impression, le ressenti ou le sentiment de densité.
La densité est une mesure utilisée dans de nombreux domaines scientifiques. La densité d'un matériau est le rapport de sa masse à celle d'un même

volume d'eau: la pierre entre 2,4 et 2,8; l'acier 7,5; le mercure 13,6. S'agissant de pays, de villes et de territoires urbanisés, la mesure la plus couramment utilisée est la densité de population ou densité résidentielle exprimée en nombre d'habitants à l'hectare ou au kilomètre carré. Mais les chiffres ne prennent leur sens et ne sont comparables que si l'on rapporte la mesure de la densité à la nature et à l'étendue des territoires auxquels ils s'appliquent.

La Chine et l'Italie ont la même densité, 135 h/km^2 (France, 114 h/km^2). Mais en Chine il s'agit de 1,3 milliard d'habitants sur un territoire de 9,6 millions de km^2, dont la moitié inhabitée. Et sur la bande littorale élargie, 40 % de la population occupe 13,5 % du territoire, soit une densité de 383 h/km^2 comparable à celle du Japon (336), ou à celle des Pays-Bas (387 ou 415 si on décompte le Zuiderzee). L'impression de densité que donnent certaines régions de Chine, villes intensément peuplées et actives, campagnes habitées et cultivées dans leur moindre recoin, est le reflet exact de la forte concentration de la population dont ne rend pas compte la moyenne nationale. De son côté la France reste, avec 114 h/km^2, un pays peu dense comparé au Royaume-Uni qui présente une densité moyenne de 240 h/km^2 (384 h/km^2 pour l'Angleterre seule).

Passer des densités nationales ou régionales aux densités urbaines se traduit par une augmentation du nombre d'habitants à l'hectare qui reflète la part croissante des surfaces urbanisées. D'où l'emboîtement d'échelles suivant:

France métropolitaine	1,14 h/ha sur 540 000 km^2
Île-de-France	9,3 h/ha sur 12 000 km^2
Agglomération parisienne	36 h/ha sur 2 700 km^2 (selon l'INSEE 1999)
Paris (avec les bois)	206 h/ha sur 105 km^2
Paris (quartiers centraux)	plus de 400 h/ha

L'Île-de-France est une vaste région aux densités variables: 86 % des Franciliens habitent 22,5 % du territoire aggloméré du Grand-Paris. Les 14 % restants se répartissent dans quelques villes moyennes comme Mantes, Meaux, Fontainebleau, Étampes et dans les bourgs et villages d'une région encore fortement agricole, mais travaillent pour l'essentiel dans la zone dense.

Apprécier la densité est souvent un problème de cadrage et il faut faire un effort pour ne pas confondre, comme c'est souvent le cas, densité et concentration ou densité et hauteur. Ainsi à l'échelle urbaine, New York associe l'image des tours de Manhattan à une densité résidentielle de 100 h/ha calculée par rapport au seul terrain émergé (780 km^2), excluant les rivières, les lagunes et la baie qui font pourtant partie de la ville et lui apportent un vaste territoire où le loisir est venu remplacer l'activité portuaire. À Paris la

__Magny-les-Hameaux (78), pavillons. Densité brute = 9 l/ha.

__Fontenay-le-Fleury (78), petits collectifs. Densité brute = 76 l/ha.

__Fortes densités à Shanghai : urbanisation périphérique, maisons et immeubles...

... et centre-ville, logements et bureaux.

prise en compte des bois de Boulogne ou de Vincennes, partie intégrante du territoire municipal, réduit la densité résidentielle de 248 à 206 h/ha et fait du XVIe arrondissement l'un des moins denses de la capitale.

L'OCCUPATION DES TERRITOIRES URBANISÉS

Comprendre comment se répartissent les espaces publics (voirie, parcs et jardins) et les domaines privés, distinguer les grands équipements et les institutions du tissu courant, mesurer la part prise par l'activité industrielle, la logistique ou le sport dans un territoire urbanisé, éventuellement disposer de lois simples pour apprécier avec une faible marge d'erreur des situations sur lesquelles nous ne disposons pas de tous les éléments nécessaires : autant d'aspects qui se révèlent indispensables pour aborder les densités. Quelques travaux fondamentaux permettent d'éclairer ces questions. Ceux de Robert Auzelle, architecte et urbaniste, auteur de l'*Encyclopédie de l'urbanisme* (1952), vaste recueil d'exemples soigneusement rassemblés, redessinés à la même échelle, mesurés et commentés, ainsi qu'un article plus tardif sur l'occupation du sol (1975). Ceux de Pierre Merlin, polytechnicien géographe, fondateur de l'Institut français d'urbanisme (1967, 1994, 1997), de Vincent Fouchier, urbaniste (1994,1998), et de l'Atelier parisien d'urbanisme (APUR 1992). Leurs définitions convergentes fournissent une base solide. La publication récente de la Fédération nationale des agences d'urbanisme, *Habitat, formes urbaines, densités comparées et tendances d'évolution en France* (2007), synthèse des recherches menées à Lille, Bordeaux, Angers, Grenoble… est venue confirmer les définitions et augmenter le stock d'exemples.

Auzelle décrit, en première approche, l'occupation du sol urbain en distinguant deux grandes catégories. D'une part, les grandes emprises d'usage public ou collectif (voirie, jardins publics, grands équipements) qui occupent sensiblement la moitié du territoire urbanisé, d'autre part, le tissu habité y compris équipements et services de proximité qui occupe la seconde. Ce que résume le tableau suivant.

S. totale	grandes emprises publiques	50 %	grande voirie	18 %
			voirie de desserte	12 %
			grands équipements	20 %
	tissu courant	50 %	logements	35 %
			équipements et services de proximité	15 %

En Europe, la voirie consomme jusqu'à 35 % du terrain si l'on inclut les voies privées, les sentes et les passages. L'Amérique du Nord (États-Unis et

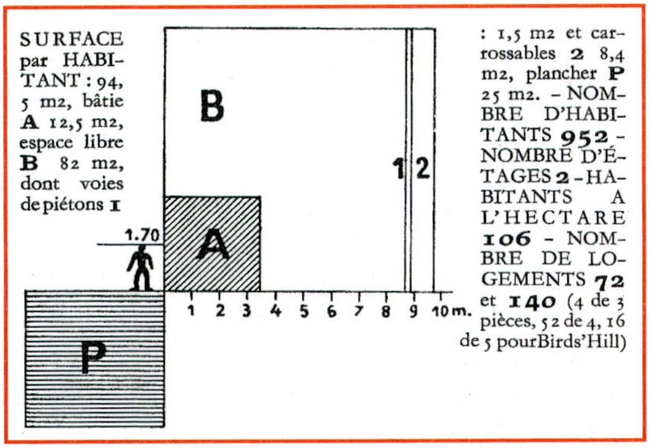

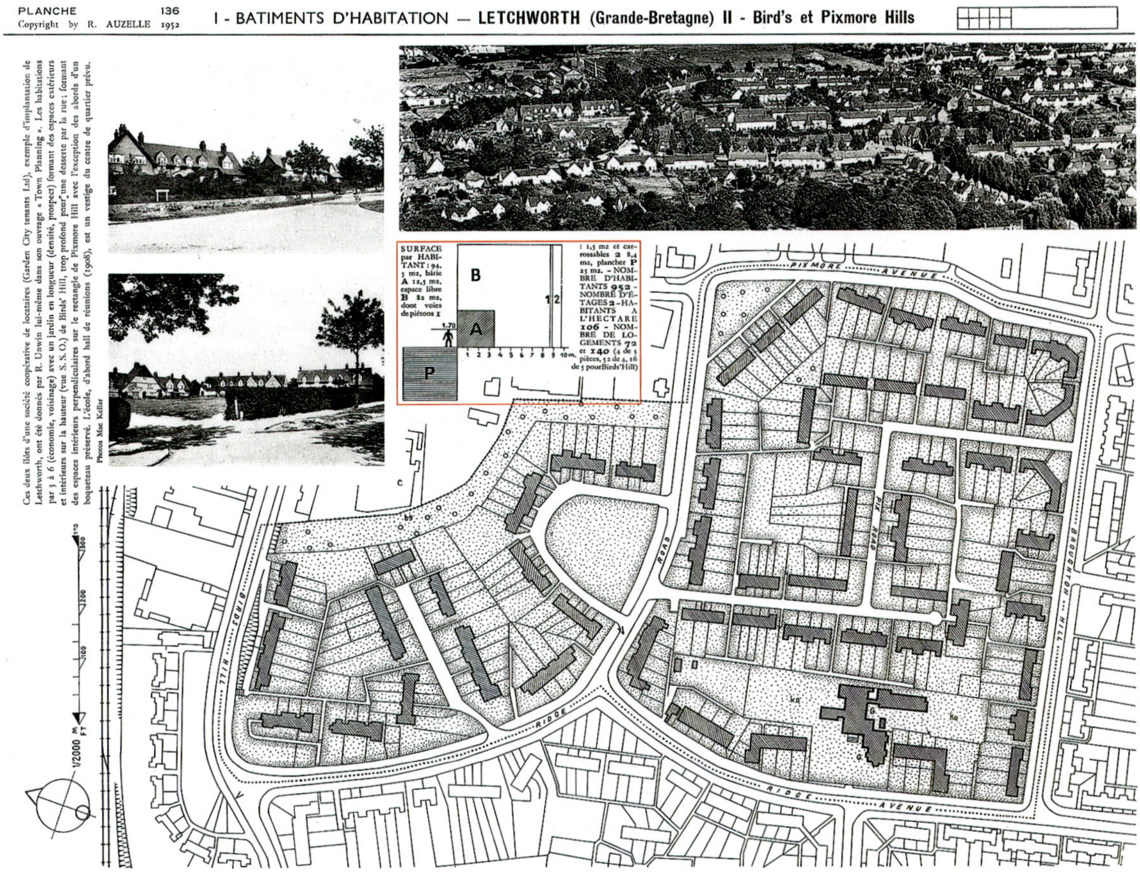

PLANCHE 136
Copyright by R. AUZELLE 1952

I - BATIMENTS D'HABITATION — **LETCHWORTH** (Grande-Bretagne) II - Bird's et Pixmore Hills

Ces deux îlots d'une société coopérative de locataires (Garden City tenants Ltd), exemple d'implantation de Letchworth, ont été donnés par R. Unwin lui-même dans son ouvrage « Town Planning ». Les habitations par 3 à 6 (économie, voisinage) avec un jardin en longueur (densité, prospect) formant des espaces extérieurs et intérieurs sur la hauteur (vue S.S.O.) de Birds' Hill, trop profond pour une desserte par la rue ; formant des espaces intérieurs perpendiculaires sur le rectangle de Pixmore Hill avec l'exception des abords d'un boqueteau préservé. L'école, d'abord hall de réunions (1908), est un vestige du centre de quartier prévu.

Photos Mac Kellar

__Robert Auzelle 1952, *Encyclopédie de l'urbanisme*, fiche n° 136.
Dans sa présentation à même échelle (1/2 000) d'exemples de tissus urbains, anciens et modernes, Robert Auzelle précise minutieusement l'occupation du terrain et les densités.

Popincourt St : 48 ha 20 294 h d : 423 h/ha	grandes emprises publiques 30 %	voirie 11	23 %
		jardins publics 0,5	1 %
		équipements 3	6 %
	tissu courant 70 %	habitat	43 %
		com., services activités	27 %

Paris XIVe St : 560 ha 246 000 h d : 235 h/ha	grandes emprises publiques 49 %	voirie	25 %
		jardins publics, cimetières	8,5 %
		grands équipements	15 %
		voies ferrées	0,5 %
	tissu courant 51 %	habitat	39 %
		com., services activités	12 %

Romainville St : 343 ha 23 774 h d : 67 h/ha	grandes emprises publiques 37 %	voirie	9,5 %
		autoroute	3,5 %
		base de loisirs/jardins publics/cimetière	24 %
		industrie	9,5 %
	tissu courant 62 %	habitat com., services activités	53,5 %

Marne-la-Vallée St : 15 200 ha 246 000 h (1999) d : 16 h/ha	grandes emprises agricoles, forestières et de loisirs 51 %	agriculture	10 %
		forêt	20 %
		Eurodisney (secteur 4)	21 %
	zones urbaines 49 %	secteur ouest	35 %
		autres secteurs urbains	12 %
		infrastructures	2 %

Base documentaire des villes nouvelles. SGVN

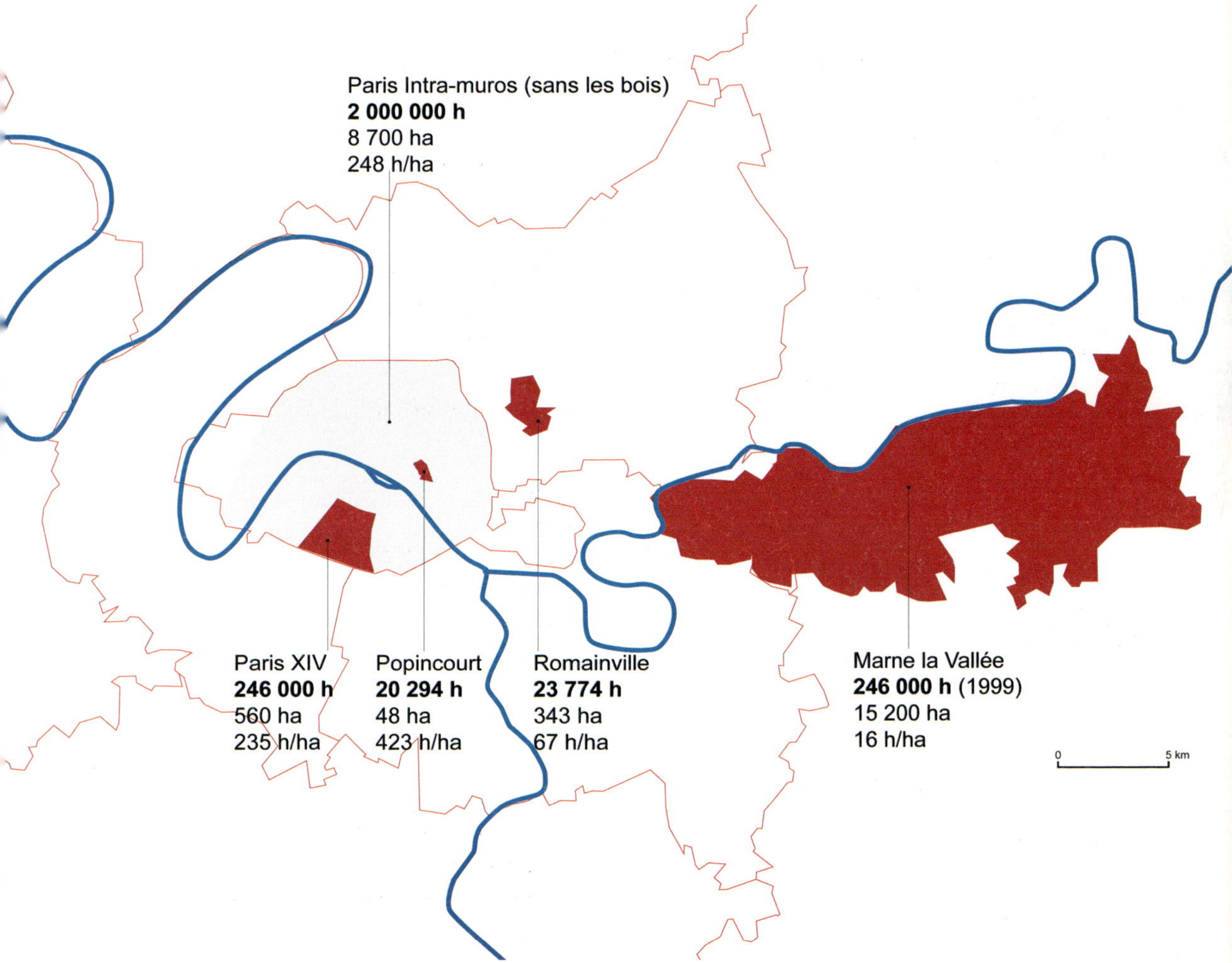

__Quatre échantillons du Grand-Paris.

Canada), avec ses larges avenues, consacre souvent 40 % à la voirie (Los Angeles), l'Asie du Sud-Est parfois moins de 20 % (Bangkok 11 %), mais les grandes villes chinoises se rapprochent des États-Unis avec des grandes voies extrêmement larges. Pour Paris intra-muros, selon les quartiers, la voirie occupe 21 à 33 % (Stevenin, 1992).
Pour illustrer l'occupation de l'espace dans l'agglomération parisienne, j'ai choisi quatre sites nettement différents : un petit quartier central proche de la Bastille (XIe), Popincourt ; un arrondissement en lisière sud, le XIVe ; une commune de banlieue en proche couronne, Romainville ; une ville nouvelle, Marne-la-Vallée, à l'est de la capitale.

Plusieurs remarques s'imposent. Avec 152 km^2, Marne-la-Vallée occupe un territoire presque double du Paris intra-muros (85 km^2), mais les trois quarts des habitants sont rassemblés dans le secteur ouest de la ville nouvelle : 189 000 h sur 48 km^2, soit 39 h/ha. La densité reste néanmoins faible. Avec 235 h/h, le XIVe arrondissement est six fois plus dense que la partie dense de la ville nouvelle tandis que Popincourt, quartier populaire et industrieux, dépasse 400 habitants à l'hectare.
Ville au territoire municipal limité (343 ha), Romainville, implantée sur un site escarpé dont l'histoire a dédié une part importante au parc du château (la future base de loisirs, 30 ha), aux fortifications (le fort de Noisy, 31 ha) et à l'industrie (le Bas-Pays, 32 ha), offre des chiffres qui varient du simple au double selon que l'on mesure la densité résidentielle sur l'ensemble (67 h/ha) ou seulement sur les quartiers habités (130 h/ha).
L'occupation du sol de Marne-la-Vallée met en évidence la place très importante accordée aux espaces verts et aux grands équipements. Forêts et bois occupent 20 % du territoire, Eurodisney 21 %. Elle se rapproche de la répartition sur la totalité d'une agglomération – ce que les Anglais appellent *over all town* – qui intègre :
– les grandes infrastructures de transport : aéroports, ports, faisceaux ferroviaires et gares,
– les plates-formes logistiques, souvent liées à des infrastructures,
– les secteurs d'industrie et d'activités spécialisées,
– les grands parcs urbains et les bases de loisirs,
voire des surfaces agricoles qui ici ne représentent plus que 10 %.

Dans trois des quatre sites, l'occupation du sol fait apparaître un fort pourcentage de terrains affectés à de grands équipements publics ou collectifs : parcs, bois et zones de loisirs dans la ville nouvelle (Disney seul occupe 3 200 ha, le tiers de Paris) ; parc, fort et industrie à Romainville ; hôpitaux, couvents, institutions et cimetières dans le XIVe arrondissement. Ces

DIFFERENTES FORMES URBAINES ET DENSITES DE POPULATION POUR UNE MEME DENSITE DE BÂTI (C.O.S. de 0,5)

Chaque exemple a une surface de terrain de 5.040 m² et une S.H.O.B. totale de 2.520 m², soit un C.O.S. brut de 0,5.

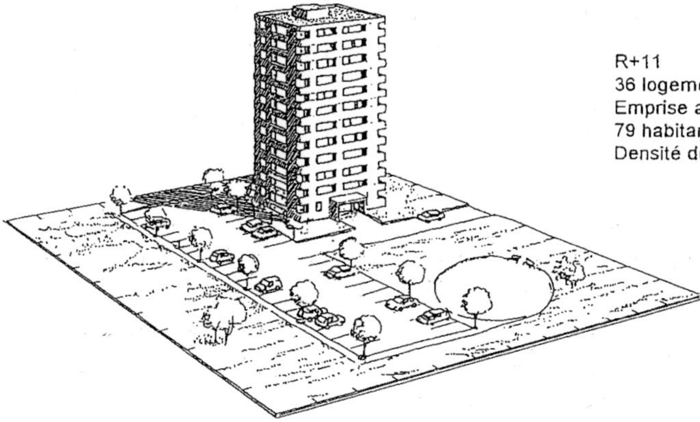

R+11
36 logements de 70 m²
Emprise au sol du bâti = 10%
79 habitants
Densité de 157 habitants / ha
72 log./ha

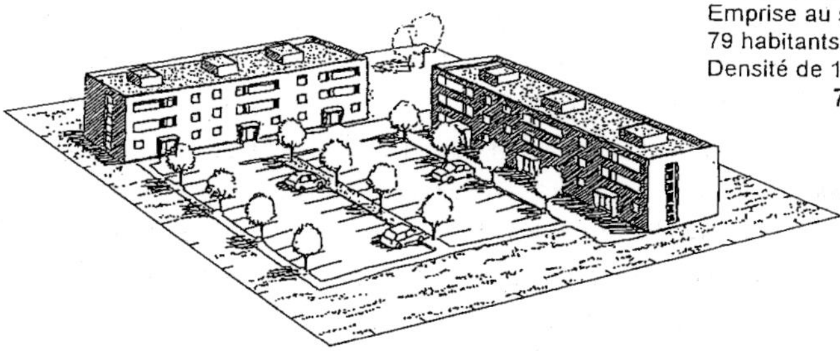

R+2
36 logements de 70 m²
Emprise au sol du bâti = 17%
79 habitants
Densité de 157 habitants / ha
72 log./ha

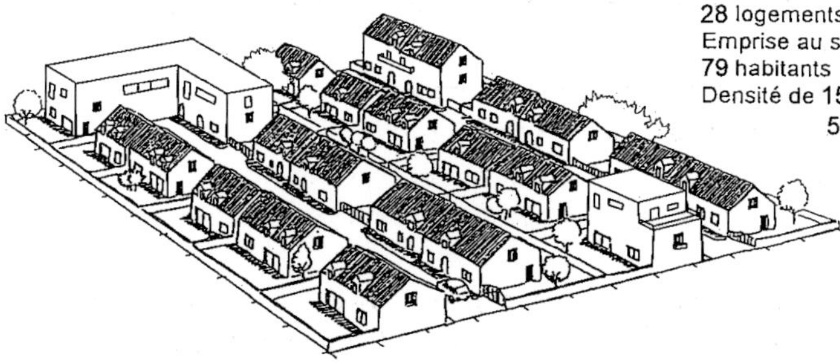

R+combles
28 logements de 105 m²
Emprise au sol du bâti = 33%
79 habitants
Densité de 157 habitants / ha
56 log./ha

N.B.: Le nombre d'habitants est calculé selon le nombre moyen de personnes par ménage en France en 1990 (2,8 personnes pour l'individuel et 2,2 pour le collectif).

__Différentes formes pour une même densité de population. La démonstration de Vincent Fouchier.

équipements intéressent une population beaucoup plus large que les seuls habitants. Chacun à sa manière participe des fonctions métropolitaines. Au contraire, le quartier Popincourt qui ne comprend presque pas d'espace vert ni d'équipements (l'hôpital Saint-Antoine, proche, n'est pas inclus dans le secteur) accorde une place prépondérante au tissu banal d'un quartier ancien où se mêlent habitat, emplois artisanaux et services.

D'une manière générale, en zone urbaine, et avec des formes différentes, la part affectée à l'habitat et aux équipements de proximité se situe autour de 50 % de la superficie. La ville nouvelle, qui inclut une vaste part de terrain naturel ou agricole, se rapproche quant à elle de la zone rurale.

LES FORMES DE LA DENSITÉ

L'appréciation usuelle de la densité urbaine retient le plus souvent trois indicateurs : la population (habitants et/ou emplois), le nombre de logements à l'hectare et la densité du bâti. Chacun peut être exprimé en densité nette ou densité brute.

La densité nette rapporte le nombre d'habitants (ou d'emplois) au strict terrain d'assiette, ce qui est extrêmement précis à l'échelle de la parcelle ou de l'îlot, plus difficile à celle du quartier ou d'un secteur plus vaste si l'on ne prend pas la précaution de délimiter minutieusement les terrains. La densité brute au contraire est calculée sur tout le territoire en incluant voirie, jardins publics, grands équipements, zones industrielles et terrains non bâtis. La densité brute s'applique à la surface totale du secteur considéré, la densité nette au tissu courant hors voirie.

Rassemblant la densité résidentielle (nombre d'habitants à l'hectare) et la densité d'activité (nombre d'emplois à l'hectare), la densité globale (h+e/ha) tente de cerner la superposition des fonctions urbaines. Elle aussi s'exprime en net ou en brut.

Souvent les services des villes, les urbanistes, les architectes et les ingénieurs cherchent à quantifier le contenant et utilisent pour mesurer la densité deux notions : la densité de logement (nombre de logements à l'hectare : l/ha) nette ou brute selon le territoire considéré, et le coefficient d'occupation du sol (COS), rapport du nombre total de m^2 ou de m^3 de planchers à la superficie de la parcelle et parfois dénommé « densité bâtie » ou « densité du bâti ».

Le coefficient d'emprise (CE), rapport entre la surface d'emprise du bâtiment et la superficie de la parcelle, permet d'apprécier le sol vacant à la parcelle ou à l'îlot. Le rapport entre le volume construit et la superficie du terrain, énoncé dans la définition du COS mais peu appliqué, est un outil réglementaire dans certaines régions du monde (Europe centrale, Moyen-Orient, Asie) qui reste peu utilisé en France.

__Le méandre de la Seine vu depuis Saint-Denis.

Enfin, l'occupation d'un terrain ou les capacités d'un tissu sont parfois décrites en équivalent-logement, en comptant 90 m² de bureaux ou de services pour un logement, ce qui revient à reconnaître les transformations possibles : une crèche = un grand pavillon, un dentiste = un appartement... Ces différents modes de calcul sont liés mais le lien est variable. Ainsi passer de la densité de logements à la densité de population renvoie à la moyenne de personnes par logement, ce qui met en jeu la structure familiale, l'évolution des modes de vie, la diminution de la taille des ménages, la généralisation du divorce... En Île-de-France le nombre de personnes par ménage est passé de 2,73 en 1962 à 2,3 en 2004 (soit moins 16 %), et à Paris même de 2,3 en 1962 à 1,8 aujourd'hui (moins 22 %).

LA DENSITÉ EST VARIABLE

Autant Londres présente au visiteur un paysage assez homogène où les rangées de cottages ponctuées par quelques groupes de logements sociaux et traversées par de vastes parcs donnent une impression, sans doute trompeuse, de densité décroissant tranquillement du centre vers la périphérie, autant pour l'agglomération parisienne, il semble difficile de trouver une loi permettant de décrire les choses d'une manière aussi simple. Bien sûr, on sait que Paris intramuros est le plus dense, ou bien que la forte densité souligne certaines grandes radiales ou les gares de banlieue. Mais il s'agit souvent de moyennes qui décrivent mal la réalité et la diversité des terrains.

À Romainville, compte tenu de la configuration du territoire municipal, la densité résidentielle brute moyenne (67 h/ha) se traduit par d'importantes différences entre les quartiers. Très forte dans le centre (140 h/ha) et dans les deux grands ensembles qui le bordent, Marcel Cachin (188 h/ha) et Youri Gagarine (310 h/ha), elle est modérée sur le plateau, Grands-Champs (80 h/ha) et les Ormes (56 h/ha), et faible au Bas-Pays (37 h/ha) à cause de la présence de l'industrie ou autour des parcs (22 h/ha) si l'on inclut la base de loisirs dans le périmètre. Dans un quartier comme Grands-Champs où se mêlent à part égale pavillons assez serrés le long des sentes héritées du parcellaire maraîcher et logement social par opérations de petite taille bien insérées dans le tissu, la densité brute de 33 logements à l'hectare se traduit par une densité résidentielle nette moyenne de 66 l/ha, ce qui rend compte aussi bien de l'individuel dense que du petit collectif.

Une densité assez soutenue est fréquente dans les communes de la première couronne développées sur d'anciens territoires maraîchers. Un grand nombre de maisons individuelles avec leurs petits jardins se mêle à quelques petits immeubles et offre l'avantage d'une individualisation du logement tout en profitant des services et des commodités de la ville. Les exemples

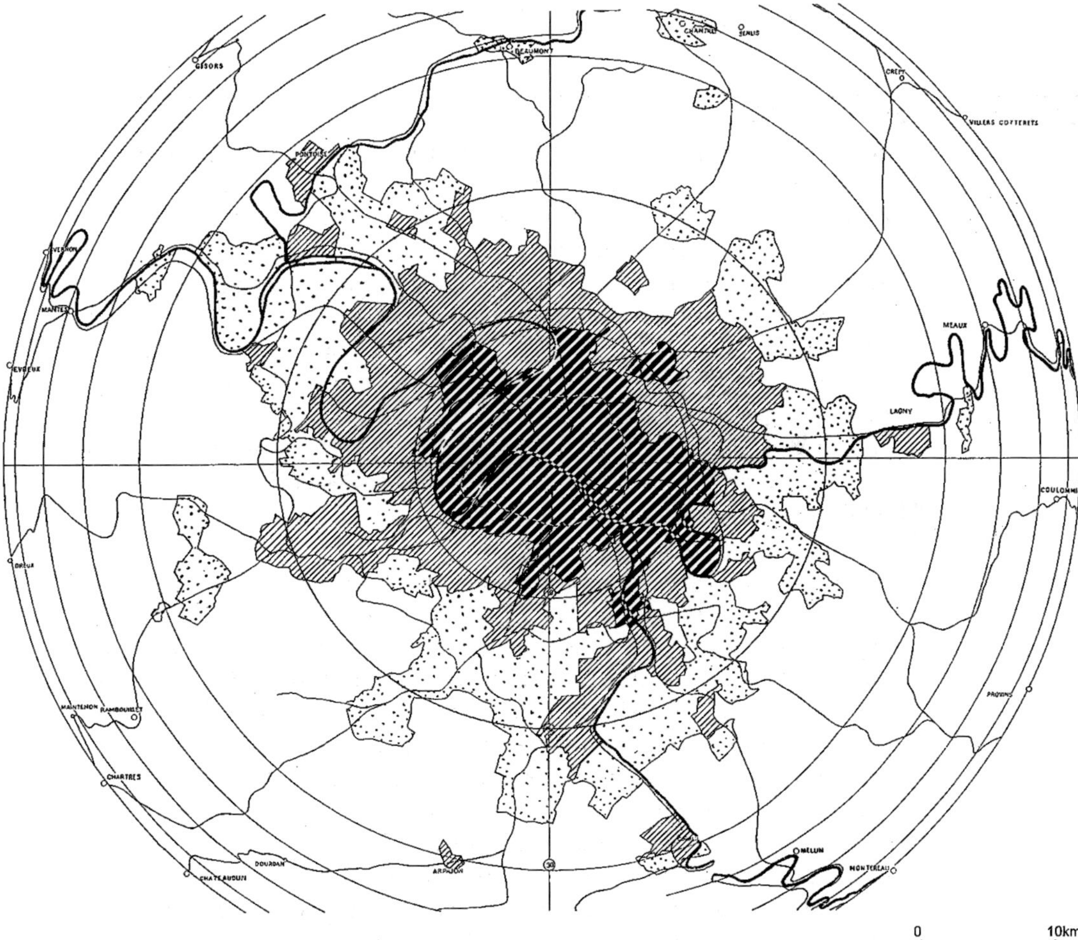

__Le Grand-Paris selon Jacques Bertin *in* Henry Chombart de Lauwe, *Paris et l'agglomération parisienne*, 1952. L'agglomération est projetée sur une surface courbe qui permet d'évoquer les lointains.

foisonnent : à Malakoff, les lotissements Chauvelot, ou à Colombes, les avenues. À Boulogne-sur-Seine, les villas dépassent parfois 80 logements à l'hectare net (villa de la Mairie : 89 l/ha, villa des Platanes : 100 l/ha, cours Béranger : 124 l/ha).
À l'opposé, les communes plus éloignées présentent généralement des densités moindres mais, elles aussi, avec des répartitions très hétérogènes. Athis-Mons avec 29 400 h a une population égale à celle de Malakoff (29 419 h, chiffres de 1999) mais sur un territoire quatre fois plus grand. Dans cette dernière commune, la densité brute moyenne (72 l/ha) se partage entre un tissu pavillonnaire, du logement social assez dense, des immeubles de centre-ville, des opérations récentes qui déclinent toute une gamme de 50 l/ha jusqu'à 200 l/ha net tandis qu'à la limite sud de l'agglomération parisienne, la ville nouvelle de Sénart réalise des opérations de 15 à 30 l/ha net.

Pour Paris intra-muros la densité varie selon les quartiers. La palme de la forte densité revient au quartier Italie-Massena (XIIIe arrondissement) où les deux secteurs de rénovation des années 70, Olympiades et Masséna, se mêlent à un bâti ancien assez serré. Au total, une densité globale brute rassemblant habitants et emplois proche de 1 000 (735 h/ha et 237 e/ha), une densité nette de 578 l/ha, un COS net de 4,7, plus dense que les HBM de la porte d'Aubervilliers ou du Point-du-Jour porte de Saint-Cloud, dont les COS modérés (2,6 et 2,5) pour des densités nettes de 470 et 455 l/ha sont dus à l'exiguïté des logements. Curieusement, l'île Saint-Louis (IVe arrondissement), avec un COS de 3,8, est plus densément bâtie que bon nombre de quartiers périphériques. Mais avec une moyenne de 1,15 personne par logement et compte tenu des dimensions généreuses des appartements, elle est moins densément habitée. Enfin la situation qualifiant la densité, l'île Saint-Louis tire profit de la Seine qui joue presque le rôle d'un parc en apportant air, lumière, calme et distance. Calculée en intégrant le fleuve, la densité résidentielle brute passerait alors de 325 h/ha à 193 h/ha...
En ville, la nature des coupures n'est pas neutre. Cours d'eau ou lac, jardin public ou forêt valorisent les fronts bâtis qui les bordent et participent à leur environnement. Les très fortes densités nettes supportées par certains terrains bien situés ne peuvent pas être appréciées sans intégrer la qualité du voisinage, ce dont la densité brute permet de rendre compte. Mais les chiffres seuls ne disent pas tout. À Boulogne ou dans le XVIe arrondissement, la qualité des coupures forestières valorise fortement les fronts bâtis qui les bordent, rien de comparable avec la bordure d'un faisceau ferroviaire à Villeneuve-le-Roi ou d'une plate-forme logistique à Garonor et les nuisances qu'elles engendrent.

UNE MÊME DENSITÉ PEUT PRENDRE DES FORMES DIFFÉRENTES

Depuis les schémas radicaux de Le Corbusier avec son unité d'habitation dressée vers le ciel et la lumière pour libérer le sol, ou plus près de nous ceux de Vincent Fouchier proposant pour un même terrain et une même densité de population trois occupations différentes, une tour, deux petits immeubles, un ensemble de maisons en rangées, on sait qu'une même densité peut se traduire par des dispositions formelles très diverses.
Un grand ensemble avec ses esplanades, ses espaces verts et ses parkings n'est guère plus dense en moyenne que la banlieue pavillonnaire qui l'entoure. Ainsi la Grande-Borne à Grigny, 45 logements à l'hectare brut ; les 4 000 Ouest à La Courneuve, 46 l/ha ; Montconseil à Corbeil, 54 l/ha ; Surville à Montereau, 57 l/ha ; Clichy-Montfermeil, 60 l/ha ; Grands-Champs à Thiais, 62 l/ha ; la Muette à Garges, 66 l/ha. Il n'y a que dans les opérations postérieures à 1970, ou en première couronne et à Paris centre, que les densités deviennent fortes : les Fossés-Jean à Colombes, 130 l/ha ; Marcel Cachin à Romainville 140 l/ha, Glacière/Daviel à Paris XIIIe 188 l/ha. Avec 40 à 66 l/ha hors grande voirie, la densité des grands ensembles recoupe largement celle des tissus pavillonnaires qui, certes, dans certains secteurs assez lâches se situe en dessous de 20 l/h mais peut de façon courante atteindre 35 à 60 l/h brut et davantage dans les tissus qui mêlent à certains points stratégiques du quartier quelques petits collectifs avec commerces et équipements.

LE BON HABITAT N'EST PAS FORCÉMENT LE MOINS DENSE

Comparées aux densités moyennes de l'agglomération parisienne dans son ensemble, celles de Paris intra-muros effraient et semblent impossibles à atteindre ailleurs. Une sorte d'autocensure conduit à reproduire les mêmes solutions bien que nous soyons par ailleurs convaincus de leur inefficacité. Ainsi conscients de la rareté du terrain, nous peinons cependant à atteindre des densités raisonnables et continuons à répéter à l'envi le goût de 74 % des Français pour la maison individuelle, constant depuis l'enquête de 1947 comme le rappellent les *Cahiers de l'observatoire de la ville* n° 1, en invoquant à juste titre les possibilités d'appropriation et de transformation qu'elle permet. Mais sans se demander si certaines qualités de la maison individuelle ne peuvent pas se retrouver sous d'autres formes et avec d'autres densités, comme en témoignent tant en France que dans les pays voisins des réflexions et des expérimentations convergentes. Depuis le programme Low Rise, High Density de l'Angleterre des années 60 jusqu'aux expériences néerlandaises du programme Vinex (1995-2000), des recherches de Georges

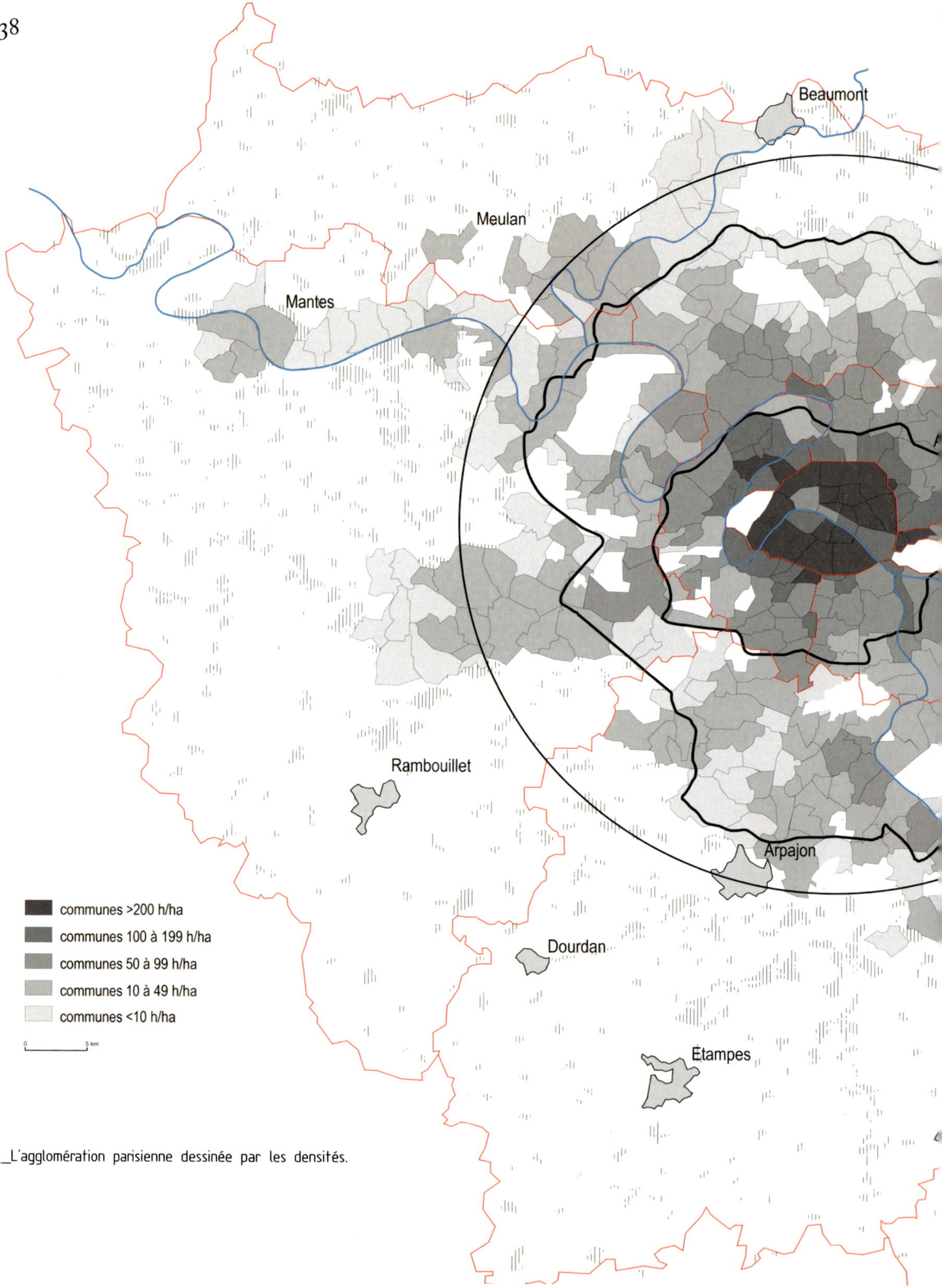

__L'agglomération parisienne dessinée par les densités.

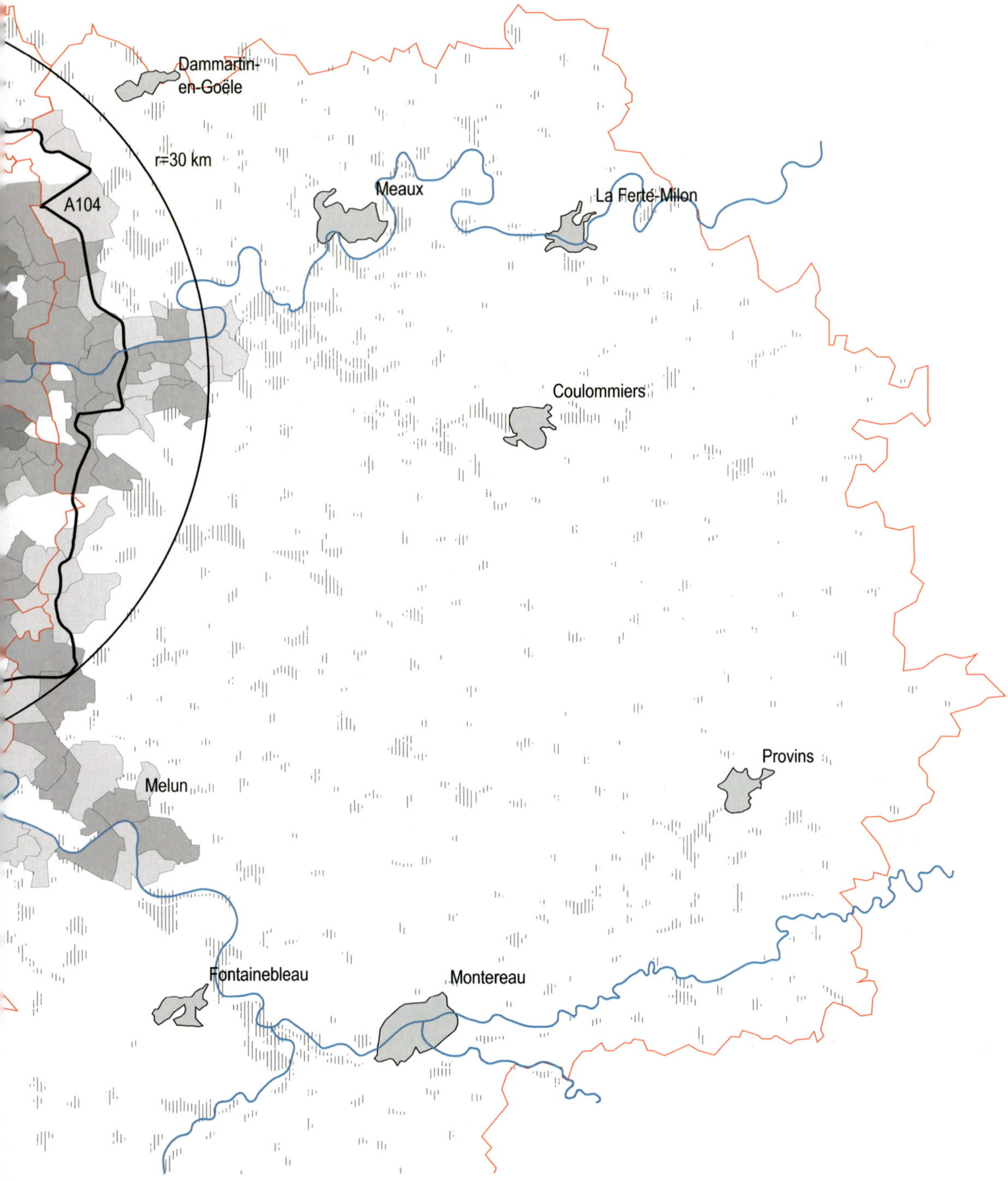
Dammartin-
en-Goële
r=30 km
A104
Meaux
La Ferté-Milon
Coulommiers
Provins
Melun
Fontainebleau
Montereau

Candilis et l'habitat intermédiaire français des années 70 aux propositions plus récentes, l'association à chaque logement d'un extérieur assez vaste et assez intime pour s'y tenir, d'un rapport au ciel et au soleil, d'une capacité de transformation, trouve d'autres expressions que le pavillon isolé à faible densité (au mieux 25 l/h net). De plus, sans mettre en parallèle d'autres critères comme l'accessibilité aux équipements et aux transports, la proximité des commerces, la qualité du paysage, la physionomie du quartier, on fausse le débat en tirant argument d'un goût présumé sans en analyser les causes et sans chercher à y apporter d'autres réponses que celles d'il y a cinquante ans. Pourtant les habitants, si on les interroge avec attention, réservent des surprises comme en témoigne l'enquête de l'APUR de 2003 sur la qualité urbaine vue par les Parisiens. Pour eux, les qualités du logement ne se séparent pas de celles du quartier, des services qu'il offre et de l'ambiance qu'il propose. À l'opposé des idées reçues, le quartier qui recueille le maximum de satisfaction est de loin le plus dense. Malgré un COS net moyen de 4,51 dû à un fort pourcentage d'immeubles de rapport haussmanniens, c'est le quartier Rochechouart dans le IXe arrondissement que les habitants apprécient pour son animation, sa hauteur mesurée (R+7), son découpage en immeubles « pas trop gros ». À l'inverse, le quartier Falguière, marqué par la rénovation du XVe arrondissement et objectivement plus aéré et plus vert, est ressenti comme plus dense et oppressant malgré une densité plus faible.

La sensation de densité, la densité ressentie ou vécue sont la somme de mille impressions personnelles, subjectives et variables où la concentration, l'accumulation, la répétition ou l'encombrement jouent un rôle plus important que la densité mesurée. Qu'importe qu'il y ait un parc si une barre de quinze étages fait écran et occupe tout le champ visuel !

Penser le devenir de l'agglomération sous l'angle de la densité soulève trois séries de questions sur les raisons, les localisations et les modalités des fortes densités. Les raisons, on l'a vu, mêlent la nécessité d'économiser l'espace, le souci de rapprocher les habitants des services et des transports et surtout la volonté de confirmer et de développer les centres de la vie urbaine. Les lieux sont tout naturellement les centres existants ou mieux leurs périphéries, les franges de ces centres longtemps laissées de côté et auxquelles il s'agit aujourd'hui de redonner une valeur d'usage et un attrait qui ne se confondent pas avec une simple politique de valorisation immobilière. Mais ce sont aussi les centralités potentielles ou émergentes, là où la ville se fera demain. Quant aux modalités, on est rapidement passé du blocage absolu au consensus bien pensant : personne ou presque en région parisienne ne s'élève contre la densité, au contraire tous l'appellent de leurs vœux en prenant bien garde à ne pas s'engager sur les chiffres et encore moins sur les moyens.

__Densité pour demain ? Dubai, projets pour de nouveaux quartiers.

Aujourd'hui proposer de fortes densités n'est donc plus prendre le risque d'aller à l'encontre des idées reçues mais semble plutôt s'imposer à tous comme une des seules manières de limiter l'extension des parties urbanisées et de réserver des terrains pour l'avenir. Mais si, outre l'économie du foncier, la forte densité apparaît comme un moyen de fortifier les centralités existantes, voire d'en créer de nouvelles et de faciliter l'accès à la mobilité, aux équipements et à l'emploi, cette pensée unique et consensuelle résiste-t-elle à l'analyse des faits ? Car une fois répété le discours politiquement correct, toutes les raisons ne sont-elles pas invoquées pour limiter les constructions, limiter les hauteurs et continuer comme avant ?
Le chiffre de 100 ou 120 logements net à l'hectare est souvent avancé aujourd'hui comme une limite quasiment indépassable. Pourtant des opérations récentes de rénovation urbaine ont largement dépassé ces quantités sans que les habitants n'en soient particulièrement choqués. Ainsi à Boulogne, la ZAC du Centre atteint 188 l/ha net, à Paris-Rive-Gauche, la ZAC Masséna propose 300 l/ha. Tandis que les ensembles de Shanghai, eux, dépassent 500 l/ha, alors, à partir de quel seuil peut-on parler de fortes densités ?
Si nous savons pourquoi densifier reste à savoir si nous sommes capables de proposer aujourd'hui des formes urbaines atteignant des densités comparables à celles des quartiers haussmanniens sans en avoir les défauts (cours exiguës, absence de lumière et de vue dans les étages inférieurs…).
Dans la quête aux exemples, il faut se défaire d'une vision trop exclusivement tournée vers les centres-villes anciens et cesser de projeter la zone dense à la seule manière des tissus haussmanniens. Autant qu'à Paris intra-muros ou à certains centres-villes de la première couronne, proches de la saturation, on peut penser à des opérations récentes dans les grandes villes de province comme Lustucru à Grenoble (273 l/ha net), Marengo à Toulouse (246 l/ha), Mabillais à Rennes (228 l/ha), Front-de-Maine à Angers (194 l/ha), La Joliette à Marseille, (177 l/ha), Euralille-Saint-Maurice à Lille (139 l/ha) qui tentent de combiner la qualité urbaine des centres-villes et la prise en compte des exigences d'aujourd'hui.
Car la nécessaire densification de la métropole ne pourra se faire qu'en proposant aux habitants des dispositions qui entraînent leur adhésion et répondent à l'évolution des modes de vie.

introduction

1234567

és **échelles et limites** géographies pavillons et grands ensembles mobilité /

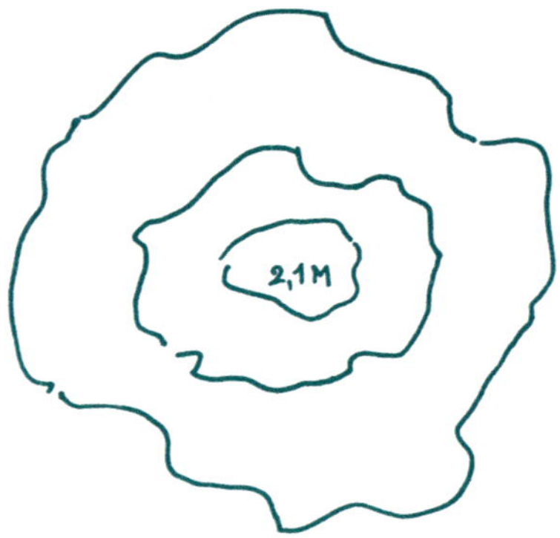
2,1M

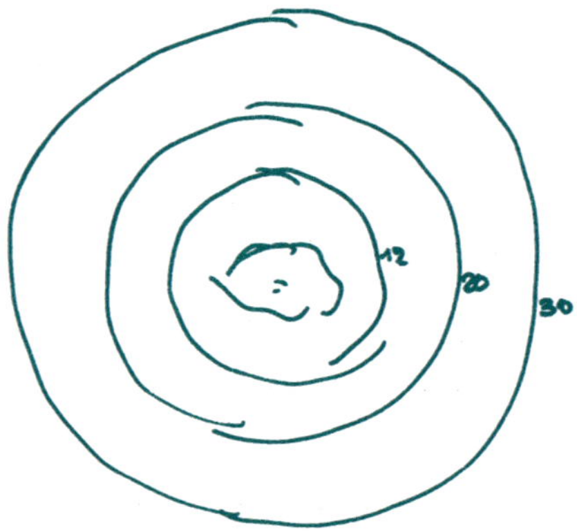
12
20
30

Façonné par l'histoire, le dessin radioconcentrique de Paris est tellement prégnant que l'abandon de la croissance par anneaux successifs nous désoriente. Avec quelques siècles de recul, les choses paraissent si simples : à partir de la chute de Lutèce et du resserrement mérovingien, la ville s'accroît régulièrement, incorpore ses faubourgs, construit une nouvelle enceinte, marque une pause et recommence. Paris garde les traces de ces états successifs et son plan révèle l'emboîtement des échelles qui a marqué presque vingt siècles de croissance.
Les enceintes sont connues, leur tracé avéré, leurs vestiges parfois encore visibles. Les raisons et les moyens ont été décrits par de nombreux historiens mais, curieusement, que ce soit Marcel Poëte (1920), Pierre Lavedan (1960), Jacques Hillairet (1963), Bernard Roulleau (1975) ou Pierre Pinon (1999 et 2004), rares sont ceux qui quantifient superficie ou population, et aucun ne se risque à dresser un tableau rassemblant ces données pour les grands moments de l'histoire parisienne, à l'exception de Pierre Clément et de Sabine Guth (1998) pour la période 1859-1975.
C'est donc par recoupement, comparaisons et approximation que j'ai tenté de le faire, avec tous les risques que procurent des sources éparses et non vérifiées pour les siècles antérieurs, les données récentes étant celles de l'INSEE de 2004-2005 quand elles sont disponibles, de 1999 pour les autres.

Jusqu'en 1860, date de l'annexion des villages extérieurs à l'enceinte, la ville, presque toujours enclose, forme l'essentiel de l'agglomération. Longtemps,

les faubourgs se sont limités à quelques bourgeonnements autour des portes et aux grandes abbayes dont Saint-Germain-des-Prés est la plus célèbre, qui contrôlent également la plus grande partie de la banlieue.
Depuis le Moyen Âge, les densités semblent rester sensiblement constantes avant d'augmenter fortement au XIXe siècle et pendant la première moitié du XXe siècle.

Philippe Auguste	272 ha	50 000 h	d = 184 h/ha
Louis XIV	1 100 ha	155 000 h	d = 140 h/ha
Fermiers généraux	3 370 ha	540 000 h	d = 160 h/ha
Haussmann	7 800 ha	1,82 Mh	d = 233 h/ha
1900	7 800 ha	2,5 Mh	d = 320 h/ha.

À partir de 1900, l'agglomération s'étend. Vers 1920, elle s'identifie au département de la Seine, puis le dépasse, s'organise en District de la région parisienne (1961) avant d'être absorbée dans la région Île-de-France (1973). D'où cette situation curieuse qui fait aujourd'hui de Paris une exception parmi les grandes villes du monde. La métropole parisienne, Paris pour tous ceux qui avec un peu de distance regardent l'agglomération capitale, l'agglomération qui constitue la ville réelle, l'entité économique, humaine et culturelle, possède un centre connu de tous : la Ville de Paris, mais sa limite se discute. Chacun a son idée – ou sa stratégie.
De toute évidence la région Île-de-France ne définit pas la ville métropole, à la fois trop grande pour représenter et gérer l'agglomération, trop petite pour contrôler l'aire urbaine qui a dépassé depuis longtemps ses frontières et s'étend sur la frange des régions voisines. Il reste donc à imaginer le cadre territorial où peuvent s'organiser les relations entre les parties d'une agglomération Capitale qui couvre plus de 2 000 km² et rassemble de 7 à 9,5 millions d'habitants selon les limites qu'on lui assigne.
La tentation est grande de vouloir agrandir Paris de manière homothétique en renouvelant l'action d'Haussmann et d'englober une nouvelle couronne de communes limitrophes. L'exercice est stimulant et la géographie semble complice. Appuyée sur la Seine dont elle épouse la courbe à l'ouest, la nouvelle limite de Paris longe La Défense, englobe La Plaine-Saint-Denis, frôle Bobigny, coupe la Seine au confluent avec la Marne et suit la ligne des forts pour refermer la boucle. Le tracé semble évident, 29 communes deviennent de nouveaux arrondissements parisiens, la capitale passe à 3,5 millions d'habitants.
La démarche peut se répéter si nécessaire quelques décennies plus tard en portant la limite au méandre suivant. Et là encore le dessin prend du sens. À l'ouest, de nouveau, la ville s'appuie sur la courbe du fleuve ; au nord, elle coupe la pointe du Bourget, descend entre les plateaux de Romainville

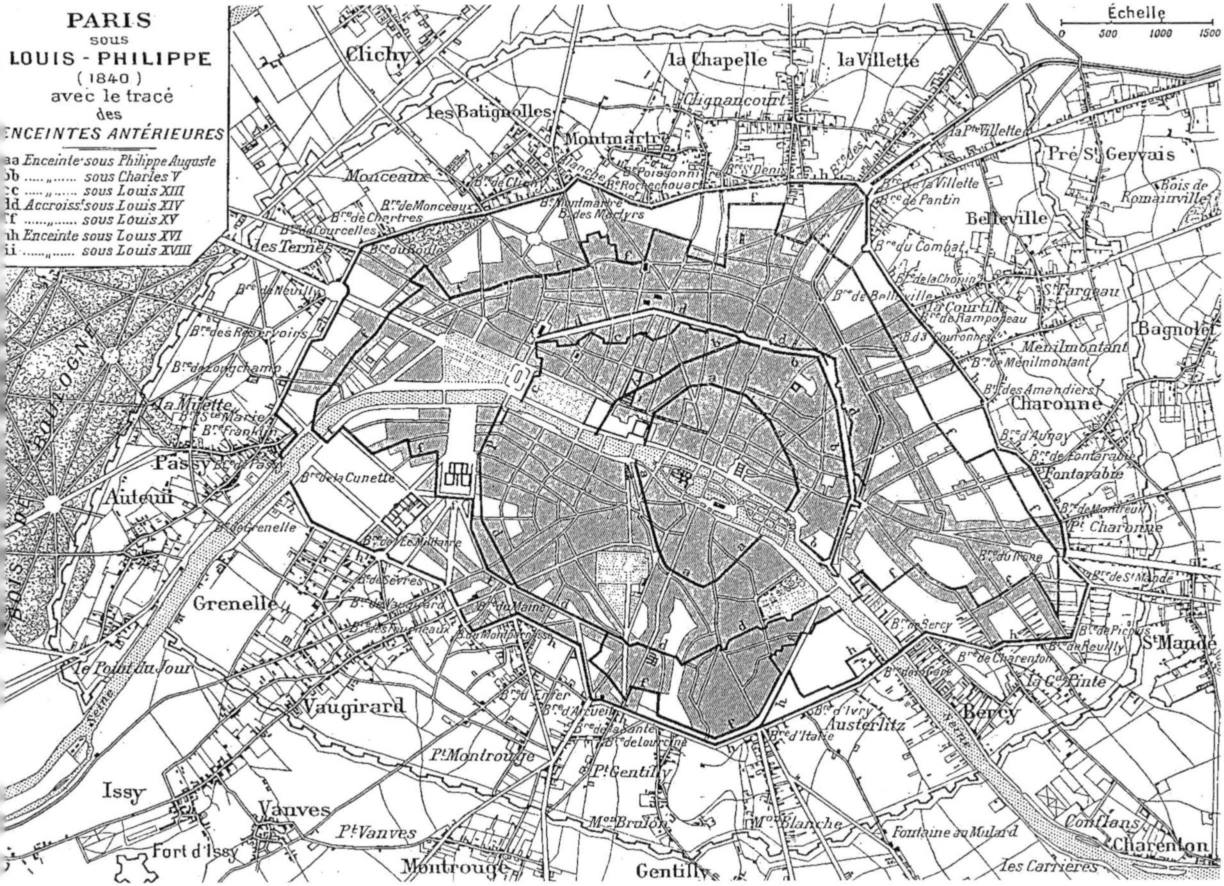

__Carte des enceintes d'après *Paris sous Louis-Philippe*, A. Dauzat, 1925.

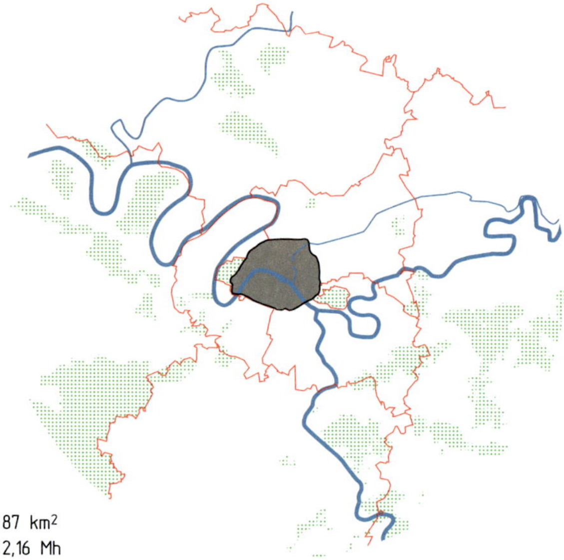

87 km²
2,16 Mh

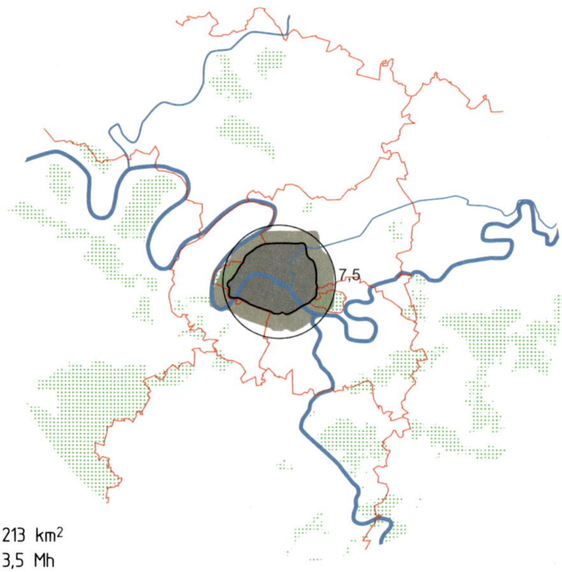

213 km²
3,5 Mh

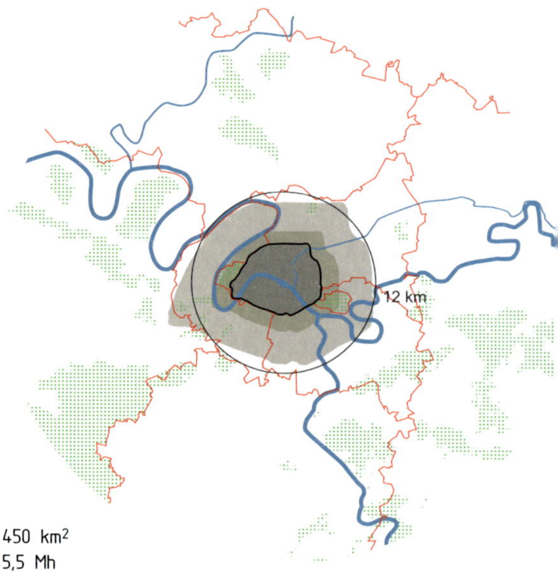

450 km²
5,5 Mh

__Le Grand-Paris par homothéties.

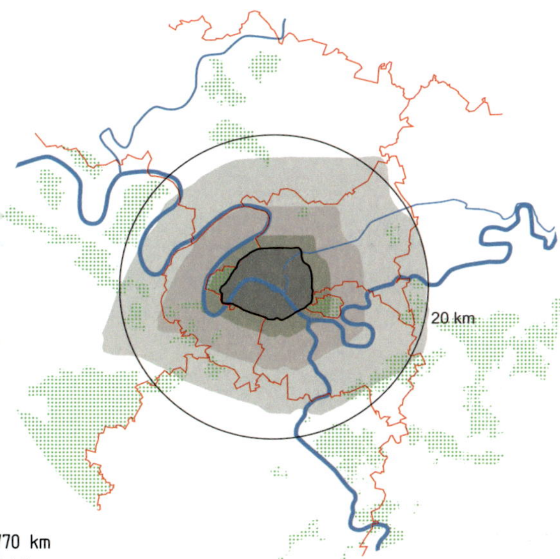

70 km
Mh

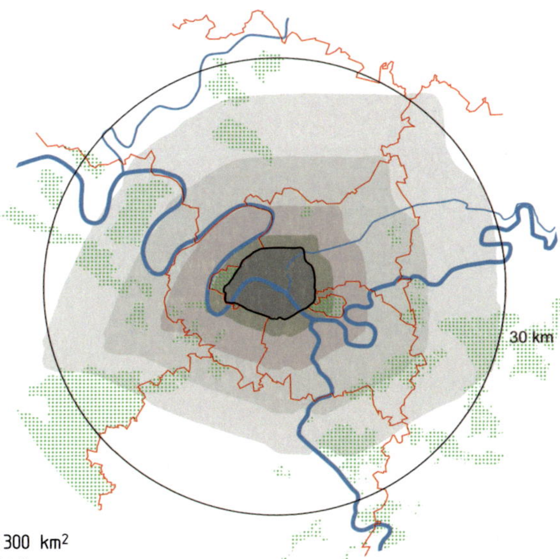

2 300 km²
9 Mh

et d'Avron, englobe Créteil, Choisy et Sceaux avant d'effleurer Versailles. C'est presque l'ancien département de la Seine, à coup sûr la zone dense, 5,5 à 6,5 Mh.
L'étape suivante trouverait encore un méandre accueillant, Paris viendrait s'échouer au pied de la terrasse de Saint-Germain, s'arrêterait à l'entrée de Roissy, couperait Marne-la-Vallée, recouperait la Seine à Athis-Mons en passant au sud d'Orly avant de traverser le plateau de Saclay jusqu'à Saint-Quentin-en-Yvelines.

Provocation, délire, facilités du dessin !
Il semble difficile d'annexer aujourd'hui Boulogne, Saint-Denis, Argenteuil ou Versailles, comme ont été annexés en 1860 le village de Charonne ou le Petit Montrouge. Ces villes sont plus peuplées que neuf ou dix des arrondissements parisiens, elles ont une histoire, elles occupent une place dans l'organisation administrative, elles constituent déjà des centres pour les communes alentour, bref, il faut compter avec elles.

Pourtant à y regarder de plus près, les échelles actuelles de la gouvernance ne sont-elles pas déjà largement dépassées par une réalité économique, sociale et culturelle qui a franchi depuis longtemps le périphérique ? Si la limite aujourd'hui ne peut plus être une clôture séparant deux mondes qui s'ignorent ou s'affrontent, la ville et la campagne, les bourgeois et la plèbe, l'empire et les barbares, alors les limites successives que je viens d'évoquer prennent un sens : elles décrivent une réalité qui a déjà bousculé les cadrages administratifs pour s'inscrire dans les mœurs.

GRAND-PARIS 1 OU LA VILLE DU VÉLIB'

La victoire de 1918 marque la fin de l'enceinte de Thiers qui sera bientôt démantelée. Le rattachement des bois de Boulogne et de Vincennes (1919) puis le prolongement des lignes du métro jusqu'aux mairies des communes limitrophes décidé en 1924 et partiellement réalisé ont déjà donné un visage à ce Grand-Paris, la carte un peu ancienne du métro parisien : Vincennes/Neuilly, Lilas/Levallois, Pont de Sèvres/Mairie d'Issy. Aujourd'hui, ce Grand-Paris comprend trois des six plus grandes villes de la région : Boulogne-sur-Seine (110 300 h), Montreuil (100 600 h), et Saint-Denis (96 600 h), la ville des rois de France, du parti communiste et du stade de France, dont les liens avec la capitale sont anciens comme en témoignent, dans Paris même, une rue, une porte, un faubourg.
Des intercommunalités avant la lettre se sont tissées entre des arrondissements parisiens et des communes voisines. D'abord autour du bois

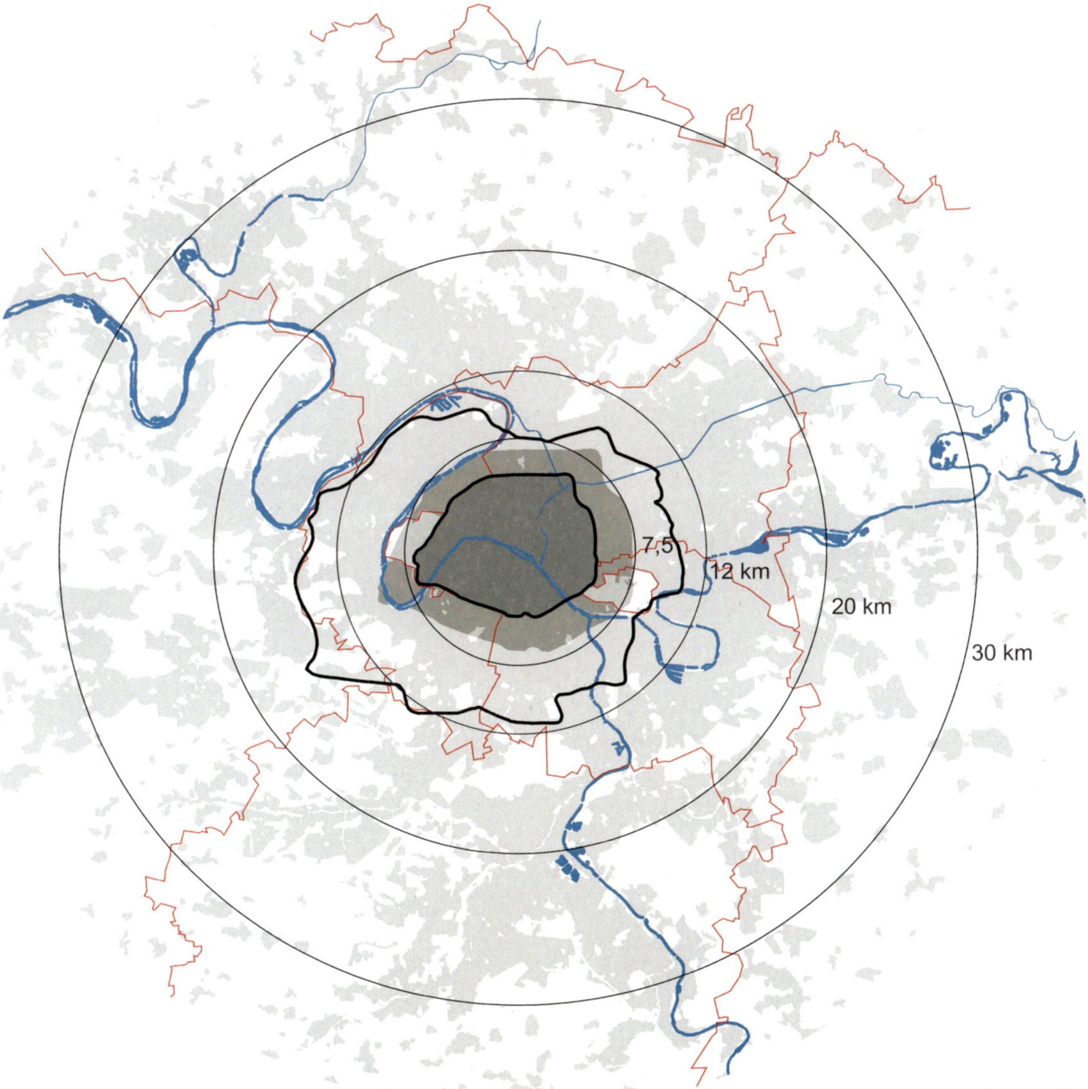

__Grand-Paris 1, la ville du Vélib' et la ligne des forts.

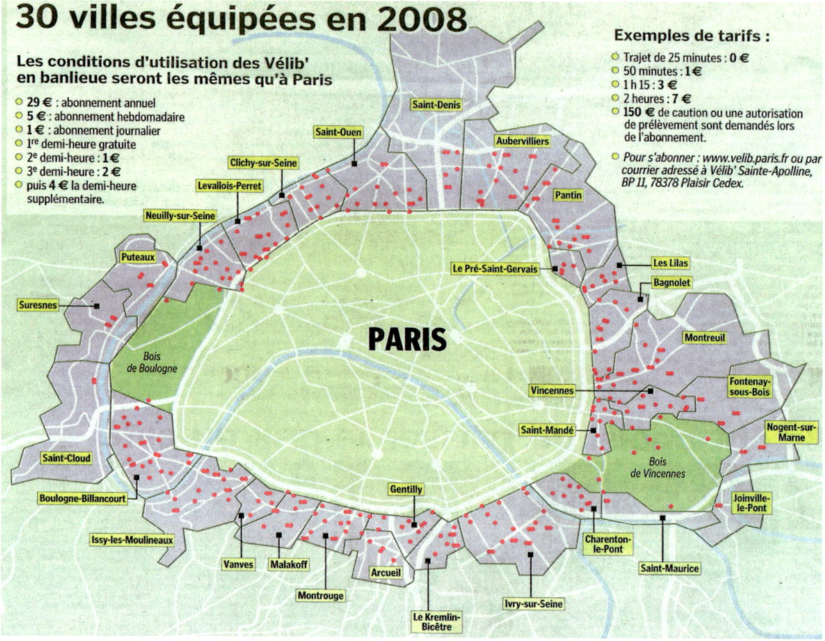

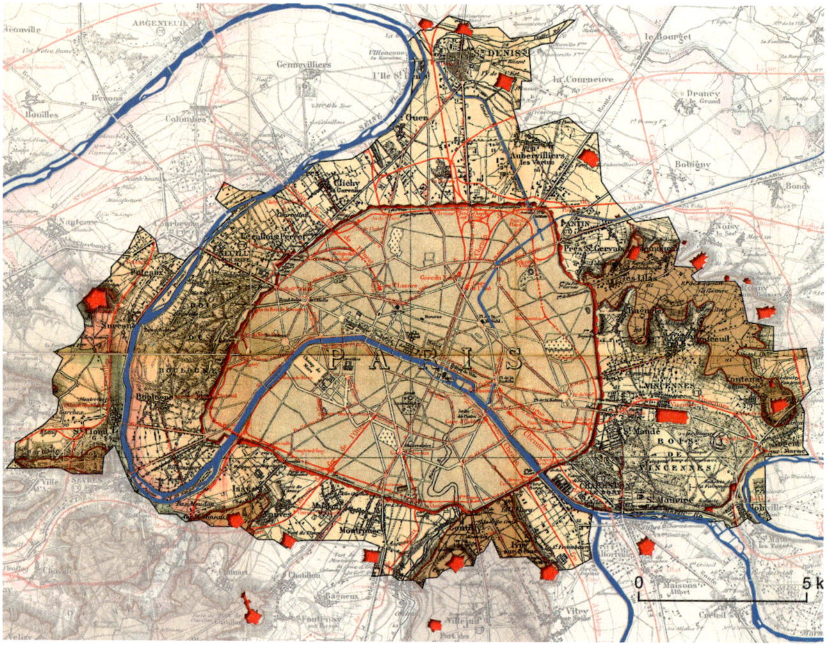

__Le Paris du Vélib', *Le Parisien* du 13 décembre 2007.

__La première couronne et les lignes de forts, à partir de *Paris et ses environs*, d'Andriveaux et Goujon, 1886.

__Le Vélib' à Paris... à Bir Hakem et Sully-Morland.

de Boulogne avec le triangle Neuilly-Auteuil-Passy et la frange huppée de Boulogne, point de départ selon Michel Pinçon et Monique Pinçon-Charlot (1998) de la conquête de l'ouest où les logements des grands patrons et des cadres supérieurs et les écoles de leurs enfants précèdent l'implantation des sièges sociaux. Puis à une moindre échelle, à l'est, autour de l'autre bois avec Vincennes et Saint-Mandé. Les bois parisiens ouvrent sur la banlieue, ses habitants les fréquentent. C'est vrai aussi du parc de la Villette qui attire, comme lieu de détente et pour les événements qui s'y déroulent, les habitants des communes voisines dont l'accès est facilité par la continuité des canaux devenus de vastes itinéraires de promenade.

L'industrie comme le travail ont créé d'autres solidarités. Jean Bastié (1964) souligne les continuités qui existaient entre le XIIIe arrondissement et la proche banlieue sud-est autour de l'industrie automobile, de la mécanique et de la chimie. Aujourd'hui, les réseaux des commerçants chinois font le lien, les frères Tang préparent à Ivry ce qui est vendu avenue de la Porte-de-Choisy.

Récemment, les sièges sociaux et les institutions à l'étroit dans Paris ont franchi la limite en réinvestissant d'anciens secteurs industriels tombés en friches. C'est le cas à Boulogne-Billancourt ou à Issy-les-Moulineaux le long de la Seine dont la « conquête » des rives est presque achevée, c'est le cas en bordure du périphérique où les implantations gardent une adresse parisienne même si le terrain est en banlieue, ce qui nous vaut les nouvelles façades glacées de Vanves, Montrouge ou Gentilly. C'est le cas dans le nord avec La Plaine-Saint-Denis où se mêlent les implantations institutionnelles entraînées par le stade de France et la création branchée dans les Magasins généraux. Car les nouvelles couches de la bourgeoisie qui ne trouvent pas de place dans Paris même ont investi la proche banlieue pour habiter ou travailler. L'effervescence du bas Montreuil suscite des frémissements jusqu'à Romainville, Ivry se réorganise et accueille 5 000 nouveaux habitants venant de Paris, Malakoff renoue avec son histoire, celle du lotisseur Chauvelot qui après avoir construit la moitié du XIVe arrondissement était passé de l'autre côté des fortifs. Et que dire de Levallois, ancienne ville d'usines et d'ateliers, qui se prend maintenant pour Neuilly, de Saint-Ouen partagé entre la tradition des puces et le renouveau des docks…

Sauf pour voter, ces communes sont déjà Paris, leurs habitants sont Parisiens, le projet d'extension du Vélib' parisien le confirme. Légèrement décalée, Arc Express, future rocade de transports en commun qui devrait relier les terminus des lignes du métro et dont les premières esquisses viennent d'être révélées, pourrait en accompagner la limite. Ce Grand-Paris inscrit dans un cercle de 7,5 km de rayon, 213 km², 3,5 Mh, a une évidence.

Là encore le territoire démontre qu'il possède une histoire, celle du département de la Seine créé en 1791 et aboli en 1964, mais qui reste toujours présent dans les mémoires et sur le terrain. Comme si des frontières invisibles traversaient encore la Seine-Saint-Denis ou le Val-de-Marne en distinguant d'un côté une proche couronne à l'histoire industrielle et ouvrière, de l'autre une banlieue plus lointaine, pavillonnaire, petite-bourgeoise voire agricole.

Petite couronne, zone dense, cœur dense, cœur d'agglo, il existe une convergence sur la dénomination, mais un certain flou sur la délimitation – donc la population concernée. Cette zone dense s'inscrit dans un cercle de 12 à 15 km de rayon à partir de Notre-Dame. Elle rassemble à coup sûr La Défense, pôle économique majeur de l'agglomération porté par l'État pendant des décennies et qui jouit exceptionnellement du droit d'afficher Paris dans son adresse postale ; Nanterre (87 800 h), Bobigny (46 000 h), et Créteil (89 000 h), les trois nouvelles préfectures mises en place en 1964 par Paul Delouvrier avec leurs théâtres, témoins de la décentralisation culturelle voulue par André Malraux ; la zone la plus pauvre de l'agglomération (l'ouest de la Seine-Saint-Denis) ; la plus grande concentration de grands ensembles ; des sites escarpés avec des rebords formant belvédères à Romainville (les panoramas), à Saint-Maurice (la redoute de Gravelle), à Meudon (l'Observatoire) ou au Mont Valérien et de nombreux équipements métropolitains, dont le stade de France est le plus emblématique ; plusieurs grands parcs : La Courneuve, Sceaux, Saint-Cloud et quelques bois ; les grandes cités-jardins historiques : Suresnes, Stains, Le Plessis-Robinson ; la majeure partie de Marne-la-Vallée ; la moitié de la population de l'Île-de-France, 60 % de l'emploi. L'ancien département de la Seine, 80 communes et 5,5 Mh aujourd'hui c'est un peu moins que les trois départements de la première couronne : 123 communes et 6,5 Mh. Et si, de toute évidence, les franges est de la Seine-Saint-Denis et du Val-de-Marne sont moins centrales et moins denses, peut-on pour autant les écarter ?

Le cœur d'agglomération désigné par le dernier projet du SDRIF regroupe 137 communes. Il a le mérite de voir plus grand, il cadre large, mordant sur le Val-d'Oise, les Yvelines, très légèrement sur l'Essonne et la Seine-et-Marne et représente 6,8 Mh. Mais on ne comprend pas très bien les critères retenus pour établir son contour. Pourquoi écarter Villepinte,Tremblay, Bonneuil, Valenton et Villeneuve-le-Roi – c'est-à-dire repousser l'aéroport de Roissy-CDG et les plates-formes logistiques hors des limites mais intégrer Versailles ou Sartrouville ? De même, écarter Livry-Gargan ou Montfermeil et incorporer Sarcelles ?

Bref, tout le monde est convaincu qu'il y a une zone dense, mais personne n'est d'accord pour la délimiter, non seulement parce que toute limite a une part d'arbitraire, mais parce que l'on touche ici les susceptibilités institutionnelles, politiques et électorales. Car 80, 100, 124 ou 137 communes dont Paris peuvent-elles s'accorder ? Est-il envisageable de supprimer les départements ou de modifier les limites ? Une géométrie variable fondée sur des « intercommunalités de projet » permettra-t-elle de contourner l'obstacle politique sans pour autant remettre à plus loin les réformes institutionnelles ni rajouter un étage supplémentaire à un empilage administratif déjà passablement compliqué ?

À défaut de limite qui fasse consensus, ce Grand-Paris 2 pourrait s'appuyer sur une rocade, l'A 86, infrastructure qui réinterprète à l'échelle métropolitaine le boulevard parisien, suture autant que coupure. Porteuse d'une succession de centres commerciaux – Velizy 2, Belle Épine, Rosny 2… – à partir desquels s'organisent la consommation et les loisirs de millions d'habitants, l'A 86 apparaît susceptible de donner à la métropole une image, une identité, à condition de lui accorder un peu d'attention et de soin. Ce grand boulevard métropolitain ne prétend pas enclore la zone dense qui le déborde souvent largement. Il ne peut pas jouer le rôle de clôture comme l'avait fait l'enceinte de Thiers. Plus qu'une coupure dans le tissu, ce qu'il est aujourd'hui, il faut l'imaginer comme une suture entre les morceaux de la grande ville de part et d'autre et le traiter en conséquence.

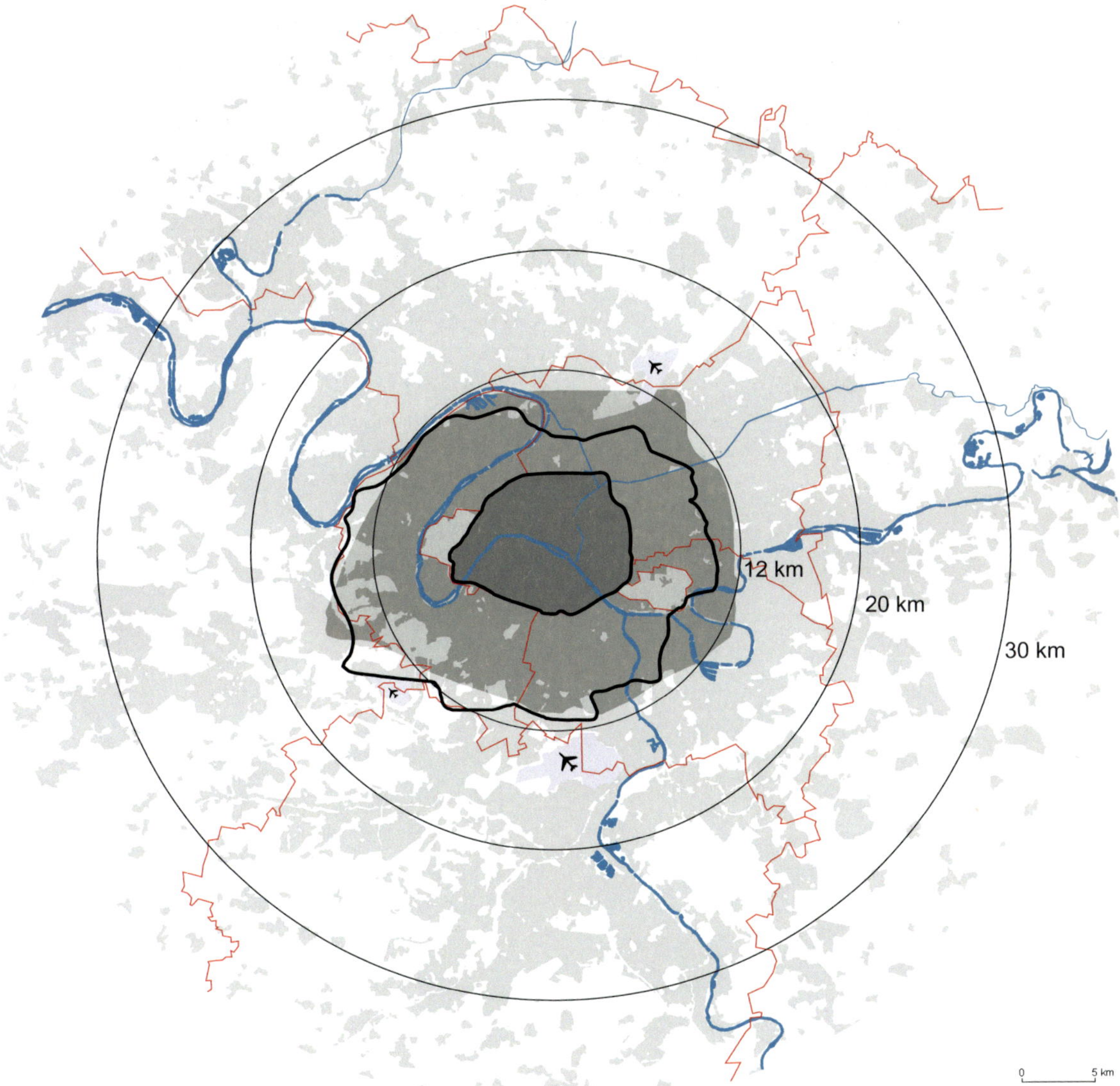

__Grand-Paris 2, la nostalgie du département de la Seine.
L'A 86 est devenue le nouveau boulevard périphérique parisien.

__Le département de la Seine d'après la *Carte des environs de Paris* exposée aux «produits de l'industrie française», 1823.

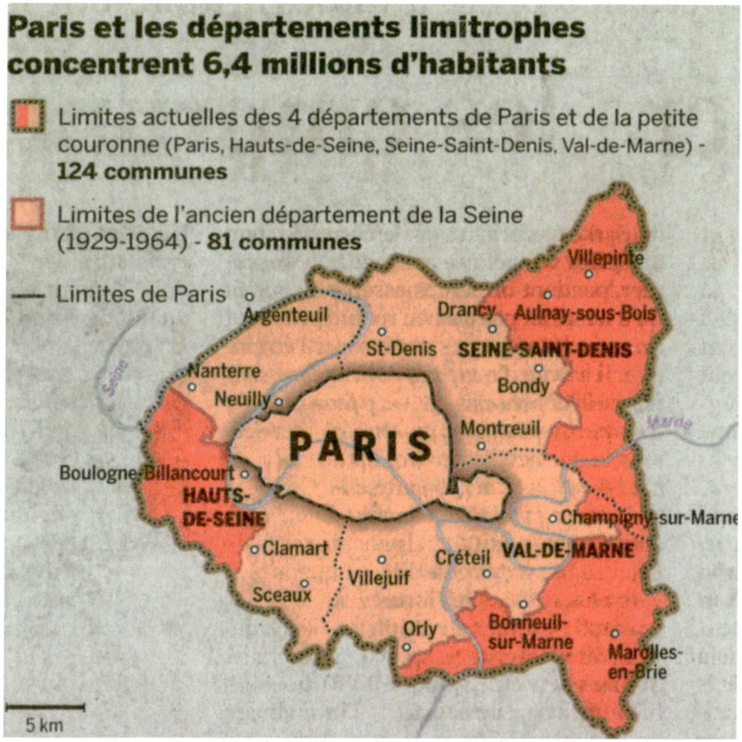

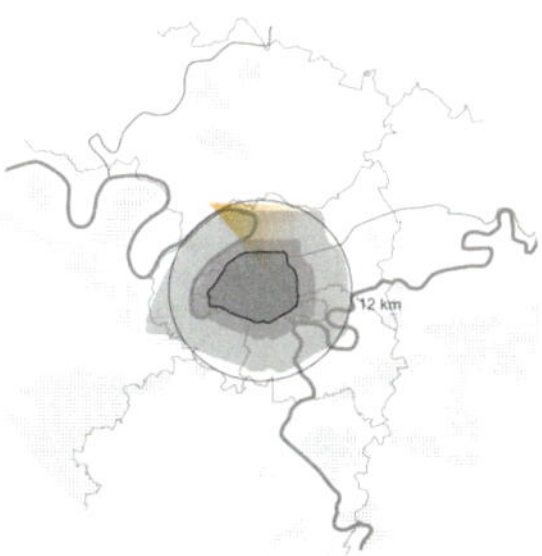

__Du département de la Seine (502 km²) aux trois départements de la première couronne (775 km²), *Le Monde* du 21 mars 2008.
__Le Grand-Paris du port de Genevilliers vers Saint-Denis.

GRAND-PARIS 3, LA VILLE MÉTROPOLE

Avec un peu plus de 20 km de rayon, la ville-métropole ne s'identifie pas à l'agglomération. Elle en reste la partie centrale. Son contour englobe la partie urbaine des départements de la seconde couronne (78, 91, 95) et incorpore à la capitale des équipements qui déjà lui appartiennent comme les aéroports du Bourget et d'Orly, les ports de Bonneuil et de Gennevilliers, le marché de Rungis… ; plusieurs villes importantes comme Versailles (87 000 h), Argenteuil (102 400 h), Noisy-le-Grand (61 600 h) ; des terrains encore agricoles mais sur lesquels portent déjà des projets : la plaine de Montesson, le triangle de Gonesse, une partie du plateau de Saclay. Elle comprend également une partie de deux villes nouvelles (Saint-Quentin-en-Yvelines est venue s'ajouter à Marne-la-Vallée).

La métropole possède un ensemble de parcs historiques, de châteaux et de forêts domaniales hérités du goût des Valois et des Bourbons pour la chasse, qui forment une armature verte impressionnante, Versailles en tête, et soutiennent la comparaison avec d'autres grandes capitales. Mais les grandes forêts, Marly, Saint-Germain, Montmorency, Ferrière, Sénart, la vallée de Chevreuse et Rambouillet, restent à l'extérieur ou en bordure. Presque une ceinture verte.

Quelques lignes de chemin de fer stratégiques de l'ancienne grande ceinture comme Versailles-Massy (RER C) ou la tangentielle-nord entre Épinay-sur-Seine et Noisy-le-Sec sans cesse promise et toujours attendue peuvent çà et là en accompagner la limite, mais il ne s'agit que de fragments.

La mobilité reste la grande difficulté de ce Grand-Paris là. Et l'on se réjouit que l'inclination de Louis XV pour la marquise de Pompadour nous ait donné la RN 186, ancêtre de l'A 86, sans laquelle aucune rocade routière ou autoroutière importante n'existerait ; la Francilienne (A 104) passe souvent au-delà, et l'ancienne autoroute interurbaine de Seine-et-Oise (ARISO) issue du plan de Prost (1934) semble pour l'essentiel abandonnée. Quant aux transports en commun, ils sont presque exclusivement radiaux.

Paris semble loin, mais il faut se rappeler qu'au milieu des années 50 le domaine de Beauregard situé à La Celle-Saint-Cloud fut légué à la Ville de Paris pour y construire le XXIe arrondissement afin de loger les familles nombreuses dans des conditions satisfaisantes. Les logements sont restés et le XXIe arrondissement a été oublié.

Avec 1 450 km^2 la ville métropole est comparable au Grand-Londres (1 580 km^2), pour une population voisine. C'est le territoire métropolitain défini par le schéma directeur de 1965, un peu plus vaste que celui du PADOG de 1960 (1 200 km^2). Un peu moins des 2/3 de l'agglomération en superficie, plus des 4/5 en population, les 9/10 des emplois. Une bonne

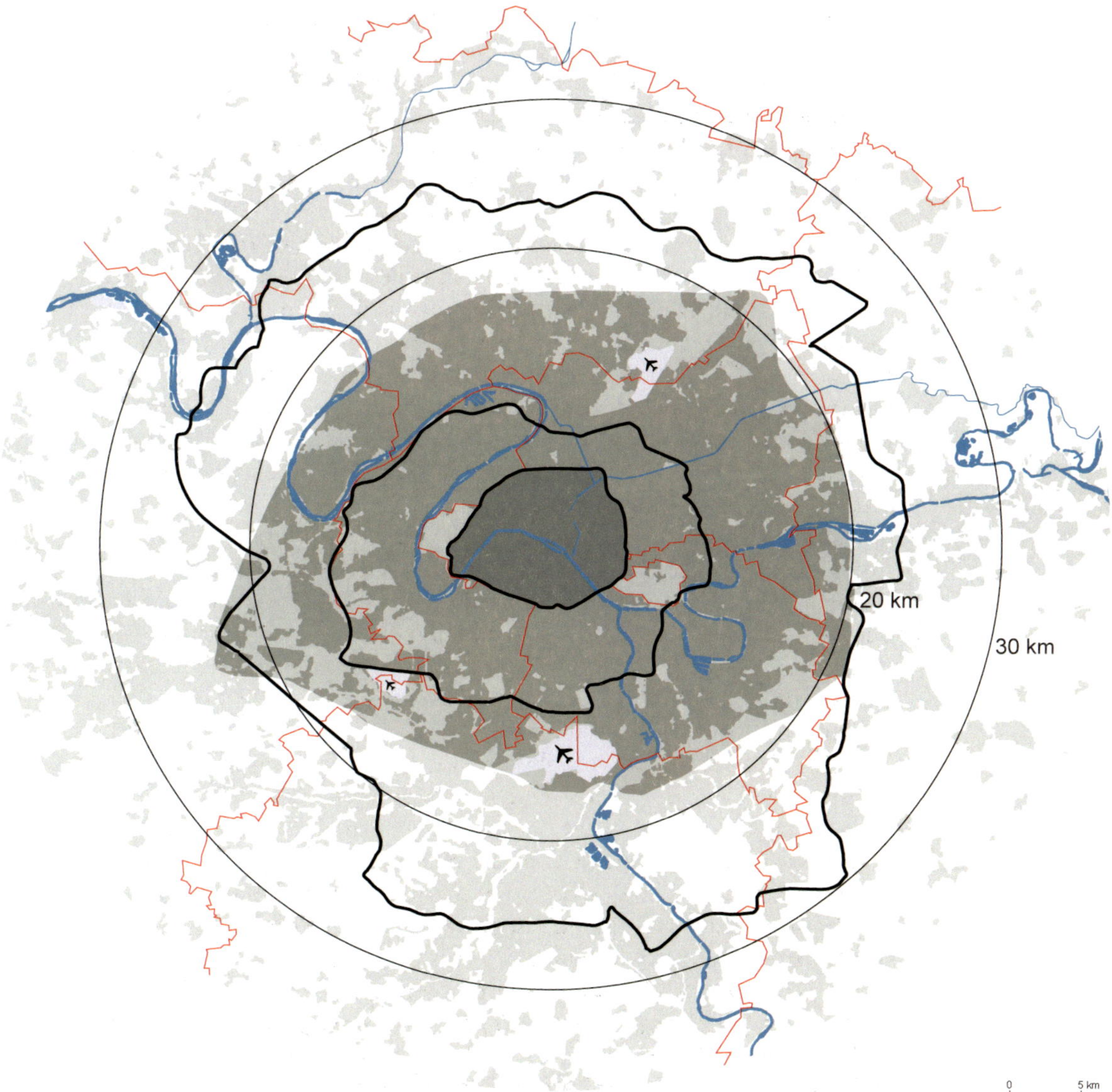

__Grand-Paris 3, entre A 86 et Francilienne, la zone dense.

échelle pour établir des solidarités entre les 8,5 Mh et éviter que se creuse davantage le fossé entre l'ouest et l'est, les beaux quartiers et les cités, les emplois riches et le chômage.

Ce Grand-Paris est presque entièrement compris à l'intérieur d'un cercle de 20 km de rayon (1 360 km^2) qui englobe l'agglomération dense et continue. Celle-ci ne déborde qu'en quatre points: les villes nouvelles du schéma directeur de 1965 dont on remarquera qu'elles contribuent à étirer l'agglomération parisienne le long des vallées, à l'exception de Saint-Quentin-en-Yvelines installée sur le plateau de Trappes. La Francilienne qui enclot 1 650 km^2 et 296 communes coupe également les villes nouvelles, ce qui conduit à s'interroger sur leur statut: faut-il les rattacher à la métropole centrale ou confirmer leur statut de nouvelles centralités extérieures ?

La métropole compte un peu plus de 200 communes. Le SDRIF 2007, quant à lui, définit une agglomération centrale de 375 communes. Les difficultés d'accorder 200 communes plutôt que 80 ou 120 ne sont pas a priori beaucoup plus grandes, et la diminution relative de la place occupée par Paris (28 % de la population) peut rendre les susceptibilités ou les inquiétudes moins vives. Mais pour imaginer l'organisation morphologique et institutionnelle de ce Grand-Paris métropolitain, il faut se demander ce qui se passe à l'extérieur dans cette vaste étendue agricole et forestière qui constitue les trois quarts du territoire régional.

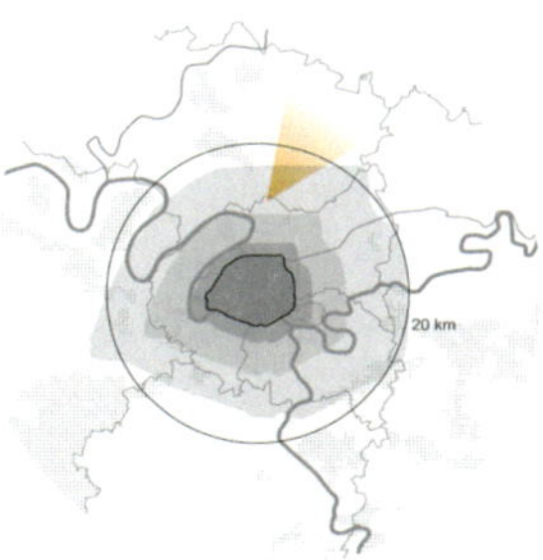

__Agriculture urbaine à Stains.

__Aux limites de l'urbanisation, Pierrefitte et Stains puis Sarcelles et Garges en regardant vers le nord.

GRAND-PARIS 4, MÉTROPOLE OU AGGLOMÉRATION ?

Y a-t-il un Grand-Paris 4, une entité urbaine qui identifierait l'agglomération et représenterait une échelle avant la région ? Sur le terrain et bien que le contour en soit subjectif, des continuités et des polarités assez fortes se dessinent. Ce Grand-Paris ressemble à celui du Plan d'aménagement de la région parisienne élaboré par l'architecte Henri Prost en 1934, un cercle de 30 à 35 km de rayon. Il englobe la plupart des villes nouvelles mais conserve d'importants territoires non bâtis : forêts et parcs naturels, agriculture urbaine, faisceaux de protection des pistes d'Orly, du Bourget et de Roissy, perspective du parc de Versailles… Sa configuration s'apparente à un archipel où l'aggloméré central cède progressivement sa place au discontinu. Avec une tendance nette à s'étirer le long des vallées de la Seine et de la Marne, à s'inscrire dans un triangle dont les trois sommets proches mais encore extérieurs à l'agglomération sont marqués par Mantes, Meaux et Montereau, les trois M chers aux planificateurs des années 50.

Cette agglomération définie comme « unité urbaine » statistique pour le recensement de 1999 couvre 2 700 km², presque 10 Mh, 5 M d'emplois, moins du quart de la région en superficie, 90 % de sa population et de ses emplois. Au Grand-Paris précédent elle a ajouté des anciens bourgs ruraux, des petites villes, des grands ensembles et des zones pavillonnaires et à coup sûr la totalité des villes nouvelles. Elle comprend l'aéroport de Roissy (275 000 emplois) où sa limite se confond presque avec celle de la région tandis qu'elle s'en écarte notablement dans les autres directions. Elle est bordée par de vastes forêts qui sont une des caractéristiques de l'Île-de-France, et que le SDRIF 2007 regroupe sous le nom de parc naturel régional : Vexin français, Oise-Pays de France qui dépasse la limite de la région, Gâtinais français et haute vallée de Chevreuse.

La prise en compte de cette agglomération de 626 communes urbaines est essentielle pour imaginer les formes de la gouvernance, les orientations de l'urbanisation (habitat, emplois, formation, loisirs), l'organisation des déplacements. Elle conduit à s'interroger sur l'avenir de la région comme institution. Car quelles qu'en soient les formes de gouvernance, cette inéluctable dilatation de la capitale pour l'ajuster à la réalité de la ville vécue et lui donner le poids nécessaire dans la compétition mondiale débordera les limites de l'Île-de-France. Au-delà de la ville métropole compacte et continue, au-delà de l'agglomération élargie, le Grand-Paris c'est aussi l'aire économique ou la région urbaine qui s'étend de Rouen à Reims et d'Amiens à Orléans. Faut-il penser le Grand-Paris dans le cadre d'une redistribution des régions à l'échelle nationale renouant avec le rêve de ramener leur nombre à huit ou dix grandes régions comparables aux Landers allemands. Vaste programme, autre sujet.

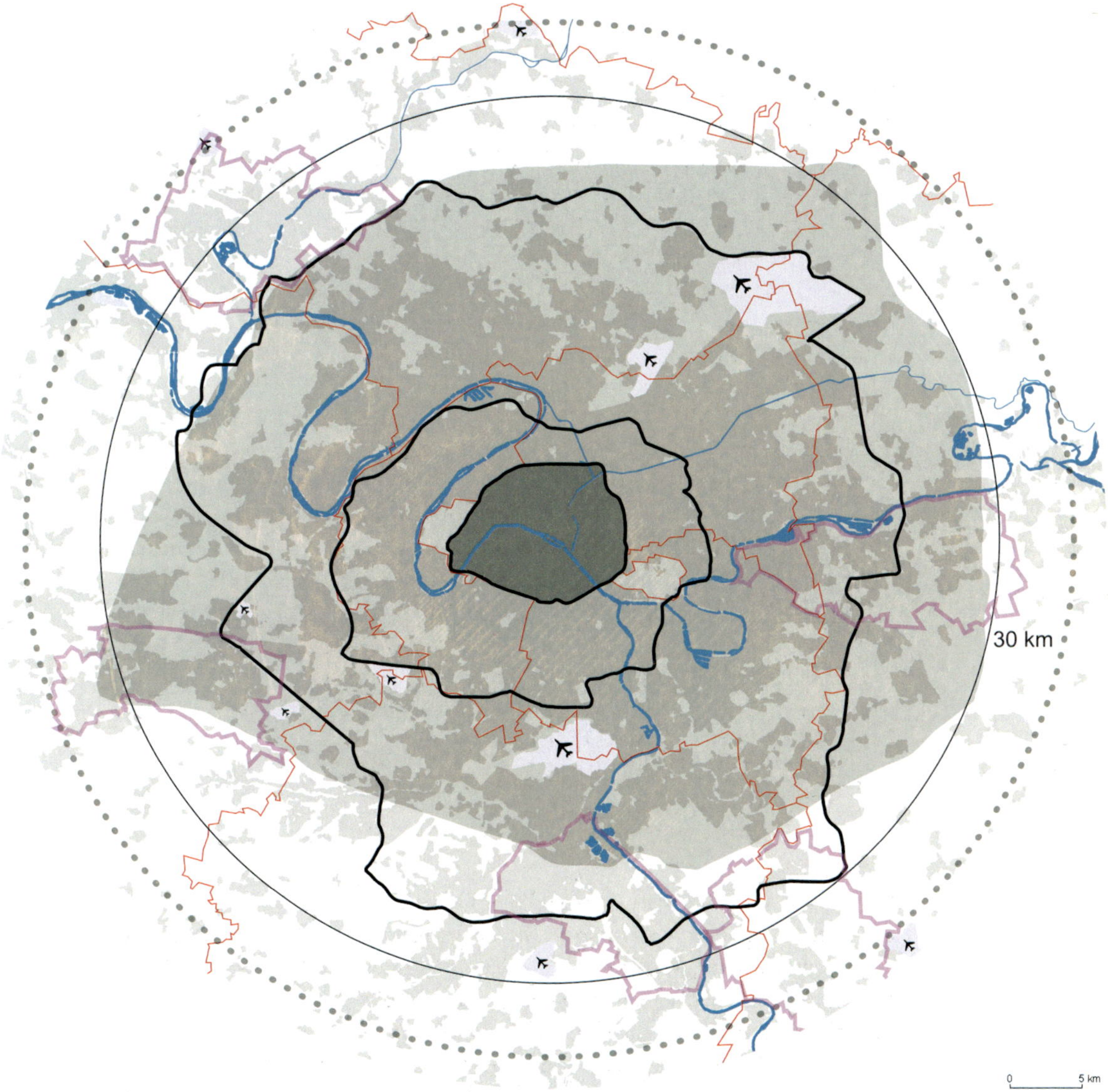

__Grand-Paris 4, faut-il absorber l'agglomération ?

ABBEVILLE
AMIENS
BRUXELLES
ARRAS
MAUBEUGE
S^T QUENTIN
TOUQUET
BEAUVAIS
DIEPPE
ROUEN
FLANDRES
ET DES
MANCHE
DE LA
BELGIQUE
CREIL
SENLIS
CHANTILLY
PERSAN
LUXEMBOURG
BRUXE
LUZARCHES
DAMMARTIN
PONTOISE
MEULAN
GONESSE
VERDUN
LE BOURGET
CLAYE SOUILLY
POISSY
S^T GERMAIN
CHELLES
LAGNY
STRASBOURG
AUTOROUTE DE L'OUEST
AUTO-ROUTE DE L'EST
VERSAILLES
TRAPPES
SCEAUX
AUTO-ROUTE DU SUD
CHEVREUSE
PALAISEAU
LONGJUMEAU
BRIE COMTE-ROBERT
LIMOURS
MONTLHERY
CORBEIL
ARPAJON
BAULE
TOURS
ROCHELLE
BORDEAUX
ARCACHON
PYRENEES
L'OCEAN
LES ALPES
LA SUISSE
BESANCO
DIJON
GENEVE
CHAMON
GRENOBLE
NICE
NEVERS
CL^T-FERRAND
PERPIGNAN
COTE VERMEILLE
LYON
MARSEILLE
NICE
COTE D'AZUR
ORLEANS
BORDEAUX
BIARRITZ
LIMOGES
CAHORS
TOULOUSE

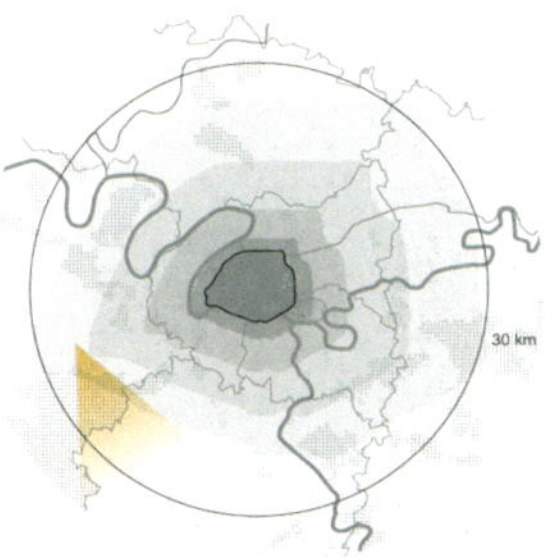

__Nouveau village à Fontenay-le-Fleury.
__GAUCHE : Le Grand-Paris d'Henri Prost (1934).
L'agglomération est contenue dans un cercle de 35 km de rayon.

Au centre de cette région urbaine aux contours institutionnels incertains, la métropole s'identifie-t-elle ou se démarque-t-elle de l'agglomération ?

Il faut partir des 211 communes urbaines situées à l'extérieur de l'agglomération centrale qui, pour le SDRIF 2007, constituent « les autres agglomérations ». Elles ne se confondent pas avec les 674 communes rurales, mais jouent encore vis-à-vis d'elles un rôle de centre. Ce sont pour beaucoup de petites villes historiques qu'il semble difficile de rattacher, avec les campagnes qui les entourent, aux régions voisines, sauf à la marge.
Il y a donc à la frange de l'agglomération parisienne un territoire dont la densité globale reste faible, qui forme comme une marche agricole ponctuée de points forts : villes ou petites agglomérations qui entretiennent avec Paris des relations de voisinage mais ne se confondent pas avec la capitale.
Des ensembles s'organisent, faits de proximités, d'associations, de solidarités liées aux cours d'eau : autour de Meaux avec Mareuil-Nanteuil-Villenoy ; dans le triange Melun-Saint-Fargeau-Fontainebleau, à partir d'Étampes ou de Dourdan, dans l'agglomération mantaise avec Mantes-la-Jolie-Mantes-la-Ville-Gassicourt-Limay. Des territoires, des « pays », urbains en leur centre, ruraux dans leur étendue.
On remarque en relisant le PADOG de 1960 que les trois M destinés à rééquilibrer Paris hésitent à l'ouest entre Mantes et Meulan, au sud entre Melun et Montereau. Seule Meaux est indiscutable. On constate à la lecture du SDRIF 2007 que les trois M, en tous cas Mantes et Melun, sont entrés dans l'agglomération centrale, ce qui semble excessif car des coupures existent encore qu'il faut reconnaître et préserver si l'on veut conserver à la région la qualité des paysages qui font une part de son attrait. Et puis peut-être faut-il fortifier les « autres agglomérations » pour leur laisser la chance de s'organiser et d'avoir un poids suffisant, d'atteindre une masse critique et surtout ne pas prétendre en rassemblant toute l'agglomération centrale en fixer une fois pour toutes la limite alors que nous savons qu'elle sera assez rapidement dépassée ?

Reste une entité centrale plus ramassée que les 278 commune du SDRIF qui constitue ce que j'ai appelé la ville-métropole ou Grand-Paris 3. D'une échelle comparable à d'autres grandes métropoles mondiales, Paris-Métropole est plus grand que la zone dense pour deux raisons. C'est la nature même de la grande ville aujourd'hui d'incorporer des zones de moindre densité, des friches, des espaces naturels, agricoles ou forestiers. C'est en partie sur ces espaces qu'elle pourra se densifier (rappelons-nous les orientations du SDRIF 2007 : 1 150 000 logements en trente ans). Elle est plus petite que l'agglomération qui continuera vraisemblablement à s'accroître

__L'étendue du « terroir de Paris aux époques gallo-romaine et franque », la *Civitas* des Parisii décrite par Michel Rolin.

et dont il faut cesser de croire qu'une nouvelle limite viendrait en arrêter l'extension. Au contraire, assigner à la ville métropole une limite institutionnelle qui ne cherche pas à s'identifier avec celle de l'agglomération c'est éviter d'avoir à en modifier le tracé pour rattraper les nouvelles urbanisations.

Prise dans une figure de constellation, la métropole ne peut être dissociée de l'agglomération dont elle constitue le noyau central. Elle forme avec les autres agglomérations un ensemble qui a déjà une histoire longue et des représentations nombreuses depuis la délimitation du territoire des Parisii à la fin de la période gallo-romaine proposée par Michel Roblin (Mollat, 1971). Voilà près de deux siècles que se dessinent les tracés des différentes rocades routières puis ferroviaires. Territoires de chasse et allées royales, chemin de fer de grande ceinture ou ligne stratégique de la défense de Paris qui accompagne les positions avancées, bouclage autoroutier du plan de Prost et Francilienne ou projets de transports publics aujourd'hui nous indiquent les liaisons essentielles, celles qui conditionnent la vie quotidienne. La dissémination des abbayes et des propriétés ecclésiastiques au Moyen Âge, celle des domaines aristocratiques et des possessions du parlement de Paris au XVIIe siècle ; la mise hors les murs des grandes infrastructures techniques et logistiques au XIXe siècle ; la carte des cités-jardins depuis le concours de 1919, celle des grands ensembles cinquante ans plus tard ; et tant d'autres comme la création des premières facultés en banlieue et le déplacement des grandes écoles témoignent des relations étroites de la capitale avec les territoires qui l'entourent.

La vertu première du débat sur le Grand-Paris ne serait-elle pas de reconnaître ces solidarités croisées, de leur donner une visibilité et un nom ?

introduction densités échelles

1234567

5 géographies

pavillons et grands ensembles mobilité / centralités paris, londres

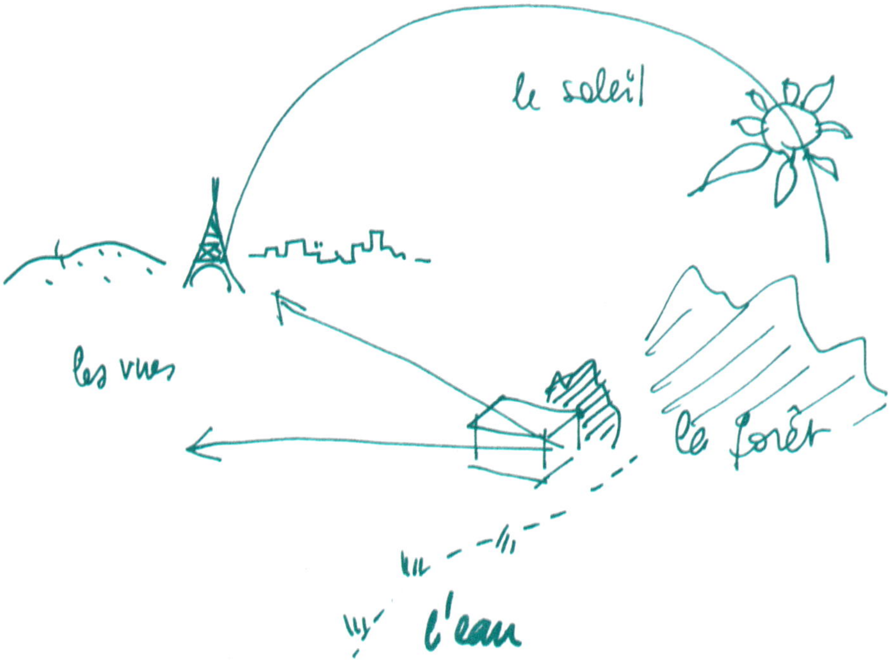
le soleil
les vues
la forêt
l'eau

En 1919, au sortir de la guerre, alors que s'engagent les débats sur l'extension de la capitale et l'aménagement de sa région, l'agglomération est encore réduite à une ville-centre, Paris, enserrée dans son enceinte bastionnée d'où s'échappent quelques faubourgs[1]. À l'extérieur des fortifs, la zone *non aedificandi*, peu construite ou de manière précaire, est habitée par les « zonards ». Au-delà, des lotissements modestes se mêlent aux villages anciens, puis un peu plus loin d'autres bourgs, d'autres villages. Malgré le développement du chemin de fer qui entraîne l'urbanisation, la banlieue reste encore composée de villes, de bourgs et de villages bien identifiés que séparent des terres de cultures (vignes, vergers, maraîchers), des prés et des bois. La campagne affleure presque jusqu'à la limite de la capitale, les forts distants de 2 à 4 km sont encore isolés, les reliefs restent non bâtis.

Le relief qui dicte l'hydrographie et commande les passages explique l'occupation du territoire. Les voies principales, chemins anciens devenus routes royales puis nationales, suivent les vallées ou cherchent les passages, cluses ou seuils d'un territoire à la topographie prégnante. L'urbanisation en « doigts de gant » ou en « tâches d'huile » suit ces grandes voies radiales : faubourgs-rues ou villages plus anciens de faible épaisseur. Les voies ferrées longent les cours d'eau ou coupent les méandres. L'eau et le fer qui permettent les transports lourds induisent les implantations industrielles. Un peu plus loin se créent les grands lotissements pour loger les employés qui, grâce au train de banlieue, gagnent chaque jour les bureaux, les administrations et les grands magasins de la capitale.

Au sud-est, autour du confluent de la Seine et de la Marne, à Ivry, Alfortville ou Charenton, le développement industriel et logistique qui a commencé prolonge les industries du XIIIe arrondissement parisien tandis que le méandre suivant (Saint-Maur, La Varenne) est dédié aux pavillons d'employés et aux villas bourgeoises. Même chose au sud-ouest où le méandre de Boulogne est déjà entièrement comblé par l'industrie vers Billancourt ou les beaux quartiers vers le bois. Plus au nord, Neuilly, Levallois-Perret et Clichy sur la rive droite, Puteaux, Courbevoie, Bécon-les-Bruyères, La Garenne-Colombes, Bois-Colombes, Colombes et Asnières en face forment un ensemble continu où dominent les lotissements coupés par les lignes de chemin de fer de la gare Saint-Lazare ; on y trouve aussi des ateliers, des fabriques, des petites usines, des dépôts.
Au nord, La Plaine-Saint-Denis et Aubervilliers profitent des grandes infrastructures de transport, canal et voies ferrées, pour constituer un domaine industriel étendu qui n'a pas encore rejoint Saint-Denis. La ville monte la garde sur la boucle du fleuve, à la rencontre du canal Saint-Denis. Plusieurs ruisseaux sont identifiés : le ruisseau de Montfort, le Sausset, le Croult, le Rouillon qui descendent de l'est et du nord avec çà et là des étangs ou des marécages car les pentes sont trop faibles pour assurer l'évacuation des eaux.
À l'est, les escarpements proches de Paris comme Le Pré-Saint-Gervais, Les Lilas, Bagnolet ou Montreuil sont occupés de manière presque continue mais peu dense. Les premiers quartiers de pavillons viennent se mêler aux bourgs anciens et faubourgs-rues qui accompagnent les grandes radiales. Au sud, les collines s'opposent à une urbanisation extensive et cantonnent les parties construites à la bordure immédiate de la capitale : Issy-les-Moulineaux, Vanves, Malakoff, Montrouge, Gentilly. La Bièvre est encore visible, L'hospice de Bicêtre barre l'horizon.

Autour de Paris, l'urbanisation ne dépasse qu'exceptionnellement un cercle de 9 km de rayon, soit 3 ou 4 km au-delà de l'enceinte. Elle laisse des vides, des discontinuités dans lesquelles l'agriculture se glisse. Les vergers ou les vignes viennent frôler l'enceinte.
Le plan de Paris de 1923 publié dans l'atlas Quillet, qui témoigne d'un état intermédiaire entre la carte des Chasses du roi (1764-1807) et la situation actuelle, révèle la superposition de deux mondes : un territoire encore rural dessiné par l'aristocratie, sur lequel l'industrie est venue déposer une nouvelle couche.
Outre la géographie du relief – plateau de Romainville, d'Avron et de l'Aulnoy à l'est, butte de Cormeilles-en-Parisis au nord-ouest, collines et forêts du Hurepoix au sud et au sud-ouest –, le territoire est fortement structuré par les grandes routes royales, par les tracés des allées forestières

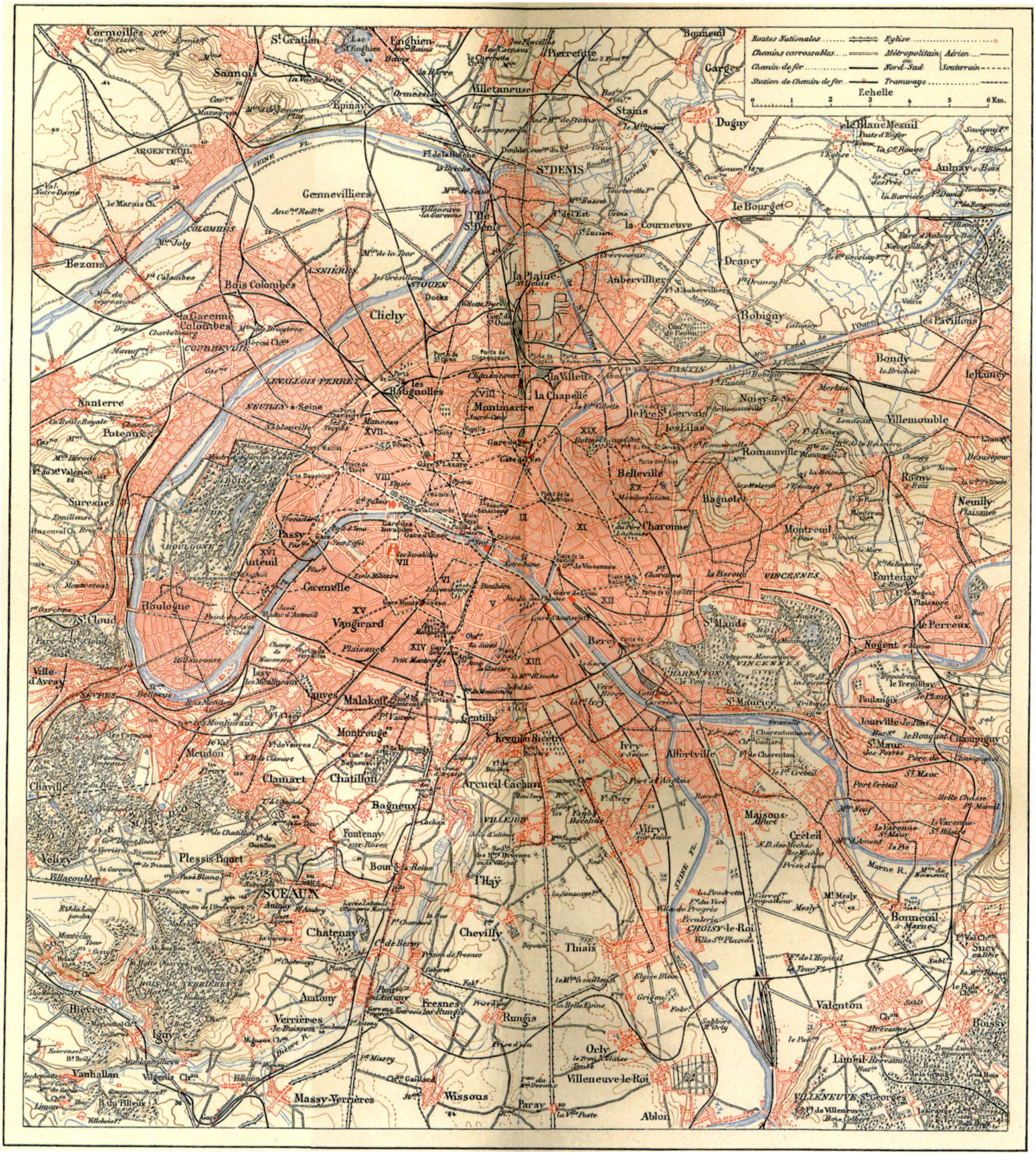

__Plan de Paris, *Atlas universel*, Quillet, 1923.
Au-delà de l'enceinte, l'urbanisation le long des grandes routes radiales se mêle à la campagne qui se glisse jusqu'aux faubourgs.

et des parcs avec leurs perspectives et leurs étoiles, leurs resserres et leurs faisanderies. Les lieux-dits apparaissent ainsi que les moulins, les fermes, les maisons forestières, les sablières et les carrières. Tout un monde du XVIIe siècle que recouvre une autre géométrie, celle des voies ferrées, plus souple et plus autonome quoique également soumise aux contraintes du relief, avec ses gares de triage et les premières plates-formes à Villeneuve-Saint-Georges, à Charenton, à Bobigny, à Pantin, à La Plaine-Saint-Denis, à La Villette, aux Batignolles. Soit l'essentiel de l'ossature des transports lourds d'aujourd'hui, qu'il s'agisse des mouvements internes de l'agglomération ou de ses relations avec le reste du territoire national et de l'Europe.
Le plus surprenant, si l'on pense aux débats actuels sur la nécessité de désenclaver et de desservir la banlieue, c'est la richesse du réseau des tramways. En 1920, pour un territoire qui hors Paris ne dépasse pas un million d'habitants, plus de mille kilomètres de voies. Le tram relie Saint-Denis à la porte Maillot, à la porte de Saint-Ouen, à la porte de Clignancourt et à la porte d'Aubervilliers par quatre lignes différentes dont certaines pénètrent jusqu'aux boulevards de Clichy ou Barbès. Il conduit aussi à Montreuil et à Vincennes par Bagnolet, Les Lilas et Le Pré-Saint-Gervais. Au sud, il conduit d'Ivry à Charenton par Vanves, Malakoff, Gentilly et Ivry… D'Antony, il prend la route nationale 20 et entre dans Paris jusqu'aux Halles où il apporte tôt le matin les produits maraîchers. Celui de Versailles qui remonte la nationale 10 conduit jusqu'au Louvre et assure le soir pour la bourgeoisie versaillaise le retour des théâtres.
Malgré les grands projets d'extensions, malgré le mouvement des cités-jardins et la poursuite de l'industrialisation, cette situation dure presque jusqu'aux années 50 et quiconque a la mémoire de ce temps y retrouve, à l'habillement près, les mêmes images que celles du livre reportage *Un siècle passe* (Alain Blondel et Laurent Sully-Jaulmes, 2007) prises dans les premières années du XXe siècle. Au début des années 50, les voitures particulières sont rares, les fermes qui fournissent le lait quotidiennement existent encore à la limite des quartiers habités. Les cultures sont proches, les champs bordent les villes comme à Versailles où les soirs d'été, les charrettes de foin laissaient des brindilles accrochées aux fils du tramway.
Avec les Trente Glorieuses, tout change très vite. Priorité de l'industrie nationale, l'automobile individuelle se développe tandis que la part des transports publics décline. Les autoroutes et les aéroports qui viennent concurrencer les chemins de fer et les ports imposent à l'agglomération une nouvelle logique. À l'urbanisation digitale qui suivait les voies ferrées et les voies d'eau dans l'espace limité des vallées succède une urbanisation par paquets dispersés sur l'ensemble des plateaux. C'est particulièrement spectaculaire au sud de Paris où les territoires étudiés par Jean Bastié (1964)

connaissent en trente ans des changements importants. Parallèlement au déclin des activités industrielles situées le long de la Seine à Ivry, Vitry, Choisy ou Alfortville, le plateau voit se développer de nouvelles activités attirées par la proximité de l'aéroport d'Orly et de l'autoroute du sud (A 6). Les territoires peu ou mal desservis par les transports en commun et donc restés agricoles se prêtent au passage des nouvelles voies entraînant une urbanisation en peau de léopard à proximité des sorties : grandes enclaves industrielles ou logistiques d'Orly et de Rungis, lotissements de la reconstruction et pavillons des « castors », puis grands ensembles de logements sociaux à Orly, Villejuif, Antony, Massy, nouvelles zones d'activités, premiers hypermarchés.
Ailleurs, où le relief est moins marqué et, plus tard, quand déjà lassés des grands ensembles on invente les villes nouvelles et les nouveaux villages,

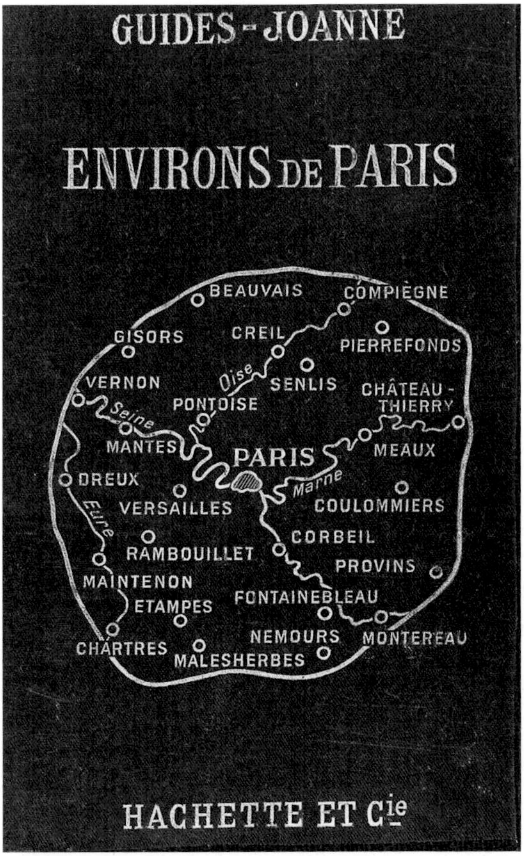

__Les environs de Paris d'après les guides Joanne, 1914.

l'urbanisation prend d'autres formes mais toujours avec la même fragmentation, la même soumission aux logiques routières et autoroutières, la même indifférence aux traces anciennes inscrites dans le territoire.

Dans l'euphorie du progrès technique et de l'augmentation du niveau de vie, et malgré les orientations judicieuses du schéma directeur de 1965 sur la question des transports collectifs, la croissance urbaine s'affranchit de la géographie ; la ville éclate et se disperse. Une logique d'équipements autonomes appartenant à des fonctions séparées vient remplacer celle de la proximité et de la continuité. En période de plein emploi et de pétrole bon marché, les conséquences peuvent être ignorées. Mais aujourd'hui, le XXe siècle achevé, la désindustrialisation douloureusement réalisée, la question énergétique devenue incontournable et la crise des banlieues, comme on dit pudiquement, menaçant de devenir annuelle, l'heure est au bilan. Comment retisser les liens d'une agglomération où la fragmentation des espaces renforce la fracture sociale ?

Car les relations entre la capitale et sa banlieue sont depuis longtemps délicates. À son livre *Paris/Banlieues* Annie Fourcaut donne comme sous-titre « conflits et solidarités ». Bien sûr il y a des conflits, conflits d'intérêt, conflits de pouvoir, conflits politiques, conflits de personnes, dont nous avons encore chaque jour des exemples. Bien sûr il y a des solidarités économiques, techniques ou culturelles, le sentiment d'un destin commun qui s'impose même

__La Marne à Joinville.

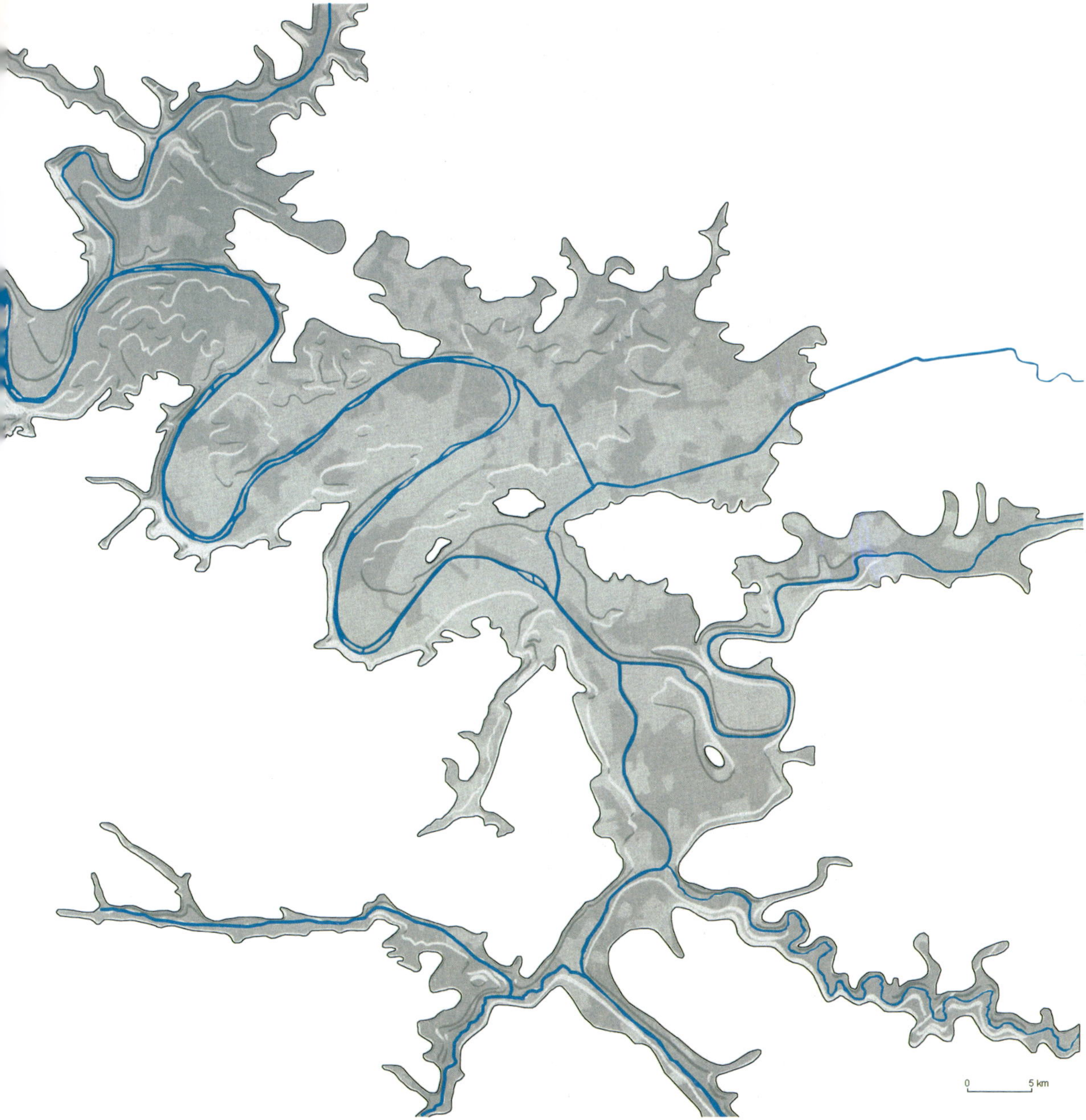

__La vallée de la Seine et de ses affluents limités à la cote 60 NGF d'après «Relief de la région parisienne» de Jacques Bertin.

si cela déplaît. Mais ces conflits ne sont pas une simple divergence d'opinion ou une lutte entre des acteurs égaux, entre des communes équivalentes. L'histoire en a décidé autrement depuis longtemps et même si l'organisation récente de la Conférence métropolitaine ou les appels plus anciens comme celui du maire de Boulogne, André Morizet, « Habitants du Grand-Paris, mes frères » (Fourcaut, *op.cit.*), tentent d'établir des relations d'égalité et de confiance, le territoire porte les marques d'une domination que l'on pourrait assimiler, me semble-t-il, à une colonisation. Comme une colonisation, elle apporte mise en culture, construction d'infrastructures, équipements et développement des territoires mais au profit et à l'initiative de la capitale et des couches sociales qui entourent le pouvoir. L'Église au Moyen Âge en retire des revenus et du vin, l'aristocratie de l'âge classique y trouve ses territoires de chasse, ses pavillons et ses domaines, l'ère industrielle y construit ses infrastructures, ses dépôts, ses usines et les logements de ses ouvriers et de ses employés. Colonisation qu'il s'agit aujourd'hui de reconnaître si l'on veut en supprimer les séquelles et penser la métropole comme un tout.

LES TERRITOIRES DE L'INVENTION

Il faut pour cela partir des territoires et les relire avec un double point de vue. Car le Grand-Paris qui porte encore la trace des conflits et des dominations qui l'ont produit peut être également lu comme un formidable territoire d'invention et d'expérimentation où se sont mêlés œuvres exceptionnelles et production banale, richesse et pauvreté, vision d'ensemble et repliement local. Relire les territoires et en réapprécier la valeur semblent aisé pour Paris même, cent fois filmé, cent fois décrit, mais plus difficile au-delà du boulevard périphérique tellement la banlieue est le plus souvent ignorée ou dévalorisée à l'exception de quelques sites. On oublie que la banlieue, ce territoire d'une lieue d'épaisseur (4,4 km) qui forme le ban autour de la ville, n'est pas un vide mais un territoire habité, façonné, depuis aussi longtemps que la ville-centre quoique différemment. On oublie aussi que les arrondissements périphériques étaient banlieue avant d'être annexés (Roblin, 1985). Et s'exercer à ce va-et-vient entre la ville qui se fait et la ville d'avant, la ville d'avant la ville, pourrait nous permettre de franchir sans angoisse et dans les deux sens le périphérique.

Exercices à la Perec. Retrouver les anciennes campagnes dans la ville : Saint-Martin-des-Champs (IIIe arr.), Notre-Dame-des-Champs (VIe arr.) et Saint-Germain-des-Prés (VIe arr.), la Butte-aux-Cailles (XIIIe arr.) ou la rue des Prairies (XXe arr.), la rue de la Source (XVIe arr.) ou la rue des Vignoles (XXe arr.). Relire dans la toponymie les traces celtiques, romaines, gallo-romaines ou mérovingiennes autour de Paris : Courbevoie, la voie

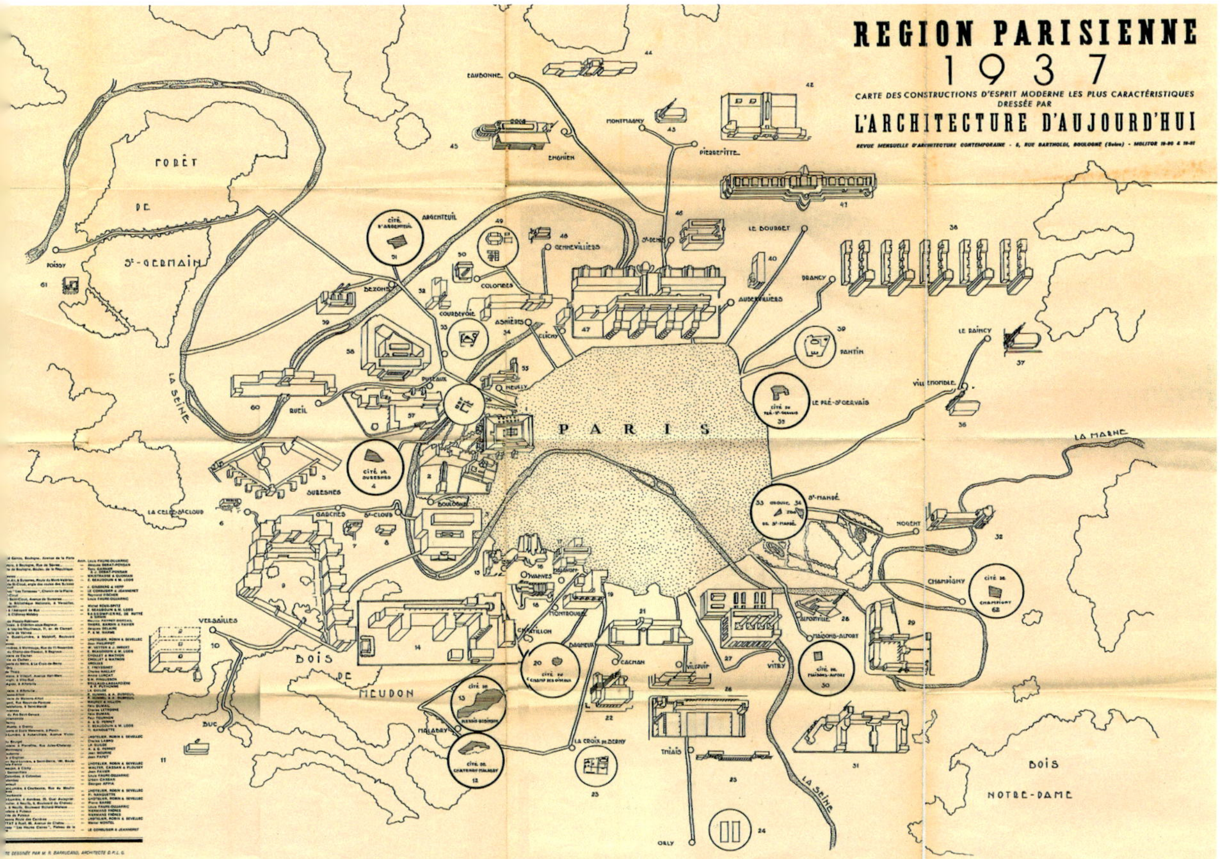

__Le territoire de l'invention, selon la «Carte des constructions d'esprit moderne» dressée par *Architecture d'Aujourd'hui*, 1937.
Les bâtiments modernes, édifices remarquables, équipements quotidiens ou logements collectifs, sont représentés comme des monuments par des axonométries magnifiées.

courbe ; la chaussée Jules César qui passe à Ermont et que l'on retrouve plus loin après Pontoise ; Argenteuil et ses mines d'argent… ; les dépendances ecclésiastiques : Sainte-Geneviève-des-Bois ou Port-Royal-des-Champs ; royales ou aristocratiques : Bourg-la-Reine, Brie-Comte-Robert, Chilly-Mazarin, Choisy-le-Roi, Enghien, Montmorency, Villeneuve-le-Roi.

Et puis il y a les traces matérielles, dispositions des lieux, bâtiments qui subsistent. Proche et dépendante de la ville, la banlieue, parce que l'espace y est moins mesuré, parce que le goût y est moins contraint et les règles moins strictes, est un lieu d'invention. On y met ce que l'on ne peut pas mettre en ville. On y ose ce que l'on ne peut pas faire en ville. Dès le Moyen Âge monastères et abbayes sont prétextes à invention. La basilique de Saint-Denis fait l'objet d'un débat entre l'abbé Suger et saint Bernard, rien n'est trop beau pour le Seigneur dit le premier, l'église doit être ascétique répond le second. Longpont ou Maubuisson illustrent l'architecture cistercienne. Au XVIIe siècle, profitant de leur retraite à Port-Royal les jansénistes fixent les règles de la grammaire et de la langue. Louis XIV, jaloux de Fouquet et de Vaux-le-Vicomte, s'établit à Versailles pour être plus libre qu'à Paris et c'est en banlieue que Le Nôtre expérimente la grande composition à la française dont les tracés et les châteaux marquent encore le paysage. Souvent le domaine a été entièrement préservé ou presque comme à Dampierre, Sceaux ou Grosbois. Parfois il ne subsiste que des fragments devenus hôtel de ville ou équipement public comme à Choisy-le-Roi, Épinay-sur-Orge, Arnouville, Romainville, etc. Les parcs et les jardins sont devenus jardins publics et lycées (Le Raincy, Savigny) ou sont lotis mais en conservant le tracé des allées comme les multiples faisanderies ou garennes devenues des quartiers de pavillons établis sous un couvert boisé (Villeneuve-le-Roi).
L'invention touche aussi les institutions, la banlieue accueille ceux que l'on met à l'écart pour étudier, travailler, surveiller ou punir : institution de Saint-Cyr pour les jeunes filles pauvres de l'aristocratie qui deviendra école militaire, aujourd'hui lycée, et pour qui Racine et Lully avaient composé *Esther* (1689) ; plus tard celle de la Légion-d'Honneur à Saint-Denis et à Achères pour les filles de militaires et des serviteurs de la nation ; lycées de Vanves ou de Sceaux ; hospices et hôpitaux à Charenton, à Bicêtre où se montait la chaîne des forçats ou à Issy-les-Moulineaux (Petits Ménages). Elle passe aussi par les grandes infrastructures techniques : les machines défensives depuis le château fort de la Madeleine à Chevreuse ou la tour de Monthléry jusqu'à la ligne des forts chère à Roland Castro : dix-huit ensembles achevés sans compter les batteries, les redoutes, les doubles couronnes et les rampants. La construction de la banlieue aristocratique, Versailles en tête, suscite une réorganisation de l'approvisionnement en eau et du draînage.

__Des faubourgs à la banlieue, le territoire de l'invention :
1_ Villa Seurat, Paris Tombe-Issoire, architecte Lurçat, 1926. 2_ Cité de la Muette à Drancy, architectes Beaudoin et Lods, 1930. 3_ Villa Savoye à Poissy, architecte Le Corbusier, 1928-1931. 4_ Hôtel de ville de Boulogne-Billancourt, architectes Garnier et Debat-Ponsan, 1934. 5_ Maison Drush à Versailles, architecte Parent, 1963. 6_ Fontenay-le-Fleury, architecte Balick. 7- Conseil général à Créteil, architecte Badani, 1968-1970. 8_ Ivry-sur-Seine, architecte Renaudie, 1969-1975. 9_ Cité Pierre-Sémard au Blanc-Mesnil, architecte Buczkowska, 1986-1992.

Conduites du fontainier Denis, étangs, bassins, rigoles de l'ingénieur Gobert, aqueducs au sol, sur arcades, en souterrain, canaux, écluses, réservoirs, machine de Marly annoncent le canal d'Ourcq et les travaux d'Haussmann. Un peu plus tard la banlieue voit les débuts de l'industrie à Jouy-en-Josas, Vitry, Noisiel ou Saint-Denis ; les ports et les installations ferroviaires avec leurs ponts et leurs viaducs peints par les impressionnistes.
Depuis le milieu du XIXe siècle, l'architecture moderne et ses techniques s'expérimentent en banlieue : première église en béton au Vésinet (Louis-Charles Boileau, 1864), première maison en béton à Bourg-la-Reine (François Hennebique, 1904), hangars d'Orly (Freycinet, 1919), église du Raincy (Perret, 1922), écoles de Villejuif (Lurçat, 1931) ou de Suresnes (Beaudouin et Lods, 1934), maison du Peuple à Clichy (Beaudouin, Lods et Prouvé, 1939), aérogares du Bourget (Labro, 1937) et d'Orly (Vicariot, 1956), jusqu'au stade de France (Macary et la SCAU, 1995-1998).
Et puis il y a le métal et les grandes usines, cathédrales de la classe ouvrière, les cités-jardins, les grands ensembles qui ne sont pas tous indignes. C'est en banlieue que Le Corbusier a construit ses plus belles maisons, à Poissy (villa Savoye, 1929), Garches (villa Stein, 1927), Boulogne (villa Cook, 1926), ou Neuilly (villas Jaoul, 1952).
De façon moins spectaculaire, à cause de la liberté qu'elle laisse, la banlieue a été un lieu d'invention pour des milliers de maçons, maîtres d'œuvre anonymes, habitants-constructeurs, architectes du dimanche qui, patiemment, à la mesure de leurs moyens ont réalisé des constructions où s'expriment l'intelligence du lieu, l'audace des dispositions, le meilleur arbitrage entre désir et possibilité. Tout un patrimoine dont la Maison de l'architecture et de la banlieue pour l'Essonne et les CAUE ont commencé par petites touches à établir l'inventaire (Petit, 1990).
Ainsi parallèlement à la ville-centre, la banlieue s'est construite parfois dominée par Paris, parfois autonome ou en révolte. Aucune commune qui ne puisse revendiquer un monument, un tracé, une histoire qui démontrent l'occupation du territoire avant le déferlement de l'urbanisation du siècle passé. Aucun terrain qui n'ait été cent fois labouré, planté, drainé, brûlé, bombardé, redessiné. Aucun lieu dont les traces ne soient déjà, pour qui sait les lire, l'argument d'un projet où le futur s'inscrit dans les traces du passé et en suscite l'appropriation.

Je ne prône pas une sauvegarde à tous crins, une patrimonialisation bien pensante, un embaumement. Encore moins une mise en valeur de bon goût avec luminaires historiques, pavés sciés, bornes façon pierre et chaînes genre grand siècle. À force de calepinage, de pavage et de composition où l'image passe avant l'usage, on a déjà réussi à aseptiser Paris, inutile d'en faire plus,

inutile de fossiliser la banlieue. Le travail sur la ville requiert une intelligence des lieux, un jeu avec ce qui existe, l'évolution plutôt que la négation, l'audace plutôt que la résignation, l'usage plus que l'image.
Ce n'est pas d'abord pour le tourisme, encore que le tourisme représente aujourd'hui la première industrie du monde et qu'en capter quelques retombées dans des communes démunies pourrait aider à leur développement. Dans un territoire aussi complexe et hétérogène que l'agglomération parisienne, des projets de territoire pourraient prendre comme objectif de rendre sensibles à ceux qui y habitent l'histoire des lieux et les étapes de leur constitution, sans masquer la trace des conflits, sans reconstituer après coup une histoire idyllique. De dire à ceux qui viennent y habiter que ce territoire a une valeur qui ne se mesure pas à la hausse du foncier ou de l'immobilier mais à la somme d'efforts accumulés pour le façonner. Et montrer au visiteur, touriste, homme d'affaires, investisseur, manageuse, voisin ou promeneur, la qualité des lieux, des sites et des paysages.

Dans un aménagement qui voudrait mettre en valeur une métropole rassemblée et solidaire, il serait bon que les continuités géographiques et les éléments historiques qui font système soient explicites et favorisent la mise en relation des choses plutôt que la séparation et l'exclusion.
Pas de grand geste, plaide Laurent Davezies (2008) en évoquant le concours d'idée du Grand-Paris. Certes, mais une attention minutieuse, une compréhension intime et sans aucun doute un travail de dessin dont il n'importe pas aujourd'hui de dire qui doit le faire – architectes, géographes, paysagistes, urbanistes, il y a du pain sur la planche pour tous sur les quelque 2 000 km^2 – mais pourquoi, voire surtout pour qui le faire.

LE FIL DE L'EAU

Au sud de Paris, du côté de Massy-Villaine, le paysagiste Alexandre Chemetoff a commencé à découvrir la Bièvre. C'est modeste et je ne sais pas combien de temps il lui faudra pour arriver jusqu'à Paris, mais il fallait bien commencer.
La Bièvre prend sa source à Versailles, au pied du plateau de Satory où depuis longtemps on a aménagé trois étangs qui se succèdent afin d'en réguler le cours, puis d'autres un peu plus bas. Elle passe à Buc, traverse Jouy-en-Josas où son eau participait à la fabrication de la toile de Jouy avant de parcourir une petite vallée, riante, agreste et tout à fait insolite si près de Paris, jusqu'à Igny, au pied du bois de Verrières. Soit 15 km qui ont échappé par miracle au busage généralisé, auxquels on a donc ajouté récemment la traversée de Vilaine avant qu'elle ne se perde sous terre à Antony, Bourg-la-Reine,

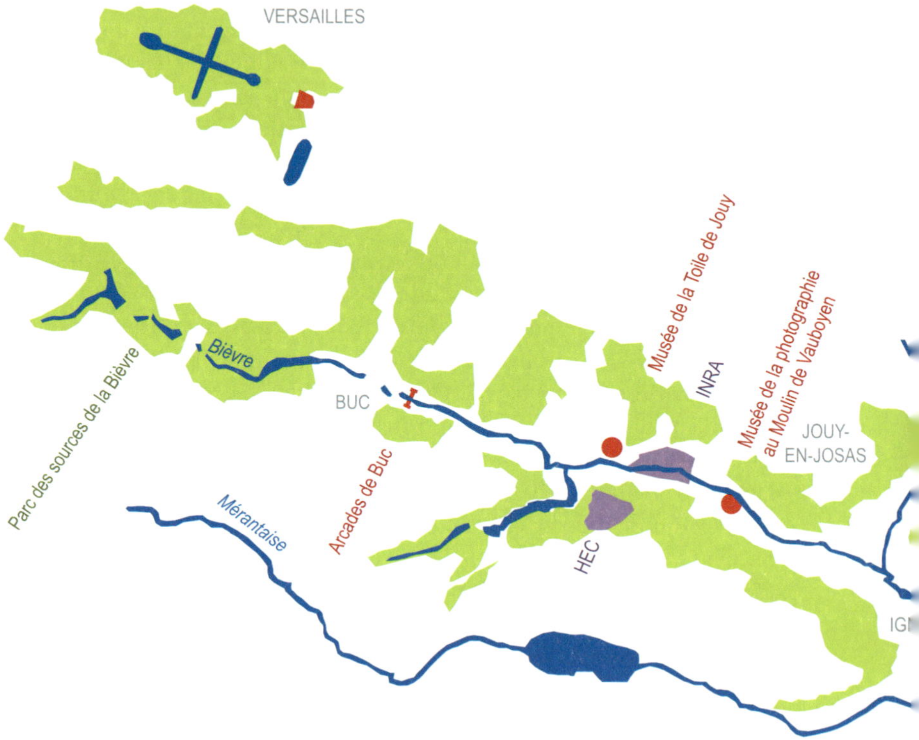

__Le fil de l'eau, la Bièvre.
1_ Étang du Moulin à Renard, Satory. 2_ La Bièvre, Massy.

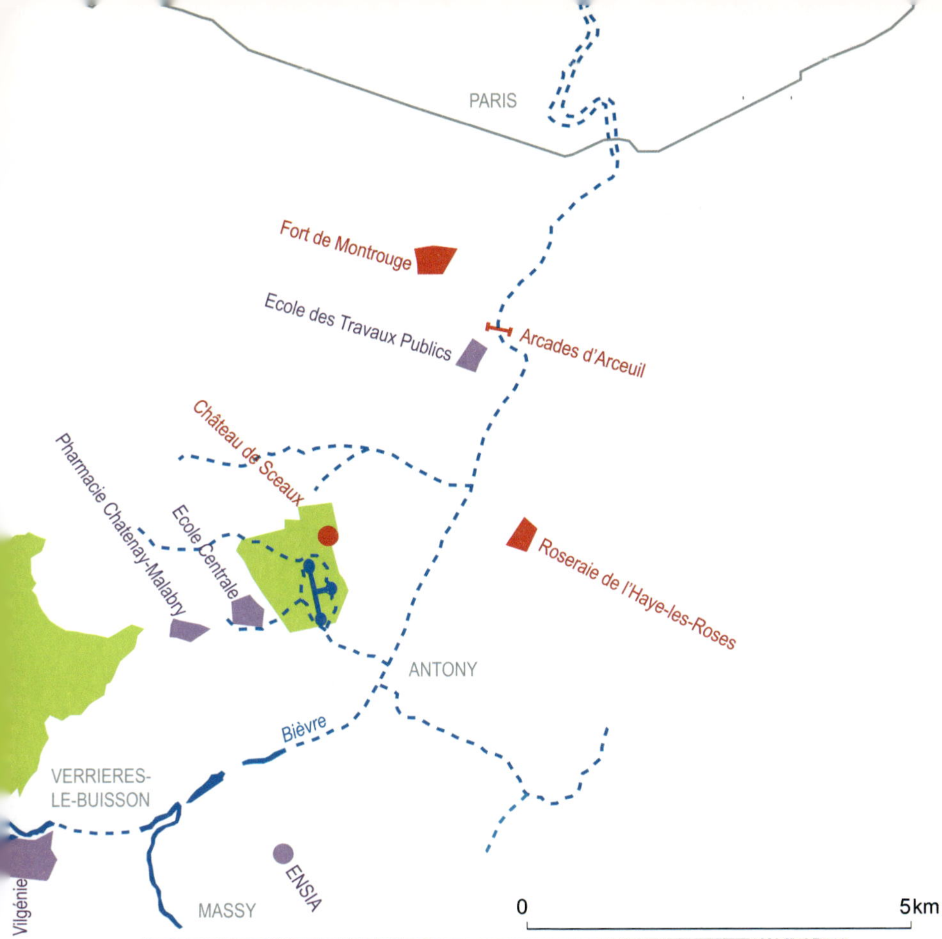

3_ La Bièvre dans le vieux Paris, carte postale.

Arcueil et Gentilly (11 km), ne laissant plus qu'un souvenir jusqu'à Paris où elle entre par la poterne des Peupliers, contourne la Butte-aux-Cailles, traverse les XIIIe et Ve arrondissements pour se jeter discrètement dans la Seine à côté de la gare d'Austerlitz (4 km) dans l'indifférence absolue.

Redécouvrir la Bièvre, prolonger progressivement sur la seconde partie de son parcours le scintillement de l'eau qui court, apparaît comme une évidence. Cela oblige d'abord à supprimer, petit à petit, en descendant le cours, les rejets domestiques et artisanaux, sauvages ou non, donc participer à une amélioration de la qualité de l'eau que la découverte, l'ensoleillement et l'organisation des cascatelles qui l'oxygènent viennent accentuer. On serait tenté naturellement d'accompagner cette découverte par deux mesures : recueillir les eaux de ruissellement des jardins et des toitures, après décantation et filtrage si nécessaire, et établir régulièrement des retenues qui peuvent donner lieu à des traitements divers : étangs pittoresques, bassins, parterres d'eau, prairies humides. De fait, c'est une véritable promenade que l'on crée ; 30 km continus si l'on sait comment franchir agréablement les routes et autres infrastructures ; 30 km qui mettent en relation des lieux touristiques : parc des sources de la Bièvre, arcades de Buc, musée de la Toile de Jouy, musée de la Photographie au moulin de Vauboyen, batterie de Bièvre et réduit du bois de Verrières, aqueduc de la Vanne, roseraie de l'Hay-les-Roses, fort de Montrouge. À la succession des anciens villages et des bourgs répond celle des domaines et des petits châteaux : Montebello, Jouy, Bois-du-Rocher, Vauboyen, des Roches, Bièvre et Vilgénis avec en apothéose le châteaux de Sceaux et son parc dessiné par Le Nôtre pour Colbert.

Le long du parcours ou à proximité sont déjà rassemblés plusieurs lieux d'enseignement supérieur et de recherche : HEC et INRA (Jouy-en-Josas), École d'Air France (Vilgénis), ENSIA (Massy), université Paris-XI (Chatenay-Malabry), École centrale (Sceaux), École des Travaux publics (Cachan). Sa partie aval a suscité un projet de parc scientifique et technologique de la vallée de Bièvre ; ses sources sont situées entre Bouygues (Challenger) et le futur pôle de compétitivité Mové'o.

Au nord de Paris, les paysagistes de l'agence TER ont commencé à découvrir le petit Rosne dans la traversée de Sarcelles où il avait été malencontreusement busé, rendant inintelligible la situation du bourg : un gué sur la route de Calais, au pied de la butte d'Écouen (arrêt des cavaliers pour laisser boire les chevaux à 17 km de Paris). Le scénario semble se répéter, sauf que si la Bièvre est une rivière assez solitaire, le petit Rosne appartient à un vaste système en éventail qui couvre près de 300 km^2 et comprend six vallées qui s'évanouissent dans la plaine autour de Saint-Denis et dont les rus, les

ruisseaux et les rivières décrivent 120 km de cours. Autant de promenades possibles reliant des communes oubliées, des équipements isolés, parachutés un jour à cause d'une opportunité foncière pour résoudre au plus vite un problème immédiat, sans lien avec le voisinage, sans prise en compte de la moindre histoire du lieu.
Comment anticiper la découverte – elle ne sera sans doute jamais totale – de 120 km de ruisseaux et de rivières pour conjuguer une requalification générale du site du point de vue environnemental : une expérimentation exemplaire et une revalorisation du territoire ? Phyto-remédiation des terrains industriels pollués, gestion des eaux de ruissellement, répartition judicieuse de jardins de proximité intégrant bassins de rétention et prairies humides, jardins familiaux… reliés par des allées et des promenades plantées (termes ô combien préférables à circulation douce).
Le fil de l'eau, on le voit, est un moyen de requalifier de vastes territoires tout en mettant au point des techniques et des connaissances qui répondent aux défis de demain.

VALLONS, CORNICHES ET BELVÉDÈRES

La prise en compte de l'eau conduit au relief, elle en souligne les mouvements, redonne du sens au territoire et nous rappelle que le site de Paris, le Grand-Paris, n'est pas plat. De même que l'on peut suivre les vallées ou rester dans les plaines, on peut parcourir l'agglomération par les crêtes, suivre les chemins de corniche, et rechercher les points hauts.
La ville alors nous apparaît différemment. Les mises en perspective raccourcissent les distances, révèlent des proximités, rassemblent des points que l'on croyait appartenir à des mondes différents.
De la corniche de Robinson, c'est tout le plateau d'Orly qui s'étend à nos pieds et l'on reconnaît Massy, Longjumeau, Chilly-Mazarin… avec tout au loin, si le temps est clair, la tour de Montlhéry, défense avancée de la capitale capétienne. Depuis les plateaux de Satory ou de Saclay, ce sont les tours du Petit-Clamart ou de Vélizy qui viennent arrêter le regard au-dessus des massifs forestiers, mais depuis les tours du XIIIe arrondissement, ce sont les châteaux d'eau de Satory ou de La Celle-Saint-Cloud qui servent de repères.
Sauf en des points exceptionnels comme les étagements de Montmartre au pied du Sacré-Cœur, la terrasse du Trocadéro, celles de Meudon ou de Saint-Germain, Paris met rarement en scène ces regards de la ville sur elle-même alors que depuis le plan aux trois personnages (Braun et Hogenberg, 1572) ou les gravures de Mérian (1615), les représentations abondent où l'on voit au premier plan des promeneurs à contre-jour observer Paris à leurs pieds.
Et pourtant depuis le beau texte de Roland Barthes sur la tour Eiffel (1964)

__Vues lointaines.

HAUT : Depuis les Lilas : mont Valérien, butte Montmartre, porte de la Villette, porte de Pantin, butte de Cormeilles, tour Pleyel.

__BAS : depuis Rosny : le fort de Noisy et le fort de Romainville.

nous savons le plaisir attaché à contempler et à reconnaître. Serait-ce que l'homogénéisation haussmannienne privilégiant le gabarit uniforme, les horizontales filantes et les perspectives courtes, tels l'Opéra, Saint-Augustin, la gare de l'Est, a enlevé aux Parisiens et à leurs édiles le goût des vastes fresques ? ou que les excès des années 60 nous ont supprimé toute audace ? Seules La Défense qui se profile parfois derrière l'Arc de triomphe ou dans l'axe de la rue de Rivoli, la tour Montparnasse depuis le boulevard Edgar-Quinet, Ménilmontant et Belleville depuis les terrasses des Grands Magasins nous rappellent que le plaisir de la ville comporte une part de narcissisme. Mais au-delà du périphérique, combien de sites laissés pour compte pour cause de courte vue, de vision limitée du contexte immédiat ? Que fait-on des courbes qui descendent depuis Champigny sur la Marne, des méandres de la Seine, de la corniche de Palaiseau, des terrasses de Saint-Cloud ou de Romainville ? Comment dans une grande métropole organiser ces vis-à-vis à grande distance qui font prendre conscience de l'appartenance à une même entité ?

Et puis il y a aussi ces reliefs artificiels, ces points de vue insolites que créent les grandes infrastructures. Corniche du chemin de fer entre le Val-d'Or et Saint-Cloud, véritable balcon sur la Seine et Paris avec le bois de Boulogne à nos pieds ; surprises depuis l'autoroute du sud ou la RN 7 quand, après Villejuif, la descente sur la Bièvre fait surgir quelques instants la tour Montparnasse ou le Panthéon dans l'axe du champ visuel ; promenade de l'A 86 en coupant La Plaine-Saint-Denis. Mais ces visions fugaces qui font prendre conscience de la grande dimension de l'agglomération sont de plus en plus rares, le bruit suscite les murs antibruit dissimulés derrière des haies d'arbres, l'avenir est au camouflage.

Plaines et plateaux offrent aussi des vues lointaines et c'est parfois la ville elle-même qui, à l'horizon, vient arrêter notre regard. La Défense se profile sous un angle insolite depuis la plaine de Montesson. À l'est le relais de télévision du fort de Romainville marque l'achèvement de la plaine à Pantin au pied du plateau. Plaine de France, parmi les champs qui s'étendent encore d'Arnouville-lès-Gonesse à Sarcelles, Paris en contre-jour se distingue d'abord par la butte Montmartre qui vient en premier arrière-plan tandis que sur la droite la tour Eiffel et les tours du front de Seine semblent prolonger celle du carrefour Pleyel et qu'en fond de tableau, l'arc des collines referme l'horizon.

Vallonnée, la région parisienne n'est pas montagneuse. Le relief est souvent masqué par les constructions du site, soit qu'elles obstruent les échappées possibles et limitent notre vision au paysage proche, soit qu'elles constituent en fond de tableau une silhouette de premier arrière-plan qui cache les pentes.

__Londres : Canary Wharf depuis Greenwich, au premier plan la maison de la Reine d'Inigo Jones.

À l'échelle du Grand-Paris, peut-être faudrait-il reprendre une réflexion sur le paysage qui n'a pas beaucoup progressé depuis Le Nôtre et l'enceinte de Thiers. Et se demander quelle doit être la part du bâti et des bâtiments dans les constructions de ce grand paysage. Dans un site de reliefs modestes, l'étagement des constructions, la ponctuation des points hauts par des bâtiments formant repères ou, au contraire, dans un site de plaine le marquage d'un lieu singulier par un édifice qui se voit de loin font partie des moyens mis à notre disposition. Bien sûr ces bâtiments se verront puisque c'est justement là leur rôle. La mise en valeur des paysages passe souvent par leur transformation, que l'on songe aux collines de Meudon avant que Le Nôtre – encore lui – ne vienne y construire la terrasse, ou au mont Valérien avant le fort.

N'y aurait-il pas dans la protection des sites telle que nous la pratiquons aujourd'hui un excès de précaution qui nous interdit d'en profiter et de les mettre en valeur ?

POUR LES TOURS

Depuis quelques années à Paris, même quand on croit l'avoir écarté, le débat sur la construction des tours revient occuper le terrain et divise l'auditoire en deux clans adverses qui se lancent à la tête des arguments définitifs.

La question posée est assez simple : faut-il revenir sur le règlement d'urbanisme de 1977 limitant la hauteur des constructions du Paris intra-muros à 27 m dans le Paris historique et à 37 m dans les arrondissements périphériques ? Cette mesure prise avec l'appui de Valéry Giscard d'Estaing, alors président de la République, sonnait le glas des grandes opérations controversées de l'ère pompidolienne en proposant le retour d'un urbanisme de « la mesure ». D'où les débats, à l'époque, sur la hauteur du Centre Pompidou rabaissé par rapport au projet lauréat du concours pour entrer dans le gabarit parisien, puis plus récemment sur la hauteur des tours de la Bibliothèque de France, objet d'un compromis final qui ne satisfait personne.

Régulièrement donc les partisans des tours montent à l'attaque.

Premier argument, à Paris (s'agit-il de Paris intra-muros ou de la zone dense, c'est rarement précisé), le manque de terrain et la nécessité de réaliser des logements imposent de construire dense, donc d'abandonner la limitation du plafond des hauteurs. Tollé général des opposants : la ville de Paris est sacrée, rien ne doit dépasser, il y a déjà assez de tours, ça suffit, on n'est pas en Amérique, en banlieue à la rigueur mais à condition qu'on ne les voie pas…

Deuxième argument, pourquoi Paris serait-elle la seule des grandes capitales à ne pas construire de tours ? Agitation des milieux professionnels fascinés par les réalisations étrangères, débat organisé au Sénat en 2005, consultation lancée par le maire Bertrand Delanoë avec son « atelier des hauteurs » en 2007, propos récents du chef de l'État réclamant pour Paris les plus belles tours afin de rivaliser avec Londres, Shanghai et Dubaï. Tollé général des opposants : la ville de Paris est sacrée, rien ne doit dépasser, il y a déjà La Défense, le Front de Seine et Italie, ça suffit… on n'est pas à Londres… Voire, avec une légère condescendance et un soupçon de racisme, on n'est pas à Dubaï.

La question passionne mais la confusion règne malgré quelques efforts comme ceux de Françoise Fromonot (2007 et 2008) pour apporter un peu de consistance au débat.
Premier étonnement, la question de la densité toujours invoquée n'est jamais démontrée. Depuis les fameux croquis de Le Corbusier (1929, 1959), la construction en hauteur – qui peut prendre d'autres formes que la tour – est toujours présentée comme une manière de libérer le sol. En réponse et avec leur humour habituel, les architectes anglais des années 60 (*low rise, high density*) démontrent tout l'intérêt de remettre à l'horizontale l'îlot vertical corbuséen. Match nul.
Le Corbusier, comme les Anglais, parle de logements. L'unité d'habitation se dresse, radieuse, comme une alternative à l'îlot haussmannien petit-bourgeois avec ses cours étroites, ses pièces sombres et ses proximités malsaines décrites par Zola dans *Pot-Bouille*. La grille habitée des Anglais du Team Ten s'oppose tout autant aux tours d'Hubert Bennet, l'architecte du London County Council, qu'aux *row houses* de la banlieue londonienne. Individuels superposés, logements en triplex, logements à patio, habitat-terrasse, toute la gamme de solutions expérimentées dans les années 60 et 70 se comprend comme une alternative ou un complément à l'unité d'habitation de Marseille (Le Corbusier, 1947), à la tour des duplex de Notting Hill (Ernö Goldfinger, 1953), ou à la succession de grandes barres corbuséennes d'Alton Estate West à Roehampton (Howell and Killick, 1959). Le *mixed development* (développement mixte) prôné à partir de la fin des années 50 part en effet d'un constat découlant d'une enquête auprès des habitants des tours : ceux qui habitent au-dessus du troisième étage souhaiteraient habiter plus haut, ceux qui habitent en dessous préfèrent avoir l'accès au rez-de-chaussée (Webb, 1969). D'où l'idée de mêler maisons groupées et immeubles élevés, leur somme permettant d'atteindre une densité raisonnable mais qui reste modérée (100 à 120 logements à l'hectare brut). Les immeubles récents, tours et barres, restent d'ailleurs eux aussi le plus souvent d'une hauteur modérée située entre 30 et 52 m (R+10 et R+13), plus élevée que le plafond de Paris intra-muros mais qui n'atteint pas les concentrations de tours élevées destinées à l'habitation que l'on peut observer dans les grandes villes chinoises.
Atteindre des densités et des hauteurs plus élevées engage un changement d'échelle et requiert des conceptions différentes. L'un des quartiers les plus

denses de Paris est, on l'a vu, le secteur Italie-Masséna dans le XIIIe arrondissement (1 000 h+e/ha) qui soutient la comparaison avec l'haussmannien dense ou les HBM ; mais cette densité suppose, d'une part, d'accepter une relative proximité des logements qui n'empêche pas les vues lointaines mais peut en indisposer certains, d'autre part, de résoudre par un empilement de niveaux en sous-sol la question des stationnements, ce que pointe Jean-Claude Croizé (2008). La dalle des Olympiades comprend cinq niveaux de parking en sous-sol en dessous du niveau souterrain de desserte et de dépôt des commerces et d'un étage technique. Sommes-nous prêts comme les Hollandais de l'éco-quartier GLW d'Amsterdam à limiter le stationnement à une place pour trois logements, voire moins ?

Les tours de bureaux ne posent pas les mêmes problèmes. La demande d'intimité y est moindre, ce qui permet de réduire la distance à la tour voisine. Les aménagements intérieurs s'accommodent de grandes surfaces de plateaux desservis par des circulations verticales qui peuvent être directement reliées aux transports publics. Cette relation aux transports, essentielle aujourd'hui, peut permettre d'échapper totalement aux stationnements privés et, en concentrant les bureaux dans quelques points d'interconnexions des lignes de RER, d'atteindre des densités d'occupation importantes qui rentabilisent l'infrastructure tout en suscitant commerces et services.

La véritable justification des tours, logements ou bureaux, reste largement visuelle. Il s'agit du paysage de la ville. Dans une ville dense aux perspectives souvent limitées, les tours renouent avec le grand paysage, elles le découvrent et elles s'y situent. De l'intérieur, elles offrent à l'occupant des visions inhabituelles, plongées dans le tissu proche, dialogue avec les lointains, avec pour qui y est sensible des paysages fascinants. Dans le grand paysage de la métropole, les tours constituent des repères, révèlent des territoires jusque-là ignorés, créent ou confirment des centralités, mettent en relation des lieux qui sans être toujours éloignés étaient restés indifférents. Elles constituent un outil dont on aurait tort de se priver.

Pourquoi depuis des décennies laisser solitaire et orpheline la tour du carrefour Pleyel au lieu de former à Saint-Denis un groupe un peu plus solide, une émergence dans le continuum bas de la plaine pour signaler qu'à quelques encablures de Paris, Saint-Denis peut dialoguer avec La Défense ?

1 Outre les bonnes lectures de Jean Bastié (1964), Bernard Roulleau (1985) ou Michel Roblin (1985), les observations proviennent de la carte intitulée « Plan de Paris » dans l'Atlas Quillet de 1923 et dans celui d'Andriveau-Goujon (1886).

introduction densités échelles et limites gé

1234567

pavillons et grands ensembles

mobilité / centralité

associer plutôt qu'opposer

J'aime le terme de tissu urbain en ce qu'il exprime à la fois l'association étroite des bâtiments, des rues, des cours et des jardins qui caractérisent la ville (solidarité entre les parties) et la souplesse de cette association, sa capacité à évoluer. Penser le tissu urbain c'est observer ou projeter une situation et en même temps imaginer ou prévoir son évolution. Tout le contraire d'une ordonnance rigide, d'une volonté définitive, d'un dessin une fois pour toutes, d'un plan masse.

Dans le Grand-Paris d'aujourd'hui, la question du tissu est fondamentale tellement nous nous sommes habitués depuis trente ans à une conception de la ville presque exclusivement conservatrice. Les rénovations « bulldozer » et la « tabula rasa » des années 60 et 70 nous ont poussés d'un excès à l'autre, après avoir rasé sans retenue nous conservons sans discernement. L'opposition n'est qu'apparente : dans les deux cas c'est la même pensée absolue qui élimine le temps, qui nie la souplesse, la capacité de s'adapter, l'évolution qui font la qualité principale d'un tissu. La patrimonialisation excessive, le culte naïf d'un état d'origine ou d'un âge d'or frappent autant le centre historique ou les beaux quartiers de la capitale avec leurs ordonnances haussmanniennes que les centres-bourgs et les villages.

La conservation des villages anciens, dont je suis bien entendu partisan à condition d'éviter décors d'opérette et simulacres, a son pendant dans la démolition des grands ensembles : rabotage des hauteurs, lifting consensuel ; on rêve d'un monde qui n'est plus et on rase la réalité dérangeante. Les quartiers de pavillons, voire les lotissements récents pourtant censés être le lieu de l'initiative individuelle ou plutôt familiale, n'échappent pas à cette pensée réductrice. Les règlements d'urbanisme successifs ont pour objet de les maintenir en l'état, de rendre homogène, de conserver en excluant ce qui fait la vie : un peu de désordre, une liberté, une audace.

Conservons donc, mais sans figer. Acceptons les évolutions, les adaptations, les changements.

Et puis il y a des sites qui appellent des modifications profondes, soit parce que l'existant ne s'accorde plus aux fonctions et aux usages d'aujourd'hui, soit parce que les potentialités nouvelles demandent autre chose, une densité plus forte, une ambition plus grande.

Sans faire l'inventaire de tous les types de tissus que l'on peut trouver dans l'agglomération parisienne, je retiendrai deux cas : pavillons et centres-bourgs d'une part, grands ensembles d'autre part, en examinant chaque fois les possibilités et les difficultés de les voir évoluer.

S'interroger sur la capacité des tissus de banlieue à évoluer et notamment à se densifier c'est mettre au jour les mécanismes qui permettront d'avancer vers la ville compacte que beaucoup appellent de leurs vœux sans trop savoir comment y parvenir.

LES SOLIDARITÉS PAVILLONNAIRES

Longtemps honni et moqué pour son conformisme petit-bourgeois sans ambition (le « sam' suffit ») et son prétendu refus des valeurs collectives, le pavillon de banlieue est revenu en grâce sous la triple impulsion d'une reconnaissance de ses valeurs d'usage (Henri Raymond, 1966), de la désaffection (Emile Kaes, 1963), puis de la crise des grands ensembles et d'une politique d'État en faveur de la maison individuelle associée au développement de l'accession à la propriété inaugurée par Albin Chalandon et confirmée par Valéry Giscard d'Estaing – « rendre les Français propriétaires de la France ». Le rêve, dit-on, du plus grand nombre que les politiques depuis lors n'ont cessé de flatter.

Il faut d'abord reconnaître l'extrême diversité de ce que l'on rassemble un peu rapidement sous le mot pavillon. Le terme pavillon indique une forme de toiture à quatre pans rejetant son eau sur les quatre côtés. Il désigne à l'origine un édifice isolé, pavillon de chasse, pavillon de musique, pavillon de jardin… Mais le mot a fini par signifier la maison individuelle, avec une catégorisation plus modeste que celui de villa réservé soit à la villa bourgeoise, abondamment décrite par César Daly (1864) ou à la villa des bords de mer pittoresque et éclectique (Isabey et Leblan, 1864 ; Raguenet, 1885 ; Lambert, 1889) : villa normande, villa basque, villa mauresque ou andalouse, voire chalet suisse. Reconnaître dans la variété des agencements de maisons individuelles qui composent la banlieue des familles ou des types suppose de prendre en compte deux échelles : le bâtiment et ses caractères constructifs ; les formes urbaines avec leurs composants : parcellaires et modes d'assemblage.

Maisons, pavillons, villas nous racontent toujours deux histoires parfois confondues, celle du propriétaire ou du constructeur initial, celle de l'habitant d'aujourd'hui. Et nous décrivent toute l'étendue de l'éventail social. D'un côté les grosses villas que l'on voit apparaître avec le second Empire : les villas de première classe des recueils de César Daly, véritables petits châteaux qui affectionnent les décors Louis XIII (brique et pierre) ou les emprunts gothiques et que l'on peut décliner en versions plus modestes : seconde classe avec seulement sept ou cinq travées en façade représentant quelque 1 500 à 2 000 m^2 de planchers ; troisième classe qui ne dépasse pas trois travées et 600 ou 800 m^2. À l'opposé les constructions de la survie, baraques en planches réalisées avec des matériaux de récupération – on en trouvait encore il y a quelques années derrière Argenteuil parmi les vergers – ou maçonnerie hâtive de brique plâtrière posée sur champ qui laissent tout autant passer le froid et l'humidité ; une ou deux pièces, pas d'étage, guère plus de 30 ou 40 m^2 mais de potentielles capacités d'ajout, d'extension, de surélévation, de doublage… Un espace de réserve, disait Henri Raymond (*op. cit.*).

__Une rue à Villejuif : pavillons et grands ensembles forment le paysage quotidien.

__Le Blanc-Mesnil, trame viaire.

__DROITE : Le Blanc-Mesnil, tissus urbains. 20 à 25 l/ha brut.

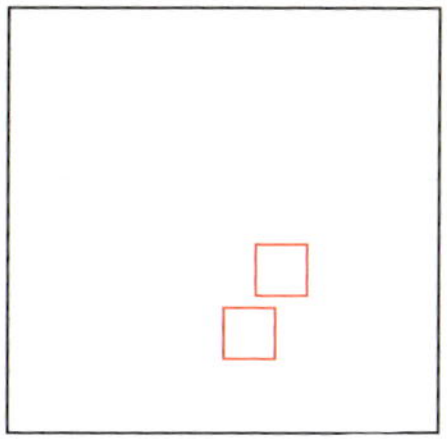

190 m
130 m
70 m
70 m
145 m

115 m
180 m
80 m
70 m

Entre les deux, le royaume du pavillon autrefois en meulière ou en brique avec toit à deux pentes, linteaux métalliques aux ouvertures, perron et marquise sur l'entrée, décor de céramique ou de terre cuite, aujourd'hui enduit façon pierre et couvert de tuiles plates brunies qui répondent aux nuanciers et aux prescriptions des services d'architecture garants du caractère Île-de-France.

Les premiers commencent avec les beaux quartiers des banlieues résidentielles, souvent liées aux premières gares des lignes de chemin de fer de Saint-Germain avec Le Vésinet et Le Pecq, de Versailles avec Sèvres et Chaville, à Vincennes et à Saint-Mandé, à Saint-Maur ou au Raincy. Nouveaux quartiers largement tracés aux couverts d'arbres généreux avec parfois des lacs et des étangs. Le même modèle est appliqué à une échelle plus restreinte pour les maisons des notables, chefs d'entreprise et ingénieurs, médecins et notaires des banlieues populaires qu'elles parsèment ainsi par petites touches. Les seconds se glissent dans les franges incontrôlées où les terrains sont souvent squattés avant des régularisations difficiles, voire dans les lotissements défectueux de l'entre-deux guerres et dans les grandes étendues directement gagnées sur les parcellaires maraîchers, autant en première qu'en deuxième couronne.

La marée pavillonnaire avec ses différentes variations relie les deux, tantôt petits lotissements d'une ou deux rues qui viennent occuper un ancien champ ou un verger, tantôt opérations plus ambitieuses avec des tracés rayonnants, des perspectives et des ronds-points où se mêlent la tradition du jardin français et celle de la cité-jardin anglaise. Dans la métropole parisienne, la banlieue pavillonnaire couvre de manière presque continue des centaines de kilomètres carrés en contournant et absorbant bourgs anciens, grands ensembles, villes nouvelles ou plates-formes logistiques. Elle n'apparaît pas comme un continuum désordonné et déstructuré mais comme un assemblage de fragments assez soigneusement composés qui utilisent un petit répertoire de figures : principalement la grille et l'étoile pour les vieilles banlieues d'avant les années 60, la placette et la raquette pour les nouveaux villages plus récents.

La grille est issue directement, ou avec correction, du parcellaire agricole ou maraîcher ; très régulière dans les terrains plats où elle déroule des rectangles rigoureux, elle se déforme dans les terrains vallonnés de l'ouest et du sud. Les dimensions présentent une grande constance quant à la largeur des îlots construits sur un intervalle entre rues qui varie peu, de 75 m à Charentonneau ou Gagny-Maison Blanche à 110 m à Gagny-Franceville ou Montfermeil-les-Coudreaux. En revanche, la longueur varie à l'intérieur d'un même lotissement, mais reste le plus fréquemment supérieure à 150 m sans dépasser pour des raisons d'économie évidentes 350 m.

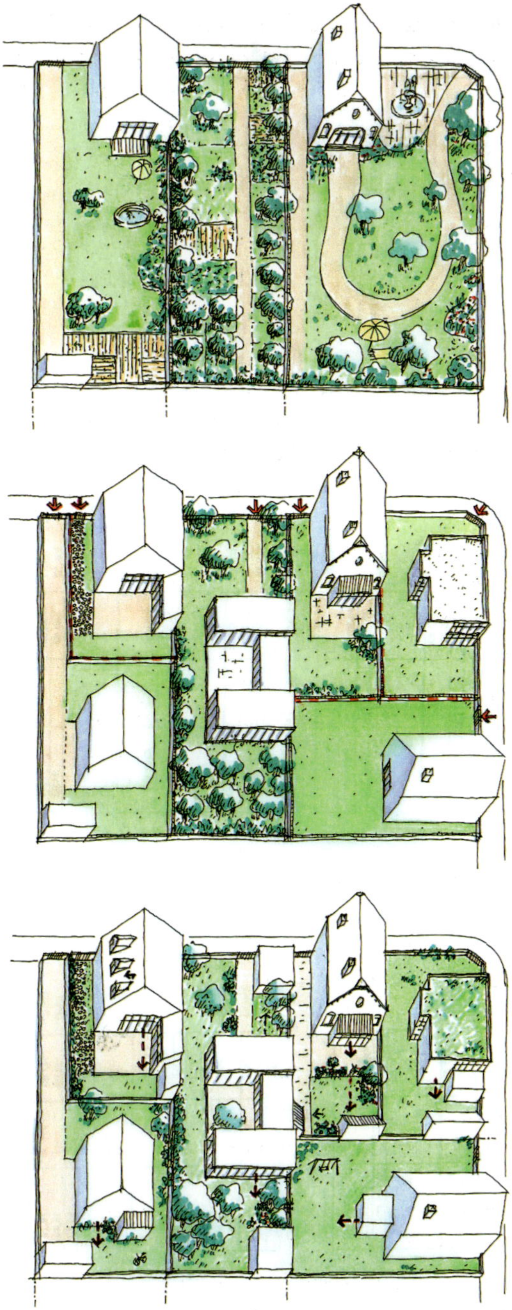

__La densification progressive du tissu pavillonnaire.

Si les îlots présentent des dimensions récurrentes, les densités varient en fonction des découpages parcellaires qui accordent des terrains plus grands dans les quartiers aisés tandis que les lots s'amenuisent dans les lotissements économiques. Avec cependant une constante, une grande profondeur des parcelles dictée à l'origine par la nécessité d'un jardin potager, complément aux ressources familiales et propre à détourner le travailleur du café où le guettent l'alcoolisme et la politique. Ainsi trouve-t-on des parcelles qui dépassent fréquemment 45 m de profondeur, dont une grande partie n'est plus guère utilisée aujourd'hui et forme en cœur d'îlot un ensemble végétal qui retourne parfois à l'état sauvage et n'est plus fréquenté que par les chats et les oiseaux. La capacité de ces tissus à évoluer autrement que par une nouvelle « tabula rasa » improbable requiert d'abord une modification de l'encadrement réglementaire qui a tendance à les figer. Modification qui suppose un grand discernement pour éviter qu'une libéralisation rapide des droits à construire ne produise une forte augmentation des prix du foncier et de l'immobilier entraînant un changement du tissu par substitutions violentes, dans lesquelles se perdraient ses qualités.
L'extension du bâti est un processus quasiment naturel que l'on peut observer dans des situations diverses. Pour les plus démunis, il survient après le premier effort d'accumulation qui a permis d'édifier ou d'acquérir le minimum ; il s'agit alors d'un long processus d'ajout qui augmente les capacités et apporte le confort. Cela commence par l'extension de la cuisine, le doublement des murs extérieurs, le surhaussement de la toiture et l'aménagement d'une ou deux chambres dans les combles, la création d'un appentis ou d'un garage dont la toiture-terrasse consolidée devient accessible. Bref, par petites touches qui se succèdent sur plus d'une génération, un bâti de fortune ou un logement minimal devient un « chez-soi » où se révèlent les désirs, les rêves, voire les fantasmes des occupants.
Longtemps le cadre de la parcelle, la présence végétale et la tolérance des voisins ont laissé cette densification s'accomplir tranquillement. Mais avec l'augmentation des contrôles de toutes sortes, la densification suppose aujourd'hui une persévérance rusée et la remise en cause du sacro-saint retrait vis-à-vis du mitoyen (de 3 m le plus souvent) qui fige le pavillon au milieu de la parcelle en lui interdisant de s'appuyer contre le mur de clôture. Ma suggestion sur ce point est de privilégier la possibilité de construire un mitoyen ; l'adossement d'un côté, judicieusement choisi en fonction de l'ensoleillement permettant, à dimensions de parcelle égales, de disposer d'un jardin mieux utilisable.

Le dédoublement du bâti sur une même parcelle obéit à une autre logique complémentaire de la précédente. Le cas classique consiste à construire un second pavillon à l'arrière pour loger un enfant qui s'établit, recueillir un parent âgé ou pour exercer une activité. Les grandes profondeurs observées précédemment rendent cette densification assez facile si la largeur de la parcelle laisse le passage et l'accès à la construction arrière, condition d'une indépendance autorisant aussi bien d'échapper à la cohabitation familiale que de pouvoir louer ou vendre. Dans le cas contraire, un fin travail de reconnaissance du tissu, de préemption par la municipalité et de concertation avec les propriétaires permet d'irriguer les cœurs d'îlots afin de rendre constructible un foncier inutilisé.

Ces densifications restent modestes ; appliquées à des tissus de densités assez faibles, elles peuvent théoriquement au mieux doubler le nombre de logements à l'hectare net. En réalité elles apportent un gain moyen de 20 à 40 % qui, compte tenu des vastes étendues concernées dans le Grand-Paris, est loin d'être négligeable. Elles ont le grand avantage de procéder très progressivement au gré du choix de chaque propriétaire, sans entraîner d'éviction ou d'expropriation, sans changer profondément le caractère des lieux, surtout si l'on porte attention aux arbres, aux vues et à l'ensoleillement.

À ces densifications modérées peuvent s'ajouter des substitutions plus importantes. Substitution de bâtiment en remplaçant un pavillon par un petit immeuble de 2, 3 ou 4 logements dont la volumétrie ne tranche pas trop sur le tissu où elle s'insère ; substitution d'usage en remplaçant dans un bâtiment conservé et éventuellement agrandi un grand logement par plusieurs, par un équipement ou par des locaux d'activités. Ces substitutions importantes mais disséminées dans le tissu et réalisées au gré des opportunités et des trajectoires de chacun peuvent être limitées par un encadrement réglementaire évitant les manœuvres spéculatives de marchands de biens peu scrupuleux. Elles peuvent aussi être rassemblées volontairement le long de certaines voies qui ont vocation à « muter » pour accueillir une densité plus forte avec des équipements et des services participant à l'étoffement du centre comme à l'amélioration de la vie quotidienne des habitants tout en créant de nouveaux logements. Ce dernier cas suppose un projet qui propose une transformation assez radicale d'une partie du tissu. Il peut être provoqué par une action sur les transports publics et les grands équipements ou simplement l'accompagner. Mais cette transformation profonde ne remet pas en cause le reste des tissus pavillonnaires évoluant plus discrètement. La proximité des deux par jeu de complémentarité et de contraste enrichit l'offre résidentielle et rénove l'image de la ville.

Combiner dans des projets de territoire ces différentes modalités constitue d'abord un moyen de produire du foncier pour construire les logements nécessaires sans engager de lourdes procédures d'expropriation, à condition de mettre en place un suivi attentif. La densification modérée qui en résulte peut être dirigée sur certaines voies, supports d'équipements et de commerces ou autour des stations des transports publics pour affirmer la hiérarchie des voies, développer les centralités et valoriser les centres-bourgs. Elle est enfin un moyen d'engager dans des tissus très homogènes une diversification des types d'habitat en vue d'ouvrir des possibilités de choix et d'élargir les parcours résidentiels.

L'accroissement de population induit par la somme de ces différentes densifications se révèle assez substantiel. Un exemple, les huit communes des Hauts-de-Seine situées entre Versailles et la Seine, desservies par les lignes de Saint-Lazare (rive droite) et Saint-Michel ou Montparnasse (rive gauche), soit Chaville (18 600 h), Garches (18 200 h), Marne-la-Coquette (1 695 h), Meudon (44 200 h), Saint-Cloud (20 200 h), Sèvres (23 800 h), Vaucresson (8 540 h) et Ville-d'Avray (11 200 h). Elles appartiennent à une région de collines dont les crêtes occupées par des forêts domaniales incluent, outre le parc de Sceaux, un certain nombre de grands domaines boisés, ce qui porte à des densités souvent faibles (Marne, 5 h/ha brut, Vaucresson 28 h/ha, Garches 67 h/ha). Des densifications mesurées permettraient par additions, ajouts et petites substitutions de créer 15 000 logements nouveaux, soit un accroissement de population de 20 %, portant la population totale de 155 000 h à 186 000 h. Le même raisonnement étendu à l'ensemble de la zone dense, en tablant par précaution sur un coefficient moins fort, pour tenir compte du fait que certaines communes sont déjà assez densément peuplées, conduirait à une augmentation de 550 000 habitants (12 %) soit un passage de 4,615 Mh à 5,170 Mh (population hors ville de Paris) sans entamer les grandes réserves foncières ni les reconversions importantes.

Curieusement, les nouveaux villages et les lotissements plus récents que l'on aurait pu croire pensés dès le projet pour évoluer et s'adapter apparaissent plus rigides. Non pas tant à cause de leur forme, quoique les découpages parcellaires souvent mis au point après le plan masse ne présentent pas, comme dans les banlieues anciennes, la simplicité géométrique qui guide les évolutions, qu'à cause de la conception règlementaire fondée sur la défiance des initiatives individuelles dont les conséquences apparaissent comme un désordre préjudiciables à la bonne image des lieux.

FAUT-IL DÉMOLIR LES GRANDS ENSEMBLES ?

La question revient régulièrement à la mesure de notre incapacité à résoudre durablement les problèmes que posent à la société française, d'une part, la concentration dans les mêmes territoires de la frange la plus démunie de la population, particulièrement éprouvée dans ses ressources, dans ses références et dans ses valeurs par les mutations accélérées de l'économie (désindustrialisation, délocalisation, mondialisation), d'autre part, une immigration provenant principalement des anciennes colonies qui nous renvoie tout à la fois les séquelles mal cicatrisées de notre histoire coloniale et les difficultés conjointes à en assumer l'héritage.

Les grands ensembles et la crise régulièrement ravivée des « quartiers » constituent l'une des questions de fond du Grand-Paris, l'une de celles dont la non-résolution chronique mettent en cause notre modèle de société, notre conception de la République et notre capacité de développement. Il ne s'agit plus d'une exception, d'une difficulté passagère. De conséquence – de la désindustrialisation, du chômage, etc. –, les quartiers « difficiles » sont devenus cause – de malaise social, de blocage etc. Ils sont, pour reprendre l'image du dernier rapport du Conseil économique et social sur ce sujet, une « épée de Damoclès suspendue au-dessus du pays » (CES 2008).

Face à ce constat et devant la succession des actions menées depuis trente ans sans parvenir à enrayer durablement la dégradation sociale, la nécessité d'agir avec des moyens renforcés devient impérieuse. Elle suppose en premier lieu un profond changement des esprits.

Changement général pour sortir de la mentalité post-coloniale qui inspire notre regard sur la banlieue où se rejoignent dans l'inconscient la vision d'un territoire de service – la banlieue comme colonie de la ville – et celle d'une population qu'il serait plus juste de qualifier d'« issue de la colonisation » que d'« issue de l'immigration », tellement les vieux réflexes coloniaux sont encore à l'œuvre.

Changement de priorité pour aborder sous un autre angle la requalification des quartiers, renversement de nos schémas de pensée. Il faut arrêter de croire que nous devons développer pour créer des emplois qui réduiront le chômage afin de ramener le calme dans les banlieues, mais plutôt penser que la réduction de la fracture sociale (pour reprendre une expression déjà un peu ancienne mais dont l'image reste malheureusement toujours actuelle) et l'établissement d'un dialogue pacifié sont les conditions *sine qua non* d'un déblocage de la société grâce auquel nous pourrons retrouver le dynamisme nécessaire pour entraîner le développement économique et le plein emploi.

L'agglomération parisienne ou l'Île-de-France, peu importe la délimitation exacte, peut jouer ici un rôle essentiel. Elle rassemble à elle seule 22 % du nombre de zones urbaines sensibles de la France et 30 % des habitants concernés par la politique de la ville. Elle est de fait le « laboratoire de la France » pour reprendre l'expression du géographe Guy Burgel. Encore faut-il savoir comment, car après trente-cinq années de politique de la ville, il serait hasardeux de prétendre avancer des solutions. Nous sommes devant un écheveau embrouillé où tout est mêlé : formation et réforme de l'école, chômage des jeunes, présence et attitude de la police, transports en commun,

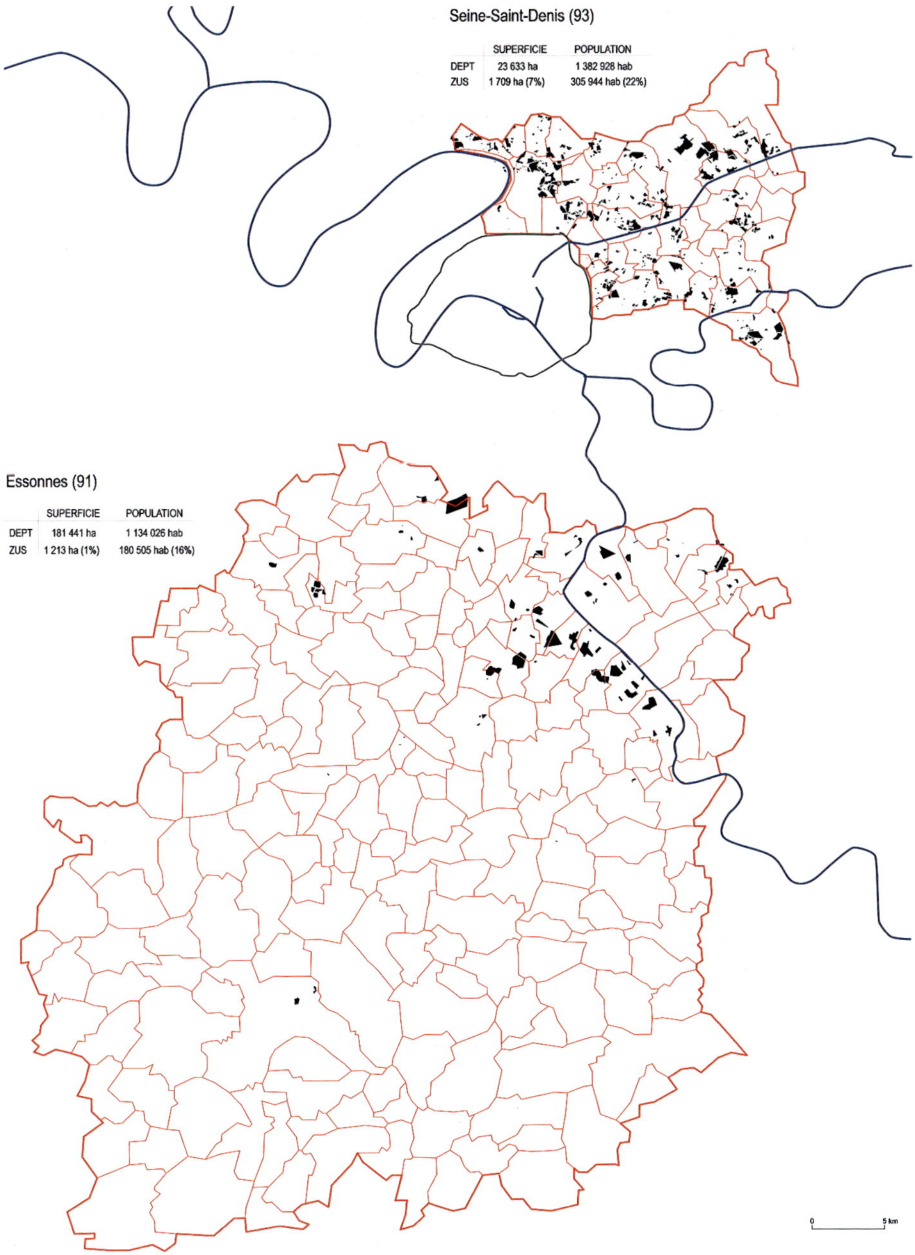

__Les grands ensembles dans deux départements parisiens : la Seine-Saint-Denis et l'Essonne.

racisme ordinaire, qualité des logements, services publics, économie parallèle, petite délinquance, condition d'attribution, communautarisme religieux… Parmi tous ces paramètres, certains à l'évidence sont du ressort de l'aménagement spatial – ce sont eux que je voudrais évoquer ici, même si ce détachement est un peu artificiel.

Tout le monde semble convaincu qu'il faut faire évoluer les grands ensembles et les réinsérer dans la ville et dans la vie de la cité, mais les avis sur les moyens diffèrent. Sans doute ne faut-il pas s'en tenir à une position générale, unique et uniforme, mais agir au cas par cas en prenant en compte quelques faits. D'abord, les grands ensembles ne forment pas un « ensemble » homogène. Si quelques règles hygiénistes et fonctionnalistes communes peuvent les caractériser, les différences sont grandes. Elles portent sur plusieurs points : taille de l'opération, densité, mode d'implantation, rapport au centre, insertion urbaine, accessibilité et desserte par les transports en commun. La personnalité du ou des bailleurs, celle du ou des architectes viennent accentuer défauts ou qualités. Ces particularités se traduisent par des formes différentes, habitées par des habitants différents qui connaissent des difficultés différentes.

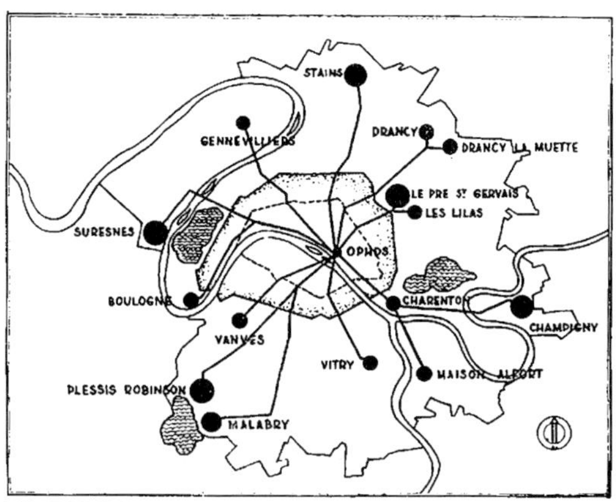

L'ŒUVRE DE L'OFFICE PUBLIC D'HABITATIONS A BON MARCHÉ DU DÉPARTEMENT DE LA SEINE

__La carte des HBM du département de la Seine publiée dans *Architecture d'Aujourd'hui* en 1937.

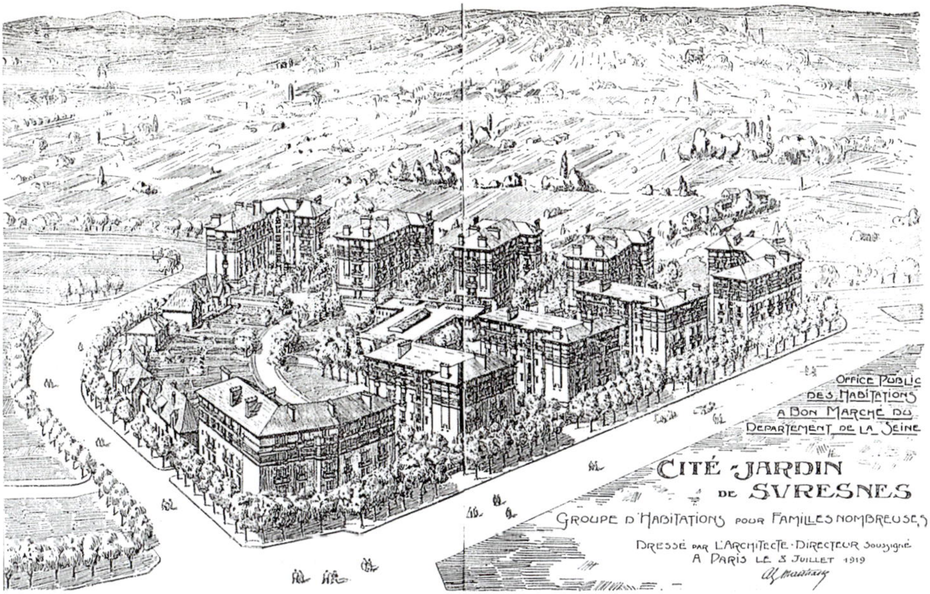

__Projet pour la cité-jardin de Suresnes, 1919, architecte Alexandre Maistrasse.

__Grigny-la-Grande-Borne, la place haute dans les années 1970, architecte Émile Aillaud.

93
SEINE St DENIS

Du Tremblay
je vous
envoie ces
fleurs.

Peu de points communs entre quelques barres HLM rassemblant 200 logements dans une commune aisée et bien desservie et les grands ensembles qui à Mantes, à Poissy, à Sevran, à Saint-Denis, à Clichy-Montfermeil, à Champigny, à Vitry ou à Corbeil dépassent 2 000 logements (plus de 5 000 habitants) et représentent souvent plus de la moitié de la population de la commune. Mais surtout, dans certaines parties de l'agglomération, la succession de ces grands ensembles crée un véritable continuum qui va de commune en commune jusqu'à constituer des territoires de plusieurs kilomètres. Ainsi depuis les Lochères à Sarcelles, le plus grand grand-ensemble de France (37 822 habitants, 42 % de la superficie habitée de la commune, 65 % de sa population), la vue à l'est franchit la voie ferrée (RER D) pour intégrer dans le paysage les bâtiments de Garges-les-Gonesses qui obéissent à la même école de pensée et dont l'implantation selon les directions cardinales prolonge la même logique, celle de la Charte d'Athènes appliquée ici à grande échelle. Au total, c'est une continuité de près de 4 km interrompue seulement par les pistes de l'aéroport du Bourget. Au sud ce sont les premiers HLM de Pierrefitte qui prolongent les Lochères, ajoutant une zone dépressive à un secteur difficile. On pourrait multiplier les exemples de continuités de quartiers difficiles enchaînés les uns aux autres qui sont à la fois une des seules tentatives d'établir des tissus urbains « modernes » (en dehors des reconstructions héroïques comme Le Havre, Royan ou Saint-Nazaire) et les plus grandes concentrations de pauvreté et de chômage du pays. Zones de non-droit, façon de dire à la fois la présence de pratiques « informelles », voire illégales, l'existence de codes étrangers aux lois de la République et la difficulté d'y retrouver les catégories juridiques habituelles.

Face à cette situation, la démolition apparaît comme une tentative presque désespérée de faire quelque chose, de ne pas se satisfaire de l'état actuel et d'indiquer une volonté ferme de changement. Elle est l'aveu de notre impuissance et le refus de l'accepter. Mais, sauf à produire du foncier quel qu'en soit le coût social, la démolition pour la démolition résout peu de problèmes. Elle ne crée pas d'emplois – sauf pour les entreprises de démolition –, elle supprime des logements alors même que leur nombre est notoirement insuffisant.

Qu'il s'agisse de modestes grands ensembles isolés ou de vastes continuités, la règle devrait être de ne pas démolir, même de manière limitée, sans s'être assuré que les démolitions apporteront de réelles améliorations à la vie du quartier. Pour les petits, il s'agit de favoriser l'insertion dans la ville en prolongeant des rues existantes ou en en ouvrant de nouvelles afin de faciliter les relations avec le centre et les quartiers voisins, de réorganiser les espaces publics et les équipements pour conforter les centralités existantes

ou d'introduire de nouveaux types de logements répondant à une demande des habitants et à une volonté d'ouverture du peuplement. L'expérience prouve que des démolitions limitées – inférieures à 10 % du parc – suffisent souvent pour retrouver la continuité des parcours et amorcer le changement d'image nécessaire à la requalification du quartier.

Pour les grandes continuités de quartiers difficiles, il s'agit en outre de diminuer leur concentration, de les disjoindre plutôt que de se satisfaire de l'établissement progressif d'une vaste aire urbaine fonctionnant comme une enclave où se regroupe un ensemble de population non intégrée.
De cette fragmentation qui entraînera des démolitions plus importantes, on peut espérer trois améliorations :
– accueillir sur les terrains devenus disponibles des activités économiques reliées à des tissus industriels ou commerçants existants afin de créer un véritable maillage favorable à des emplois de proximité ;
– construire des logements destinés aux classes moyennes dans le double objectif de permettre le parcours résidentiel des habitants qui le souhaitent et d'élargir l'éventail social afin de sortir le quartier de son homogénéité et de son isolement ;
– retrouver de grandes continuités végétales – éventuellement liées aux petits cours d'eau – participant à une valorisation générale des territoires et permettant de développer des équipements de sport et de loisirs qui manquent aujourd'hui.
Mener à terme de tels projets suppose une action continue sur plusieurs années qui cadre mal avec les mandats électoraux (cinq ou six ans), les plans de financement de l'ANRU (trois ans en principe) mais surtout l'obligation de résultat immédiat. Pour un grand ensemble moyen, soit 1 000 à 1 500 logements, et avec des démolitions limitées, dix ans apparaissent comme un minimum si l'on veut reconstruire les équipements publics souvent à l'état de ruine, reprendre la voirie et les réseaux techniques, clarifier la situation foncière, réhabiliter les logements, aménager leurs abords, créer des unités résidentielles dans lesquelles les habitants responsables engagent avec leurs propriétaires des relations de respect mutuel et décident en commun de la gestion quotidienne, réaliser des espaces publics accueillants et pérennes où s'exprime le renouveau du quartier aussi bien aux yeux de ses propres habitants qu'à ceux du reste de la ville.
« Dix ans c'est bien long, il n'y a qu'à aller plus vite. » Certes, mais les premières études durent au minimum dix-huit mois, l'acceptation du dossier de financement dix mois, les projets techniques douze mois, la réalisation dix-huit mois. Nous voilà déjà à cinq ans et on ne peut pas agir partout en même temps, on ne peut pas refaire toutes les voies la même

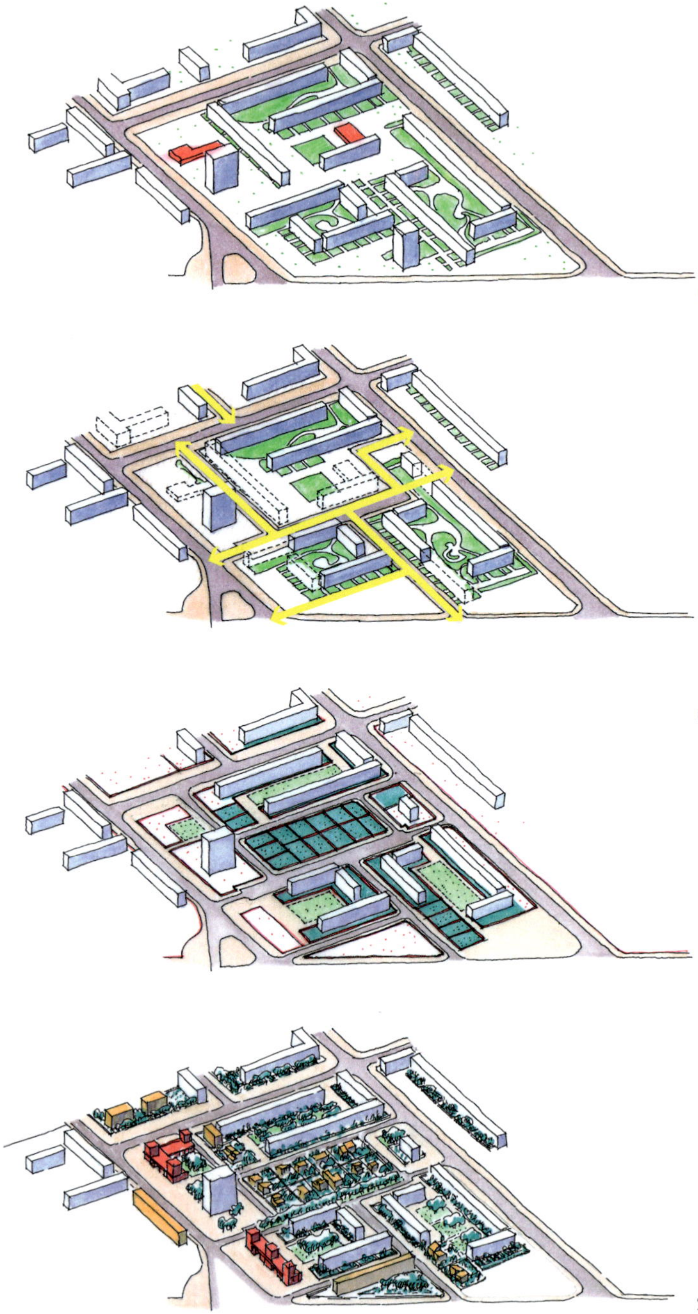

État initial

Fractionner

Substituer

__Sarcelles, Watteau, hypothèse d'évolution du tissu (P. Panerai 2003).

__Améliorer les grands ensembles (Grenoble Teisseire, B. Paris architecte, P. Panerai urbaniste).

année car il faut bien laisser l'accès aux habitants ; on ne peut pas démolir avant de reloger. Pour un bailleur sérieux, reloger les habitants suppose à la fois des logements vacants et l'acceptation des habitants, une soixantaine de logements dans l'année est presque un record. Le temps long des réalisations incite à la continuité des actions, car rien n'est pire que de changer de tactique avant d'avoir mené les opérations de rénovation à leur terme. Changer en cours de route est la meilleure manière de conforter la majeure partie des habitants dans le sentiment d'être en fin de compte négligés, abandonnés, méprisés, ballottés au gré des modes puis repoussés un peu plus loin du centre de la métropole et davantage exclus.

La question des grands ensembles n'est pas d'abord celle de leur architecture. Un grand nombre d'entre eux sont tout à fait honorables et ceux qui ne connaissent pas de problèmes économiques et sociaux continuent d'offrir aux habitants un cadre de vie apprécié et valorisé. Les Grandes Terres à Marly-le-Roi en sont l'exemple le plus connu. Elle est encore moins celle des appartements eux-mêmes qui, à surface équivalente, offrent une distribution, une lumière et une qualité d'espace généralement supérieures à la promotion privée. D'ailleurs, sauf à espérer un logement plus grand, les habitants se plaignent rarement de leur appartement. Le soin apporté à l'aménagement intérieur, à la décoration et à l'entretien révèle leur attachement ; la critique apparaît sur les parties communes, l'entretien, le voisinage. La question des grands ensembles apparaît d'abord dans le sentiment de mise à l'écart qui s'y déploie. Pour beaucoup, la localisation et l'absence de transports en commun fondent ce sentiment, pour presque tous s'y ajoutent la fermeture des commerces et la dégradation des conditions de vie.

Les limites d'une approche exclusivement spatiale apparaissent ici. L'espace n'a de sens que qualifié par l'usage et par la vie de ceux qui l'habitent. L'action sur l'espace n'a de sens que conjuguée avec celles qui portent sur la formation, l'emploi, la mobilité.

Dans les difficultés que connaissent les grands ensembles, il y a de toute évidence la part très importante du chômage, et particulièrement celui des jeunes. L'action sur le quartier ne crée guère d'emplois à ceci près qu'elle peut favoriser l'accès à l'emploi en supprimant l'image dévalorisante attachée au quartier dont le simple énoncé du nom dans l'adresse pénalise le candidat à un poste. Elle peut créer les conditions d'implantation de nouveaux emplois par une revalorisation générale qui attire investissements et employeurs. Elle peut amorcer une diversification du peuplement et inverser les tendances qui font que ne restent dans certains quartiers que ceux qui n'ont pas les moyens d'en sortir. Affaire d'image, donc de médias car on ne parle des quartiers que pour en décrire les difficultés et les violences, mais aussi de qualité des sols, d'entretien des parties collectives, d'aspect des bâtiments, tout ce qui constitue le cadre de vie. À condition d'associer ces mesures modestes à la suppression de situations d'enclavement ou de mise à l'écart par une action forte sur les transports publics. Au-delà de leur simple présence, qui souvent se limite à un bus aux horaires incertains, il s'agit de la qualité, fréquence du service, notamment sa régularité et l'extension des horaires au-delà des heures habituelles de retour du travail, et enfin de sa sécurité.

Plus délicate est la question de la délinquance qui, dans l'inconscient collectif, reste attachée à l'image des grands ensembles et contribue très fortement à leur dévalorisation autant d'une manière générale dans la société et dans les médias qu'aux yeux mêmes de ceux qui y habitent. À l'encontre des idées dominantes, il est utile de dire et de répéter que la délinquance ne touche pas tous les grands ensembles, ni la totalité de chacun d'entre eux. Mais elle est là, plus marquée dans certains lieux que dans d'autres, plus prononcée à certaines périodes de l'année ou à certaines heures de la journée, et elle s'impose à la majorité des habitants qui en subissent les conséquences directes tout comme l'image négative qu'elle projette sur la totalité de leur quartier. L'évoquer n'est pas facile tellement les idées toutes faites, les exagérations, les fantasmes, déforment la réalité. Tout au plus pouvons-nous essayer d'éviter les amalgames. La délinquance m'apparaît comme un système organisé et hiérarchisé qui profite d'un terrain favorable (chômage, racisme, humiliation) pour imposer ses règles à un quartier. Au sommet, les trafics lourds et fructueux, drogue, recel, prostitution, le plus souvent contrôlés et dirigés par des personnes extérieures au quartier. Autour de cela, la petite délinquance et les incivilités quotidiennes ont pour objet de maintenir un climat de violence et de peur qui facilite les trafics en plaçant le quartier en dehors du droit commun. Elles mobilisent une partie des jeunes dans le réseau comme revendeurs, guetteurs, intermédiaires divers, ce qui constitue une manière d'augmenter le contrôle mafieux sur le quartier.
Face à cette situation, le rôle de l'aménagement spatial s'avère modeste. Peut-être – c'est ma conviction – peut-il en redonnant aux habitants une autorité sur leur espace limiter le champ des délinquants et supprimer certaines dispositions qui facilitent leur travail. Mais c'est bien peu face à une situation où la quasi-totalité des habitants est prise en otage tous les jours. L'affaire est du ressort de la police qui souvent préfère laisser faire pour contrôler discrètement plutôt que d'intervenir au risque de voir les trafics se déplacer.

Dans ce contexte, tout grand ensemble, quelles que soient par ailleurs les qualités de son architecture ou la beauté de son site, devient une figure spatiale reconnaissable, immédiatement identifiée à une situation sociale

__L'espace de l'habitant, balcons, loggias, jardins et cours.

__L'espace de l'habitant, jardins familiaux, au pied des grands ensembles : Colombes, Sainte-Geneviève-des-Bois.

dégradée. Selon une équation simple : architecture moderne = population captive = émigrés et pauvres = délinquance et danger.

La question des grands ensembles peut alors s'énoncer tout aussi simplement. Sommes-nous décidés à changer cette équation ? Les maires qui y sont quotidiennement confrontés essaient de faire comme ils peuvent. Avec le peu de moyens dont disposent des communes d'autant plus démunies que la fermeture des usines entraîne simultanément perte d'emplois et paupérisation, perte de ressources (taxe professionnelle) et perte de commandes pour les activités restantes.

C'est ce que tentent depuis trente ans à l'échelle de l'État les politiques successives avec des tâtonnements, des erreurs et des insuffisances, tout en parvenant à freiner la dégradation et à éviter le pire. Car à part ceux qui figurent au premier plan, les habitants eux-mêmes, les élus et les bailleurs, ou quelques institutions motivées, la question des grands ensembles se heurte à l'indifférence générale, à peine troublée quand les « émeutes » la replacent sur le devant de la scène, vite retrouvée quand le journal de 20 heures s'est remis à parler d'autre chose.

Au-delà de quelques grandes déclarations, on ne fait rien ou presque, on s'en accommode aisément, seulement gênés quand la misère est trop criante. La démolition massive des grands ensembles apparaît alors pour ce qu'elle est, un moyen de supprimer l'image de ce qui gêne. Cela ressemble à la politique de l'autruche et l'on ne s'étonne plus alors de voir d'année en année la situation s'installer, donc empirer malgré les efforts pour éviter le pire.

1234567

5 mobilité / centralités

paris, londres, new york, shangaï les formes

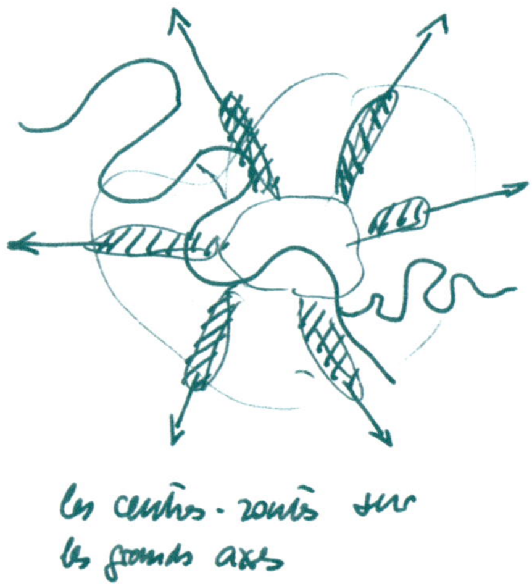
les centres-routes sur
les grands axes

les nouvelles portes de la ville
sur les points d'échange

En conclusion de son analyse des métros de vingt-huit grandes villes du monde, Maria Rupert de Ventos (2002) évalue la maturité d'un réseau de transport public au nombre et à la fréquence de ses correspondances. La maturité pourrait donc se définir par la capacité du réseau à échapper au déterminisme initial qui lui fait confirmer les centralités et les concentrations existantes au nom de la rentabilité économique pour proposer une irrigation plus équitable des territoires urbains et anticiper sur leur transformation. Elle soulève directement la question du centre et de la centralité dans la ville : unique et concentré ou multiple.
Appliquée à l'agglomération parisienne, cette évaluation de la maturité est confondante. D'abord, et cela apparaît comme une particularité de notre capitale, Paris dispose de deux métros. Celui des « Parisiens de Paris » dont le plan, malgré les tentatives pour en faire un diagramme abstrait, ressemble encore au plan de la ville. On en reconnaît la forme, on y retrouve facilement les positions respectives des grands points de repère et on y distingue les quelques prolongements en première couronne. Et le métro des « Parisiens de banlieue », baptisé RER, dont le plan très schématique s'écarte fortement, pour des raisons de format de papier, de la carte du territoire qu'il dessert. Ce n'est rien mais c'est déjà beaucoup, car cela classe les habitants du Grand-Paris en deux catégories selon un clivage où s'additionnent la finesse de la représentation et le coût du voyage. D'un côté le plan du métro précis, lisible, offre une image mémorisable d'une ville où l'on voyage pour 1,10 euro ou 1,50 euro ; de l'autre, le plan du RER, schématique, ne contribue pas à développer une connaissance et une identité d'une agglomération où les coûts augmentent avec la distance.

MÉTRO ET CENTRALITÉS

Avec 54 correspondances, le métro parisien fait preuve d'une étonnante maturité à laquelle s'ajoute la faible distance entre les stations, 300 à 400 m, ce qui est défavorable à la vitesse de trafic mais particulièrement généreux quant à la couverture du territoire desservi. Le cercle de 500 m de diamètre montre d'ailleurs une Ville de Paris entièrement occupée par cette couverture de la desserte tandis qu'à l'extérieur subsistent de grandes plages blanches de territoires non desservis. Sur les 54 correspondances, 34 sont des correspondances simples entre deux lignes se rencontrant à la même station ce qui facilite la vie quotidienne des habitants ; 20 offrent des correspondances multiples entre trois lignes et plus si l'on prend en compte métro, RER et chemin de fer de banlieue.

La répartition des correspondances multiples donne des clés pour apprécier la structuration des centralités parisiennes. Avec huit correspondances sur cinq lignes de métro (1, 4, 7, 11, 14) et trois lignes de RER (A, B, D), Châtelet-Les Halles confirme le centre historique de Paris, la grande croisée des voies médiévales, obsession du baron Haussmann et de Le Corbusier. Cette centralité majeure est renforcée comme un écho sur la rive gauche par une correspondance un peu étirée : Saint-Michel-Notre-Dame-Cluny-La Sorbonne, deux lignes de métro (4 et 10) et deux lignes de RER (B et C). Ce centre évident qui encadre l'île de la Cité, berceau de la ville, en desservant monuments et institutions est très nettement concurrencé par six autres pôles majeurs parmi lesquels trois gares, soit les stations Gare du Nord-La Chapelle (quatre lignes de métro + 3 RER + SNCF), Saint-Lazare (cinq lignes de métro + RER + SNCF), Montparnasse (quatre lignes de métro + SNCF), République (cinq lignes) et Nation (quatre lignes de métro + RER). Les lieux ont des personnalités, une identité, une histoire. Associée à la gare de l'Est toute proche, la gare du Nord réunit des quartiers populaires et industrieux qui se prolongent vers Barbès et Stalingrad au nord, vers le canal et les faubourgs Saint-Martin et Saint-Denis au sud. Nation, point de départ ou d'arrivée des grandes manifestations populaires, équivalent de l'Étoile pour l'est parisien, rassemble des faubourgs artisanaux et l'ancien est parisien petit-bourgeois de Picpus et Daumesnil. Montparnasse garde la mémoire des artistes et des Bretons, des brasseries et des fruits de mer à proximité des institutions religieuses et des hôpitaux.

Plus centrale, sur l'ancienne porte du Temple, au débouché du Marais qui se gentrifie gentiment, dans un quartier dense où se mêlent encore commerces et artisanat et où commencent (ou finissent) les Grands Boulevards, République rassemble différents quartiers, plusieurs fonctions et de multiples usages. Commerces et spectacles, confection et vente en gros. Un centre

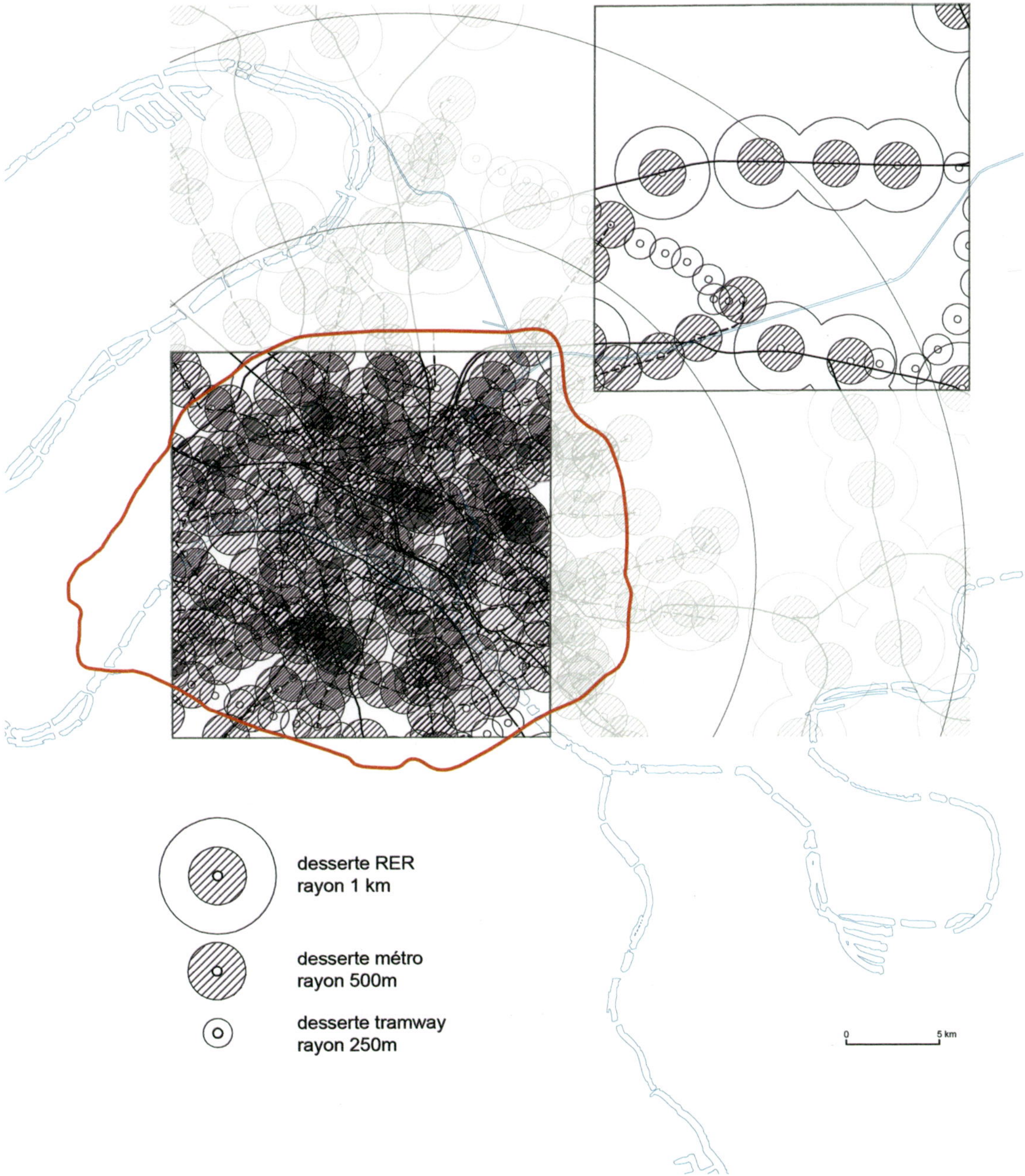

__La « couverture » du territoire par le métro, le RER et le tramway : Paris et la Seine-Saint-Denis.

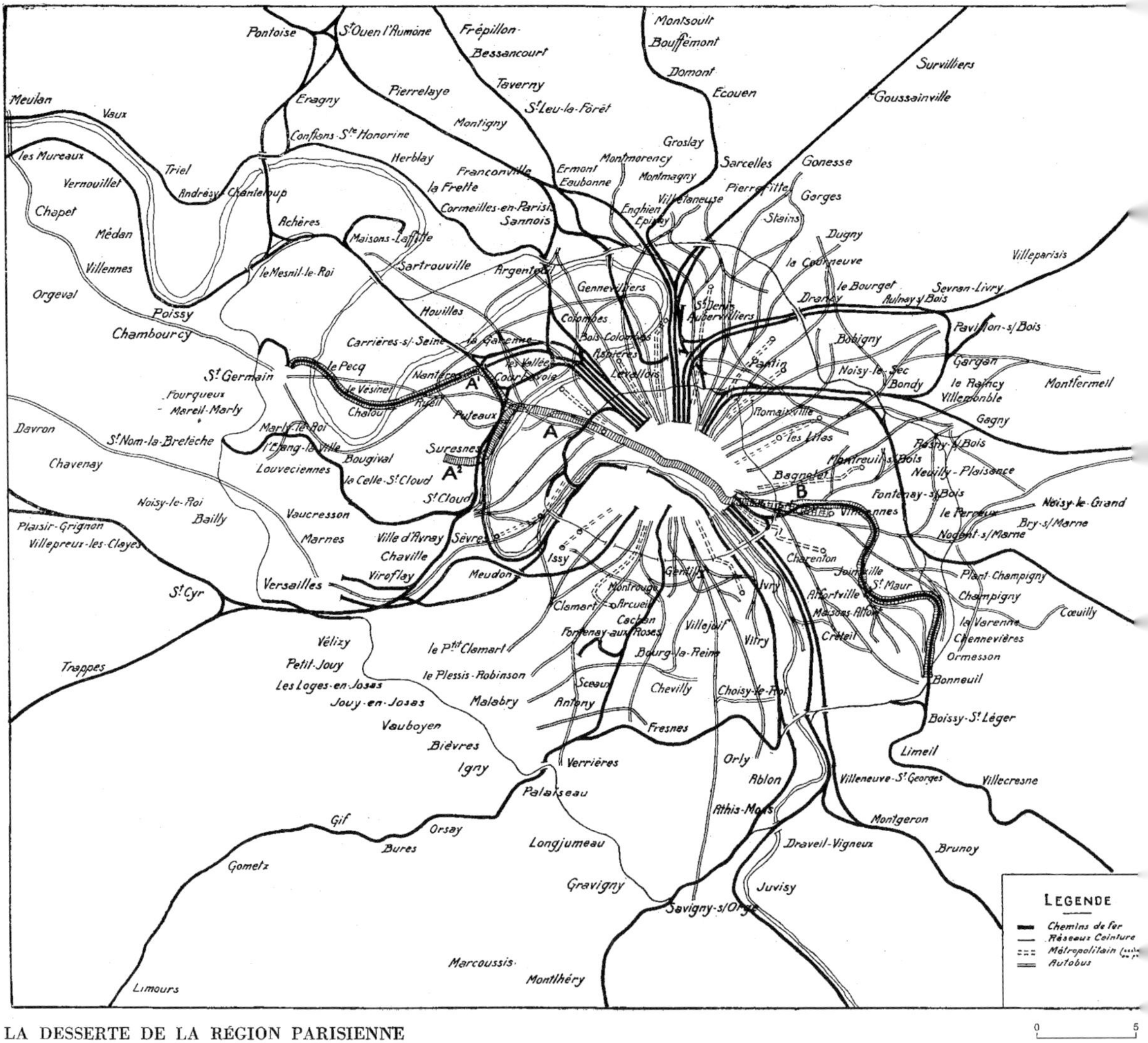

LA DESSERTE DE LA RÉGION PARISIENNE

__La desserte de la région parisienne, selon *Architecture d'Aujourd'hui*, 1937, n° 5 et 6.
La ville comme aboutissement des grandes infrastructures de transport.

encore populaire, auquel répond vers l'ouest le quartier Saint-Lazare, longtemps détenteur du record des gares de banlieue pour le trafic journalier, porte des grands magasins, pris entre la respectabilité des affaires à l'ouest vers Saint-Augustin, Miromesnil et Saint-Philippe-du-Roule et le souvenir des hôtels de passe de la rue d'Amsterdam et des filles de la rue de Provence… Du point de vue des transports, Saint-Lazare apparaît comme l'astre majeur d'une petite constellation où Auber-Opéra (3+1) et La Madeleine (3) font figures d'étoiles secondaires.

Parmi les correspondances à plus de deux lignes, encore des gares (Lyon et Austerlitz) et la poursuite des portes de l'enceinte des Fermiers généraux : Place d'Italie, Denfert-Rochereau, La Motte-Picquet-Grenelle, Charles-de-Gaulle-Étoile. L'enceinte des Fermiers généraux, les actuelles lignes 2 et 6 du métro, compte toutes les correspondances importantes. Neuf sont situées sur son tracé, auxquelles il convient d'ajouter onze correspondances simples ; onze sont situées à l'intérieur de l'enceinte auxquelles s'ajoutent dix correspondances simples.

Ce constat permet de mesurer l'étendue du centre dense du Paris intra-muros qui recouvre sensiblement la ville de la fin du XVIIIe siècle. Ce n'est pas un point unique (Châtelet ou Notre-Dame), mais une petite constellation qui dépasse rarement l'enceinte des Fermiers généraux : 35 km^2 soit le tiers du territoire communal, 2,2 % de la superficie métropolitaine. Il permet aussi la manière dont différents centres aux vocations distinctes complémentaires et changeantes se sont combinés pour constituer le centre-ville.

Les points de correspondances, croisements des lignes et dessertes des gares, n'ont pas été pensés a priori comme des centres mais sont la conséquence d'une distribution logique du territoire urbain qui emprunte les voies existantes. Le métro parisien, à la différence d'autres, est essentiellement implanté sous les rues, les lignes se croisent donc naturellement aux points qui constituent déjà de grands carrefours : Châtelet, République, Madeleine, Concorde, Étoile, Denfert-Rochereau, Nation. Ces grands carrefours ne sont pas des centres de quartiers homogènes, ils ne s'identifient pas à des noyaux villageois ou faubouriens mais forment des points de repère à l'échelle du grand territoire urbain, des foyers dans le système des étoiles et des perspectives amorcé par Le Nôtre et achevé par Haussmann associant le proche et le lointain.

La position de nombreuses correspondances aux portes des enceintes de Louis XIV et de Louis XV est particulièrement révélatrice des valeurs d'échange qui s'attachent aux points de franchissement. Des lieux où, comme le remarquait il y a un siècle Raymond Unwin (1909), il semble indiqué d'aménager des places susceptibles de devenir des nouveaux centres, des lieux qui réunissent les quartiers alentour et superposent, si l'on peut dire,

Paris, métro

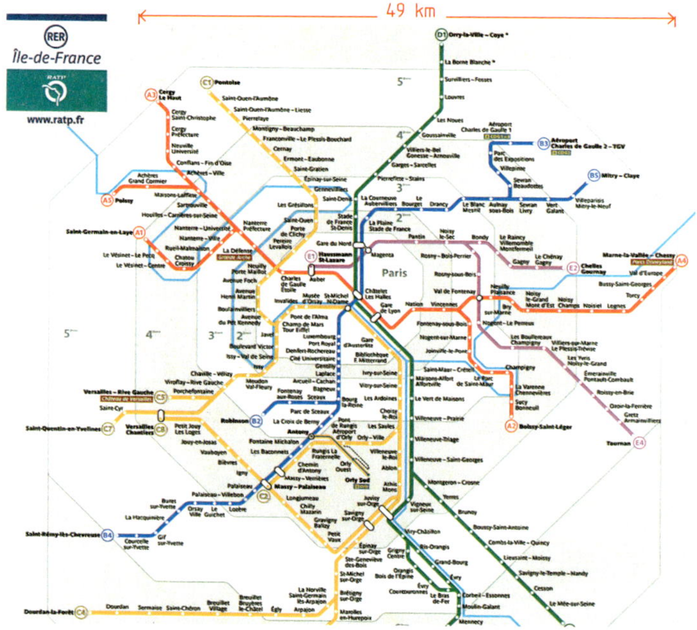

Grand-Paris, RER

__Métro et RER à Paris.

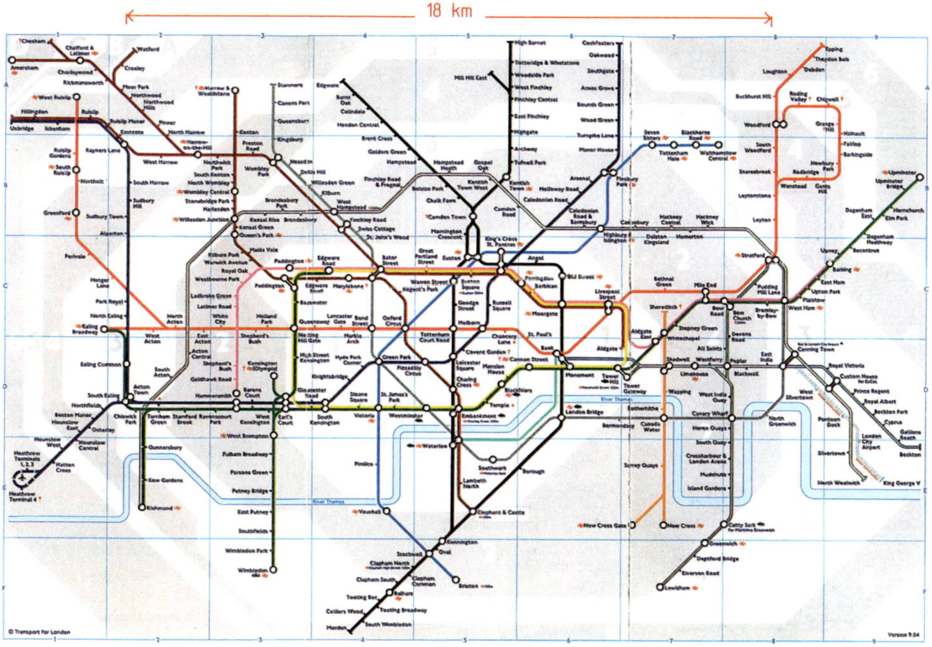

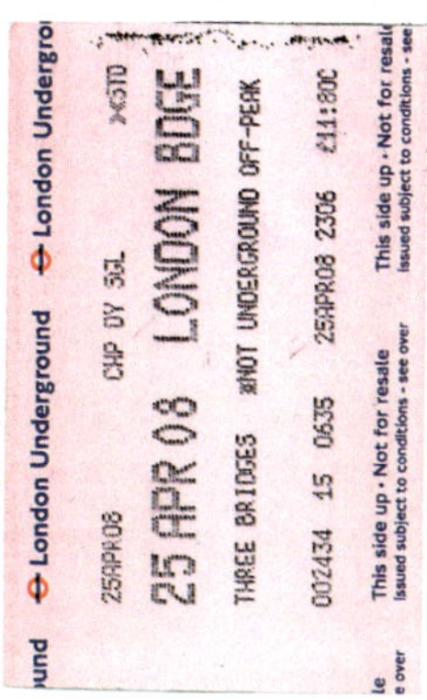

__Le métro de Londres.
Les zones 1 et 2 du métro londonien couvrent sensiblement les zones 1, 2 et 3 du RER parisien.

des centralités d'un ordre supérieur aux petits centres de quartiers que constituent la rue commerçante de l'ancien faubourg, la place du marché ou le parvis de la mairie.

Nouvelles portes de la ville implantées selon la logique technique dans les vides de l'urbanisation d'alors, les gares cumulent également les rôles : point de passage et de rupture de charge favorable au commerce, accueil des nouveaux arrivants, référence aux destinations lointaines, attente liée au départ, petits métiers et commerces du sexe. Reconnue, magnifiée et célébrée au XIXe siècle, la gare tantôt négligée au profit de l'aéroport connaît avec le TGV un renouveau spectaculaire qui suscite des aménagements pour accueillir commerces et loisirs (gares du Nord, Saint-Lazare) et bureaux (gares de Lyon ou Montparnasse en prolongement des opérations des années 60) et redynamiser l'entourage. Va-t-on y voir bientôt comme à Londres des institutions culturelles telle la nouvelle British Library adossée à la gare Saint-Pancras qui a fait peau neuve pour l'arrivée d'Eurostar ? En tout cas, la gare, lieu de mobilité et d'échanges, devient un pôle qui joue un rôle majeur dans le développement économique, l'armature commerciale et les loisirs des quartiers qui l'entourent.
L'effet de porte n'est pas réservé aux seules grandes gares associant TGV, grandes lignes et banlieue. Châtelet-Les Halles, croisée de chemins initiale,

__Paris, Châtelet-les Halles.

se révèle aussi avec trois lignes RER et 800 000 passagers par jour la porte de Paris pour des milliers de Franciliens qui débouchent ainsi au cœur de la capitale sans transition autre que souterraine.
Sur la limite sud de la ville, le tramway des Maréchaux, qui recoupe toutes les lignes des portes de la capitale, offre neuf correspondances supplémentaires auxquelles s'ajoutent celles avec les bus. Sa réalisation récente n'a pas encore laissé le temps de décider si ces points deviendront comme d'autres portes de ville plus anciennes des centres reliant des quartiers de part et d'autre.
À l'extérieur de la Ville de Paris, une seule station abrite une correspondance importante : La Défense, avec métro (ligne 1), RER (A), un tramway et la SNCF.

INTERCONNEXIONS OU GARES DE BANLIEUE ?

Une fois passé le périphérique, tout change. Timidement quelques lignes de métro ont été prolongées au-delà des portes, le plus souvent de deux ou trois stations : Château-de-Vincennes (ligne 1), Mairie-des-Lilas (11), ou Mairie-d'Issy (12). Puis les extensions se sont aventurées plus avant, Bobigny-Pablo-Picasso au-delà de Pantin (5), La Courneuve-9 mai-1945 (ligne 7), La Défense au-delà du pont de Neuilly (ligne 1), Boulogne-Pont-

__Londres, London Bridge.

__Le métro de New York avec les connexions de bus, de trains et de ferries.

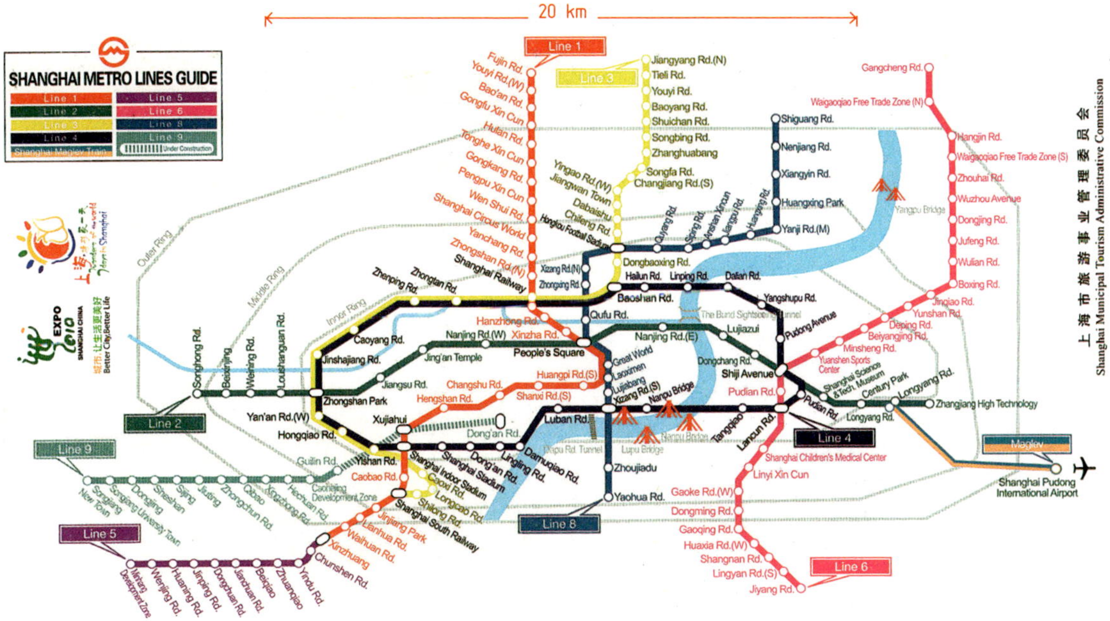

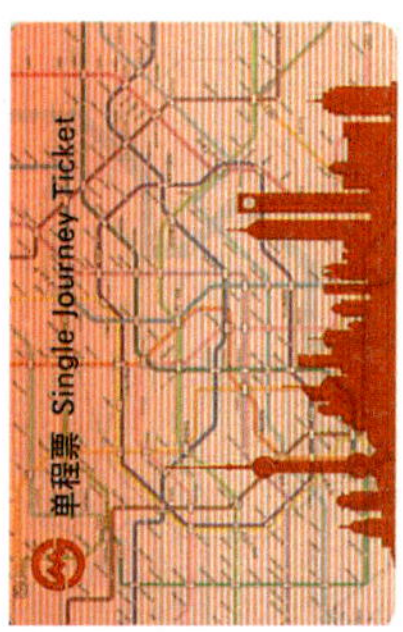

__Le métro de Shanghai.

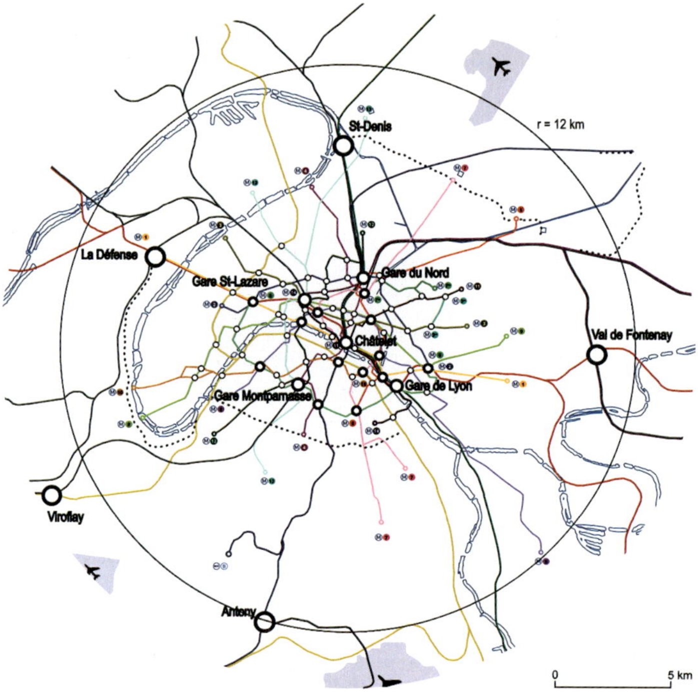

0 5 km Paris intra-muros

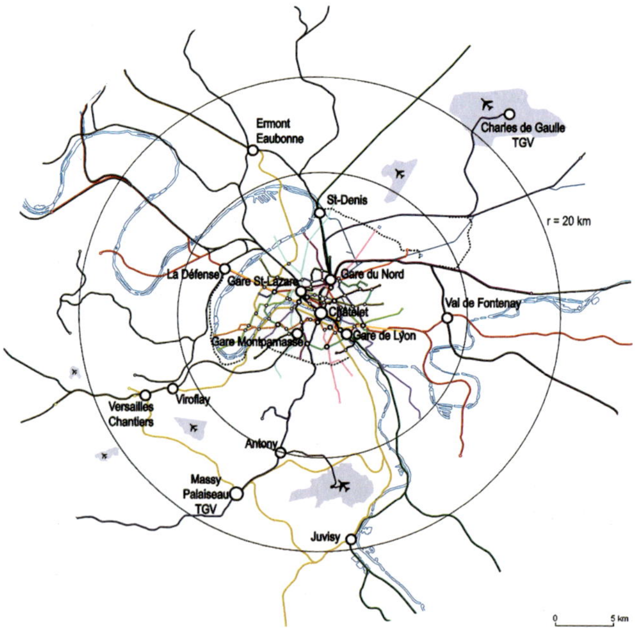

0 5 km Grand-Paris

__Interconnexions et centralités parisiennes.

de-Saint-Cloud au-delà de la porte d'Auteuil (ligne 10) ou Châtillon-Montrouge après la porte de Vanves (ligne 13). Deux fourches tentent d'atteindre le maximum d'habitants pour un investissement limité : vers Villejuif-Aragon et Mairie-d'Ivry au sud (ligne 7), vers Asnières-Gennevilliers-Gabriel-Péri et Saint-Denis-Université au nord (ligne 13). Mais tout cela ressemble à une légère extension préfigurant le Paris du Véli'b et ne dépassant guère les communes limitrophes. La ligne 8 (Charenton-Balard) a été exceptionnellement allongée jusqu'à Créteil-Préfecture, soit huit stations au-delà de la porte. Même étendu, le métro reste parisien et aucune de ces extensions n'offre ici la moindre correspondance métro-métro ou métro-RER. Saint-Denis est desservi à la fois par les RER B et D, la ligne 13 du métro et le tramway, mais sans correspondance des réseaux en un seul point. La Courneuve et Bobigny correspondent avec le tramway (T1).

L'essentiel du réseau de banlieue est donc constitué par le RER et les trains de banlieue. Et, là encore, un constat : le plan du RER que l'on vous donne au guichet ne représente pas les autres lignes de chemin de fer de banlieue, ce qui brouille un peu les cartes. Ainsi Versailles-Chantiers n'apparaît pas relié à Montparnasse, les lignes de Saint-Lazare sont absentes… De grandes parties de l'agglomération qui échappent au RER ne sont ni figurées ni nommées sur le plan. De même, on ne représente sur le plan du RER ni les tramways ni le métro parisien. Il est donc très difficile pour l'habitant ou le visiteur d'avoir une vue du territoire métropolitain et de sa desserte.

Tel qu'il est dessiné, le plan du RER se présente comme une arborescence de quatre couleurs (A, B, C, D) qui se rassemblent et échangent au centre de Paris : Châtelet-Les Halles et Saint-Michel-Notre-Dame réunissent les quatre premières lignes. Deux autres correspondances, Gare de Lyon (A et D) et Gare du Nord (A et B), facilitent les échanges – mais sans offrir un choix supplémentaire sauf les facilités de quai à quai. La cinquième ligne, Éole, part de Saint-Lazare-Haussmann (reliée à la station Auber) passe par Magenta-Gare du Nord avant de gagner les banlieues est, sa couleur plus terne semble lui donner un rôle en retrait vis-à-vis de l'arborescence principale.

Le schéma du RER actuel centralisé sur l'ensemble Châtelet-Saint-Michel diffère assez fortement de celui du SDAURP 1965 qui prévoyait deux transversales nord-sud, l'une aéroport Paris-Nord, Le Bourget, Stains, Saint-Denis, gares du Nord et de l'Est, gares de Lyon et d'Austerlitz, Rungis, Orly, Évry, Corbeil, Melun ; l'autre Pontoise, Ermont, porte de Saint-Ouen, gare Saint-Lazare, Invalides, gare Montparnasse, Vanves, Massy-Palaiseau, Christ de Saclay, Trappes ; conservée, la ligne de Sceaux était prolongée jusqu'aux Halles.

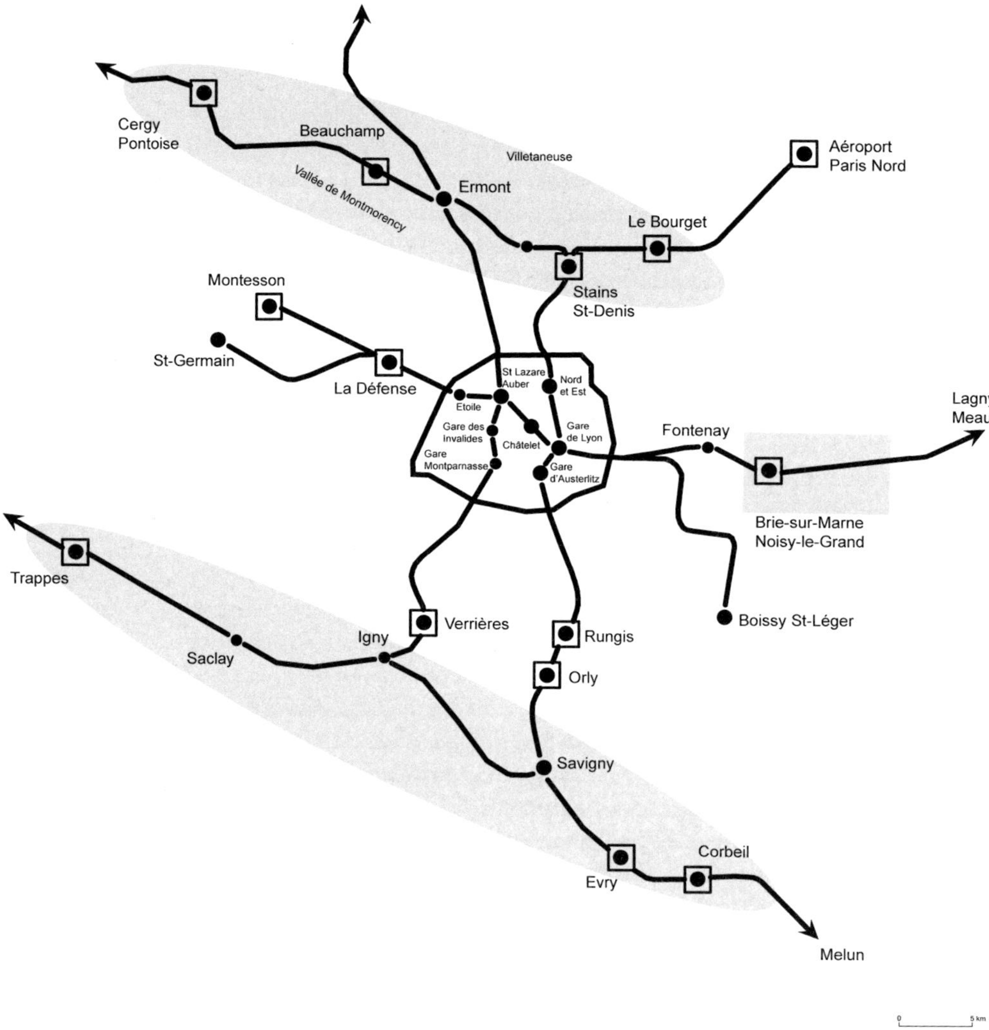

__Le Réseau express régional dans le SDAURP de 1965.
Le réseau tente de sortir du schéma radioconcentrique pour créer un maillage échappant à la concentration sur le Châtelet.
Le projet comprend la création de deux lignes nord-sud, l'une à l'est reliant tous les aéroports et quatre gares parisiennes, l'autre à l'ouest reliant trois gares, et de trois lignes est-ouest parallèles.

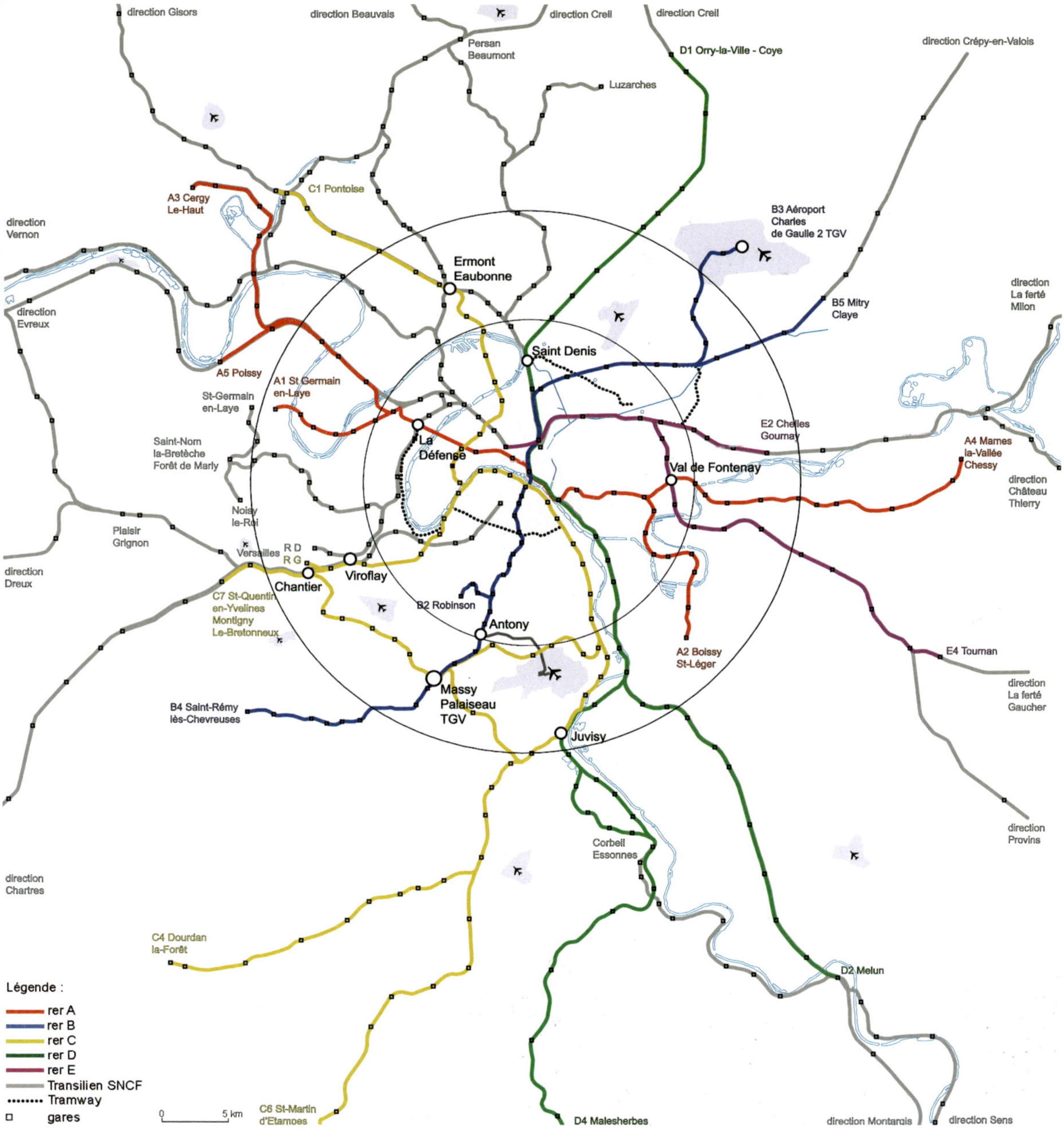

__Les transports ferrés de la région parisienne : RER, SNCF et tramway.
Un système radioconcentrique où Châtelet constitue l'interconnexion principale

Le schéma de 1965 dilatait le centre de Paris en quatre stations d'interconnexion rassemblant les grandes gares. Celui qui est réalisé réduit le centre à un point.

Au-delà des limites de la Ville de Paris, chaque ligne déploie ses embranchements avec une logique où la réutilisation de fragments de voies ferrées anciennes que l'on relie à moindre coût semble primer sur la logique de la desserte du territoire.
Quatre interconnexions permettent aujourd'hui des échanges : Versailles-Chantiers (RER et lignes SNCF de Montparnasse dont les trains directs mettent Paris à 15 min) ; Massy-Palaiseau (RER B, C8, C2 et TGV) ; Juvisy-sur-Orge (RER C8, C4-C6 et D4) et Val-de-Fontenay (RER A4 et E4). À part Éole qui tourne un peu entre Pantin et Nogent-le-Perreux pour constituer un bout de rocade et la vieille et sympathique ligne Versailles-Chantiers-Massy-Palaiseau qui serpente au creux de la vallée de la Bièvre, il n'y a aucune liaison autre que radiale. Les deux tramways qui offrent des liaisons de banlieue à banlieue, T1 au nord (Saint-Denis-Bobigny-Noisy-le-Sec) et T2 à l'ouest (La Défense, Suresnes, Issy) ne sont pas mentionnés.
À lire la carte du RER, quatre pôles hors de Paris seulement existent. Cinq si on y ajoute La Défense, six si on compte Saint-Denis, un peu plus si on intègre les gares des lignes de banlieue. Mais au total arriverait-on à huit ou dix pôles de correspondances, il s'agit de 4 à 6 millions d'habitants… Pour la même population, et à l'extérieur du centre élargi, Londres offre 22 gares ou stations d'interconnexions.
Mais surtout l'état de la plupart des gares dotées d'éclairage patibulaire dès la tombée de la nuit (elle tombe tôt en hiver et dure jusqu'à 8 heures du matin), souvent désertes après 19 heures, sans services ni facilités, et qui n'ont suscité autour d'elles aucun commerce ouvert après 19 h 30, décrit le sous-équipement chronique de la banlieue parisienne. Tentez la gare de Massy-Palaiseau un matin d'hiver, disons avant 7 heures, et prenez avec un enfant en bas âge la passerelle reliant le RER D au RER B. Descendez à La Courneuve-Aubervilliers, à Lieusaint-Moissy, à Corbeil-Essonnes ou à Épinay-sur-Orge un soir vers 20 heures et cherchez à acheter du pain, du café ou quelque chose pour le dîner…
La grande question de la banlieue reste la faiblesse des centres. Les petits centres-villes éprouvés par les rénovations ne se sont pas adaptés à l'évolution des modes de vie et ferment avant l'heure du journal télévisé ; les lieux de la mobilité envisagés exclusivement sous l'angle de la fonctionnalité (prendre le train) et de la rentabilité (investir au minimum) n'ont pas créé ou développé de centre. En dehors des villes historiques d'une certaine importance

qui rayonnent sur le territoire alentour, la majorité des habitants du Grand-Paris sont privés de centre proche, exclus d'un certain nombre de facilités de la vie quotidienne.

TANGENTIELLE NORD OU SERPENT DE MER ?

Quels sont les projets d'infrastructures de transports publics susceptibles d'améliorer les conditions de vie des habitants du Grand-Paris ? Sans prétendre à une analyse attentive des prévisions du SDRIF 2007, ni tenter un bilan de celui de 1994 pour l'ensemble de l'agglomération, mais simplement mettre en évidence quelques points.
La tangentielle nord traverse le département de la Seine-Saint-Denis (93). Durement touché par la crise de l'industrie et mal loti en transports en commun, il est le plus pauvre de la région et peut espérer de sa réalisation une amélioration substantielle de l'emploi : les entreprises s'implantent plus volontiers dans un territoire desservi, les habitants ont plus de facilités à accéder aux pôles voisins comme Roissy, La Défense ou Marne-la-Vallée.

La tangentielle nord est un projet ancien dont il est instructif de retracer l'histoire. Elle apparaît dans le PADOG 1960 qui, d'une écriture lapidaire, note : « la création d'un nouveau réseau ferré express régional, dont les premières réalisations devraient être les transversales est-ouest et nord-sud », et dans le schéma qui l'accompagne figure sous la légende « lignes ferrées existantes ou à créer » la rocade Villetaneuse-Le Bourget reliant la ligne de Pontoise à celle de Mitry (future RER B), coupant au passage à Stains celle de Creil (futur RER D).
Le SDAURP 1965 indique les correspondances possibles entre les deux branches de la première transversale nord-sud, d'un côté vers Le Bourget et le nouvel aéroport, de l'autre vers Villetaneuse et la vallée de Montmorency, et met en évidence l'existence d'une liaison tangentielle depuis la nouvelle préfecture du Val-d'Oise (Cergy-Pontoise) jusqu'au nouvel aéroport Paris-Nord (Roissy CDG) avec correspondances à Ermont, Stains et Le Bourget en concluant ainsi : « ultérieurement, si la croissance du trafic le justifiait, les trains pourraient circuler le long de cette ligne tangentielle sans changement, moyennant quelques aménagements de voies ». Le plan général représente la liaison Villetaneuse-Stains (où une « gare *bis* de grande ligne » est prévue) et abandonne la section Stains-Le Bourget figurant au PADOG.
Le SDRIF 76 plus ambitieux sur les transports, alors que les premières lignes transversales des RER sont mises en œuvre, inscrit nommément une grande rocade quittant à Villetaneuse la ligne de Pontoise pour recouper au Bourget le RER B puis desservir Bobigny, Rosny, Fontenay-sous-Bois et, plus loin,

Créteil, Rungis, Vélizy et Versailles-Chantiers tandis qu'à l'ouest est prévue une liaison vers La Défense. Le projet de rocade complet est dessiné, la tangentielle nord en fait partie.
En 1994, la volonté – je cite – de « tisser un véritable maillage de transports collectifs » est accompagnée de différents schémas et explications. Les « tangentielles à grand gabarit » y figurent avec en bonne place celle de Pontoise-Roissy-Marne-la-Vallée-Val d'Europe (on n'ose pas dire Disney).
La section Villetaneuse-Stains est toujours figurée sous la légende « existante ou engagée au Xe plan », prolongée vers Épinay puis Sartrouville à l'ouest par « l'amélioration d'une ligne existante », et vers Roissy en contournant l'aéroport du Bourget par le nord.
En 2007, afin de « rendre les transports collectifs plus performants et mieux maillés au niveau régional, plus présents et mieux structurés au niveau local », le projet de SDRIF prévoit la mise en service d'un train léger Sartrouville-Épinay-Villetaneuse (échange avec la ligne de Pontoise)-Le Bourget (RER D)-Drancy-Bobigny (M5)-Noisy-le-Sec-Rosny-sous-Bois-Noisy-le-Grand. Une première tranche Sartrouville-Noisy-le-Sec est inscrite au contrat de projet 2007-2013, avec livraison promise pour 2014.
La tangentielle nord introduit une rocade lourde qui enrichit fortement les relations en créant de nouvelles correspondances avec le RER et les lignes SNCF banlieue (Villetaneuse, Pierrefitte/Stains, Le Bourget, Noisy-le-Sec) et au-delà de la limite départementale, Val-de-Fontenay. Tout naturellement la tangentielle devrait contribuer à développer les centres existants : Bobigny à la rencontre du métro (M5), Rosny (M11) et à faire surgir de nouvelles centralités.
Le prolongement de la ligne 7 de métro peut venir confirmer l'importance de la correspondance de la tangentielle avec le RER au Bourget qui apparaît comme un point focal susceptible d'articuler différents projets : Saint-Denis-Plaine Commune, phare du renouveau de La Plaine-Saint-Denis, à l'ouest, La Plaine de France et plus particulièrement le triangle de Gonesse, donc la liaison Le Bourget-Roissy au nord-est, le secteur du canal et Bobigny-Pantin au sud-est.

Ainsi, si TOUT VA BIEN, la tangentielle nord verra le jour cinquante-quatre ans après l'annonce publique des premières décisions. Et encore je n'ai pas vérifié si elle n'est pas déjà dans le plan de Prost de 1934. Précisons qu'il s'agit pour l'essentiel du réaménagement d'une ligne existante utilisée actuellement pour le fret, ne nécessitant donc pas d'acquisition foncière ni d'expropriation. Sans doute faut-il la moderniser mais que croire quand on sait que sous le nom de ligne de Grande Ceinture, la rocade du Grand-Paris

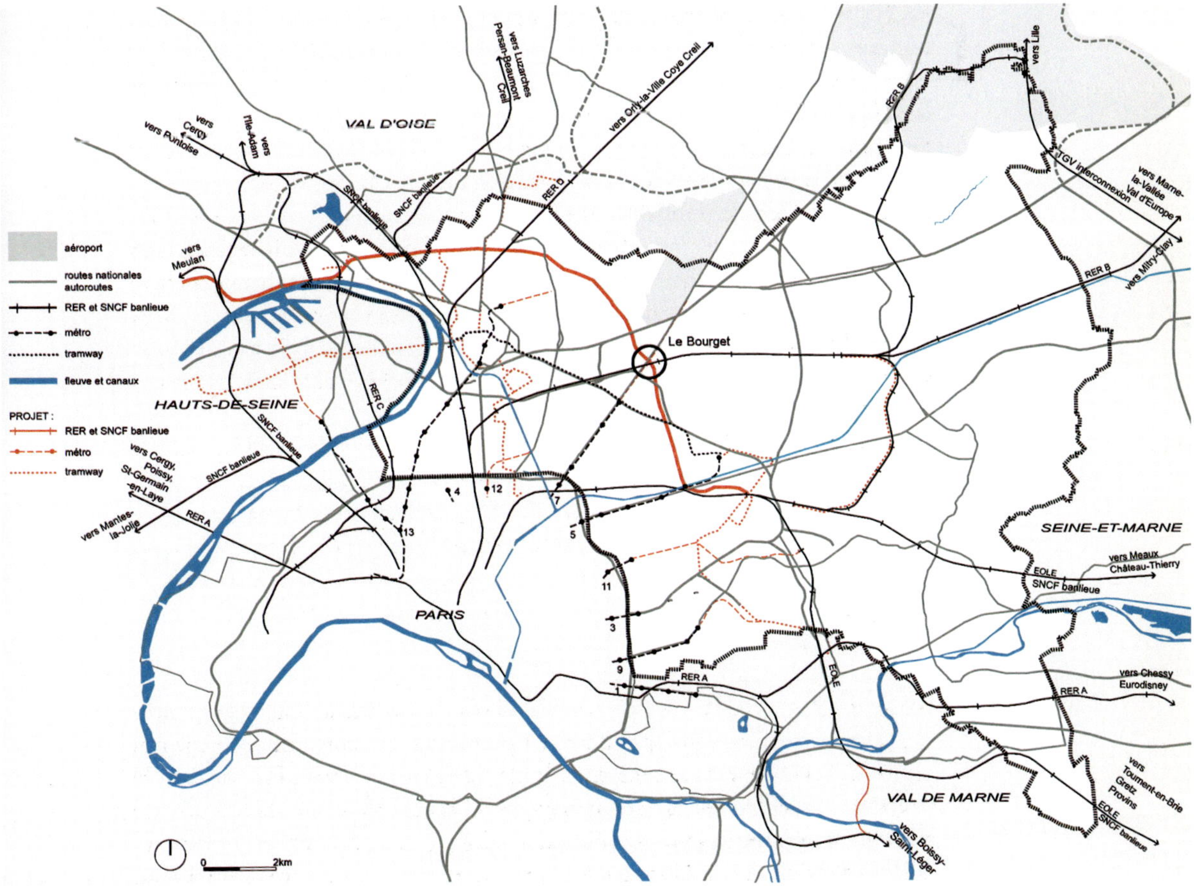

__La tangentielle en Seine-Saint-Denis.

existait en entier il y a plus de cent vingt ans. On pourrait citer mille exemples, comme la tangentielle ouest en panne quelque part entre Bailly et Saint-Cyr-l'École. Les projets sont rebaptisés, Orbitale devient Arc-Express sans avoir reçu un début de réalisation… Comme si les schémas directeurs successifs étaient voués à se limiter à des effets d'annonce.

ARC-EXPRESS/MÉTROPHÉRIQUE, UN COMBAT FRATRICIDE

La question des rocades ne se limite pas à la tangentielle nord, encore moins à sa première section Villetaneuse-Noisy-le-Sec. Elle intéresse les déplacements quotidiens de millions de personnes qui, aujourd'hui, ne se contentent pas d'un simple aller-retour entre domicile et travail mais ont souvent pour leur activité même, du fait de l'organisation familiale (garde des enfants…), ou à cause des loisirs, plusieurs déplacements par jour.

Le tramway des Maréchaux qui bouclera, sur les portes, toutes les lignes du métro parisien en reliant les terminus des bus à trois chiffres a sa logique, celle d'un cabotage sympathique qui a remplacé le PC (le bus de petite ceinture) et a permis sur les 8 km aujourd'hui réalisés une amélioration substantielle des boulevards par la réduction du trafic automobile et la requalification de l'espace public.

À l'autre extrémité, la tangentielle dite à « haut débit » introduit un bouclage de l'agglomération qui devrait en principe relier toutes les villes nouvelles.

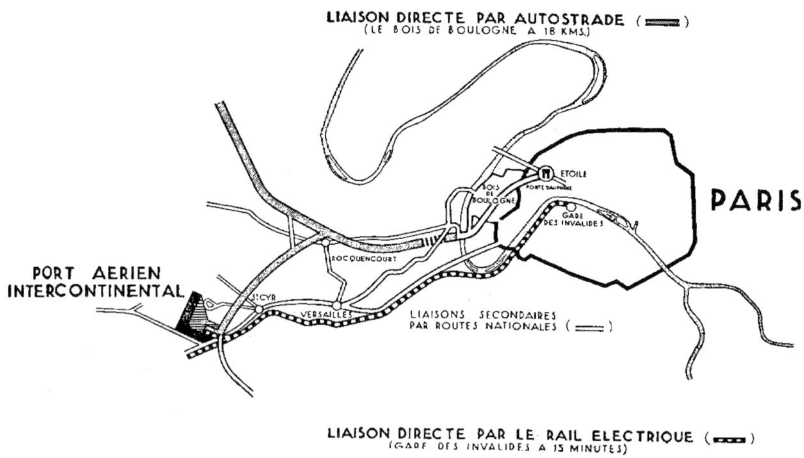

PROJET D'UN GRAND AÉROPORT MIXTE PARIS-VERSAILLES
ARCHITECTE: URBAIN CASSAN

__Selon *Architecture d'Aujourd'hui*, 1937.

Elle serait au transport ferré ce qu'est la Francilienne à l'automobile, quoique le bricolage entre Versailles et Corbeil mettant bout à bout des lignes existantes soit peu convaincant et laisse de côté Saint-Quentin-en-Yvelines et Sénart, et que la liaison Évry-Marne-la-Vallée par un transport en commun en site propre (TCSP) risque de ne pas être à la hauteur des ambitions.

Entre les deux, si le « grand-tram » reliant les fragments existants T1 et T2 voit le jour, il offrira une agréable opportunité de cabotage mais risque de maintenir des temps de trajet extrêmement longs au-delà d'une dizaine de stations. Restent pour faciliter les choses et désengorger les sections centrales du RER à assurer des liaisons rapides et directes entre les grands pôles de la métropole sans avoir à passer éternellement par Châtelet-Les Halles ou Gare de Lyon.

Orbitale, dans le SDRIF 94, avait une logique. Il s'agissait non seulement du métro mais de recouper toutes les lignes de métro prolongées à quelques kilomètres de Paris. Sans doute ce projet ressort-il sous le nom d'Arc-Express. Mais sous réserve que mon interprétation soit correcte, Arc-Express semble fort reprendre le T2 et donc associerait tram-train et métro ; ou alors, ce que laissent supposer plusieurs schémas parus dans la presse, il s'agirait d'un tramway sur l'ensemble. Arc-Express serait-il un Orbitale passé du métro au tramway ? Seule différence de tracé, il passe à l'extérieur du bois de Vincennes pour rejoindre Val-de-Fontenay.

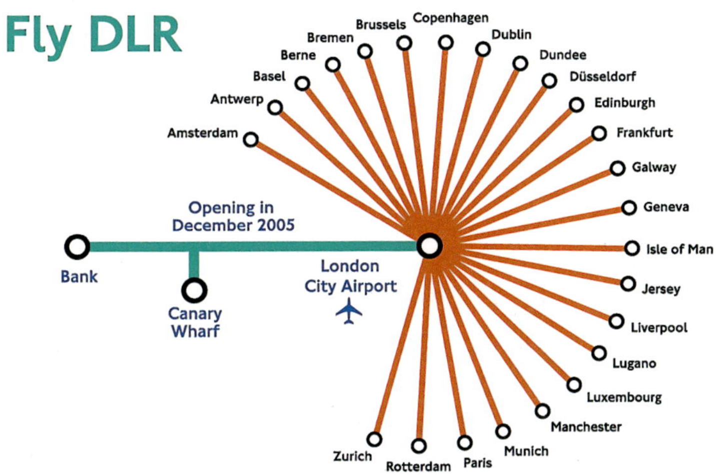

__Londres : la nouvelle ligne de métro des affaires, City/Canary Wharf/City Airport.

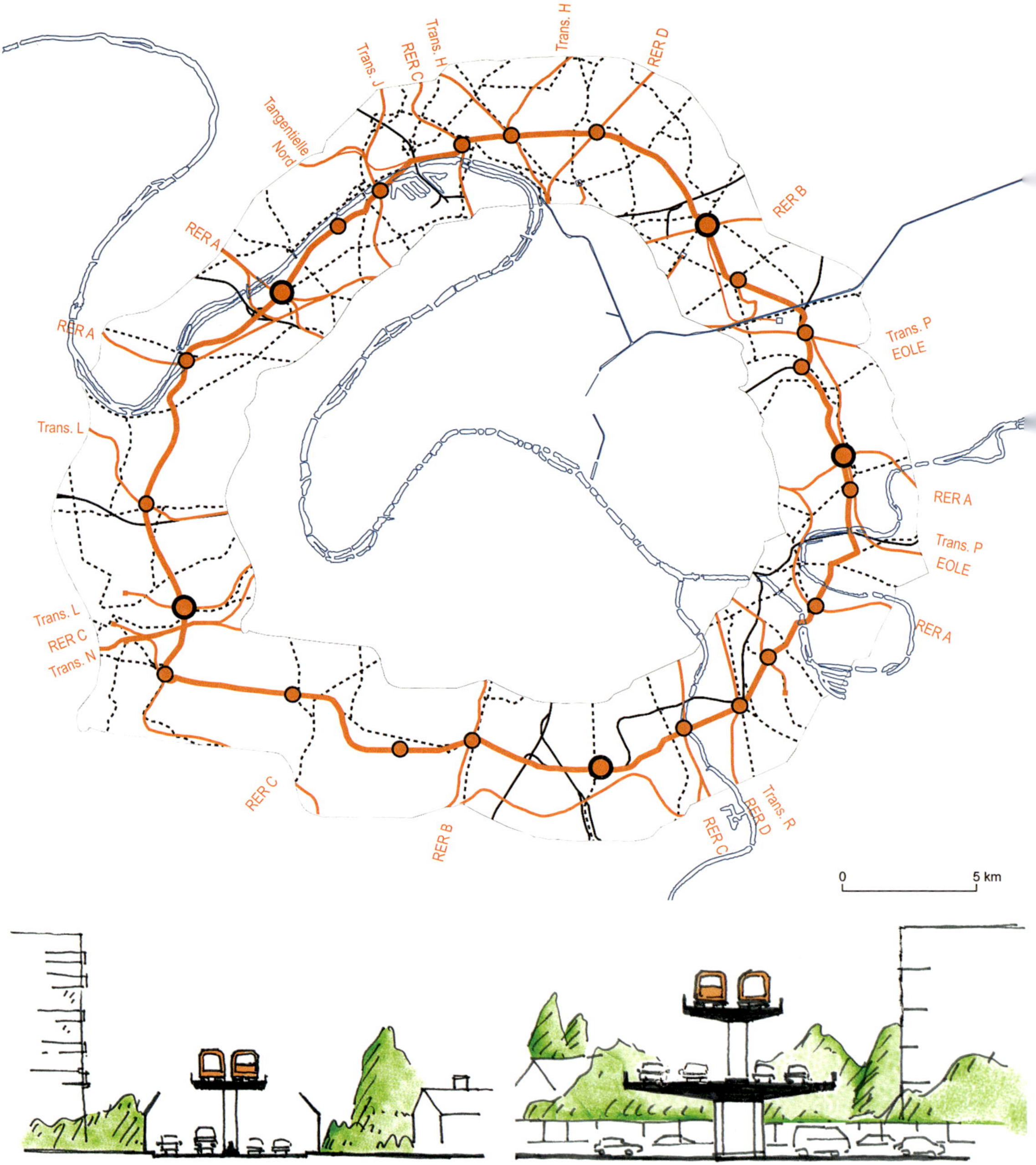

__Le métrophérique : proposition utilisant l'emprise de l'A 86 (Philippe Panerai et Xavier Fabre, architectes-urbanistes).
Le métrophérique, tracé et connexions avec les transports existants. Quatre profils types pour le métrophérique associé à l'A 86 selon que celle-ci est en surface, surélevée décaissée ou enterrée .

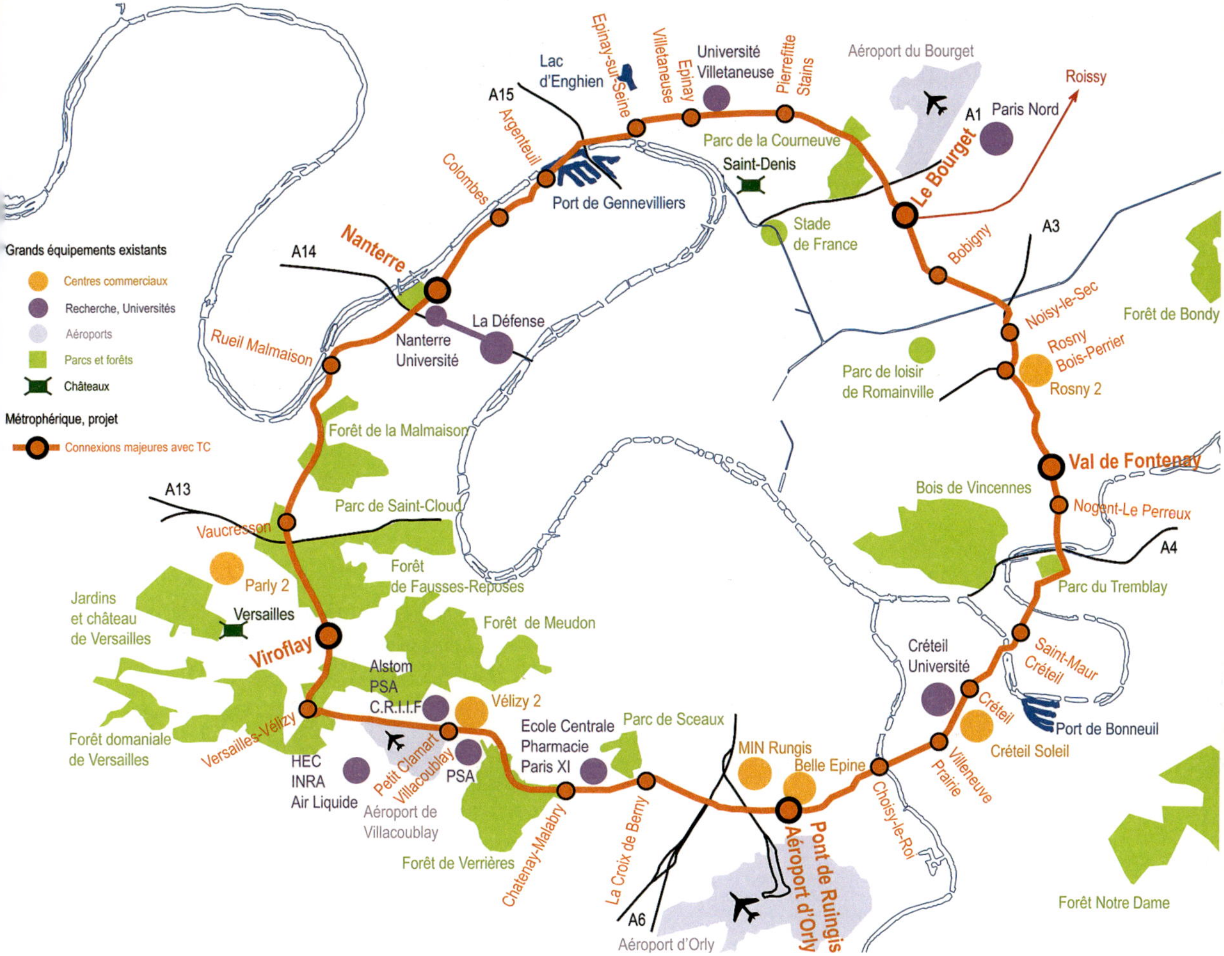

Le métrophérique et l'A 86 comme grand boulevard de la métropole reliant universités et grandes écoles, centres commerciaux, pôles économiques, grands équipements et pôles de loisirs.

Reste Métrophérique, projet qui n'a pas l'assentiment du président de la Région mais offre une logique différente : implanter une infrastructure lourde sur la couronne que représente l'A 86 maintenant achevée. Son premier avantage est de confirmer les centres ou les pôles qui se sont implantés le long de la voie routière en leur apportant un mode d'accès complémentaire, quitte à s'en écarter par moment pour aller chercher un équipement particulièrement important. Le second avantage dépasse une vision exclusivement technique pour rendre plus lisible la structuration des territoires de la métropole en créant un boulevard associant métro et automobiles qui joue un rôle de suture et d'échange entre première et deuxième couronnes. Enfin, son troisième avantage est d'utiliser une assiette foncière déjà pour l'essentiel acquise. Cela oblige à un peu d'imagination pour mettre au point et réaliser une infrastructure qui se superpose à une autre, mais le métro rapide que l'on construit actuellement à Dubai sur plus de 30 km pour relier les nouvelles urbanisations qui s'égrènent le long de la Sheikh Zayed Road à l'aéroport et au centre-ville montre l'efficacité d'une structure sur pilotis présentant une occupation minimale du sol avec un profil en long susceptible de s'adapter au terrain pour franchir les différents obstacles.
Métrophérique peut joindre l'utile à l'agréable en offrant sur près de 75 km une surprenante promenade en balcon sur le Grand-Paris. Orly-La Défense (côté Seine-Arche) en une demi-heure sans embouteillage ; Marne-la-Vallée (Fontenay)-Roissy CDG avec un seul changement ; Bobigny aussi facilement accessible depuis Orly ou Roissy que depuis La Défense… Il y a là une sorte d'évidence à la mesure de l'agglomération capitale. Sur cette ligne circulaire, il faudra combiner deux vitesses : des trames omnibus qui s'arrêtent à chaque station, soit sensiblement tous les kilomètres ou tous les kilomètres et demi (50 à 75 stations au total), et des rames express qui ne s'arrêtent qu'aux stations d'interconnexions avec les grandes radiales RER, SNCF et métro, soit tous les cinq à six kilomètres (12 stations). Faut-il doubler les voies sur toute la ligne ou comme sur certaines lignes du métro new-yorkais et dans les gares TGV seulement dans les stations en laissant passer au centre et sans arrêt les rames rapides dans les stations ordinaires ? En tout cas, les solutions existent depuis longtemps.

Cela coûte cher et l'État, c'est connu, n'a pas d'argent. Mais quelle économie de temps pour ceux qui doivent se déplacer pour leur travail, quel espoir pour ceux qui cherchent un emploi, quelle valorisation pour les territoires desservis ! Quelle réduction d'émission de gaz à effet de serre ! Si l'on raisonne en coût global, l'investissement semble vite amorti.
Guy Burgel (*op. cit.*) en rapportant une estimation de 5 milliards d'euros pour le coût de l'infrastructure rappelle que c'est moins d'un centième du

__Le métrophérique de Dubai en construction sur l'emprise de la Sheikh Zayed Road.

PIB régional annuel. C'est en tout cas la somme qui vient de s'envoler des comptes de la Société générale sans susciter de réaction violente. En triplant la somme pour prendre en compte le matériel roulant et les aléas et en imaginant une réalisation en six ans il s'agit d'un investissement annuel de 0,5 % du budget de la région Île-de-France, la plus riche des régions françaises, l'une des plus riches d'Europe.

L'AUTOROUTE ET LA CULTURE CADDIE

Au cours des années 70, le désintérêt de l'État pour les transports en commun et la politique en faveur de l'industrie automobile ont développé les autoroutes urbaines en même temps que l'idée d'un mode de vie présenté « à l'américaine » où la construction de grands centres commerciaux et la culture du Caddie ont fait figure de progrès. Le centre commercial à la française avec des surfaces de vente supérieures à 20 000 m^2 GLA combinant hypermarché et boutiques, voire cinéma, associées à des parkings généreux a envahi les grandes voies à proximité des villes.

Pour la région parisienne, le développement des centres commerciaux, une centaine aujourd'hui dont vingt supérieurs à 40 000 m^2, est étroitement lié au réseau des autoroutes et des voies rapides, avec une préférence pour la proximité des échangeurs. Ainsi, l'autoroute A 86, véritable grand boulevard de la métropole, rassemble la moitié des très grands centres commerciaux : Parly 2 (Versailles), Vélizy 2, Belle-Épine, Créteil-Soleil et Rosny 2, tous supérieurs à 80 000 m^2. Les autres se situent à La Défense (Quatre-Temps), dans trois villes nouvelles : Évry 2, Sénart (Le Carré) et Marne-la-Vallée (Val d'Europe) et au centre de Paris (Les Halles).

Cette disposition est logique : l'autoroute augmente la zone de chalandise et facilite le repérage et les approvisionnements. Mais la pensée sectorielle et l'indifférence au contexte ont fait de ces centres des isolats abstraits, coupés du voisinage. Ce sont pourtant pour beaucoup d'habitants de l'agglomération parisienne les principaux, voire les seuls centres de la vie quotidienne. Centres de consommation domestique hebdomadaire ou d'achat exceptionnel, centres de rencontre, de flânerie et de rêve, non seulement ces centres commerciaux offrent brasseries, restaurants et cinémas mais, l'achat faisant office de prétexte, leur fréquentation constitue souvent la promenade familiale du dimanche ou le lieu de rendez-vous des adolescents le samedi soir confirmant les remarques de Rem Koolhaas (2000) sur l'importance du "*shopping*".

Face à cette centralité nouvelle qui vient compléter ou concurrencer les centres anciens des bourgs et des villages, il semble inefficace de continuer à pleurnicher sur la mort du petit commerce – éminemment regrettable pourtant – sans se demander si et comment ces nouveaux centres pourraient

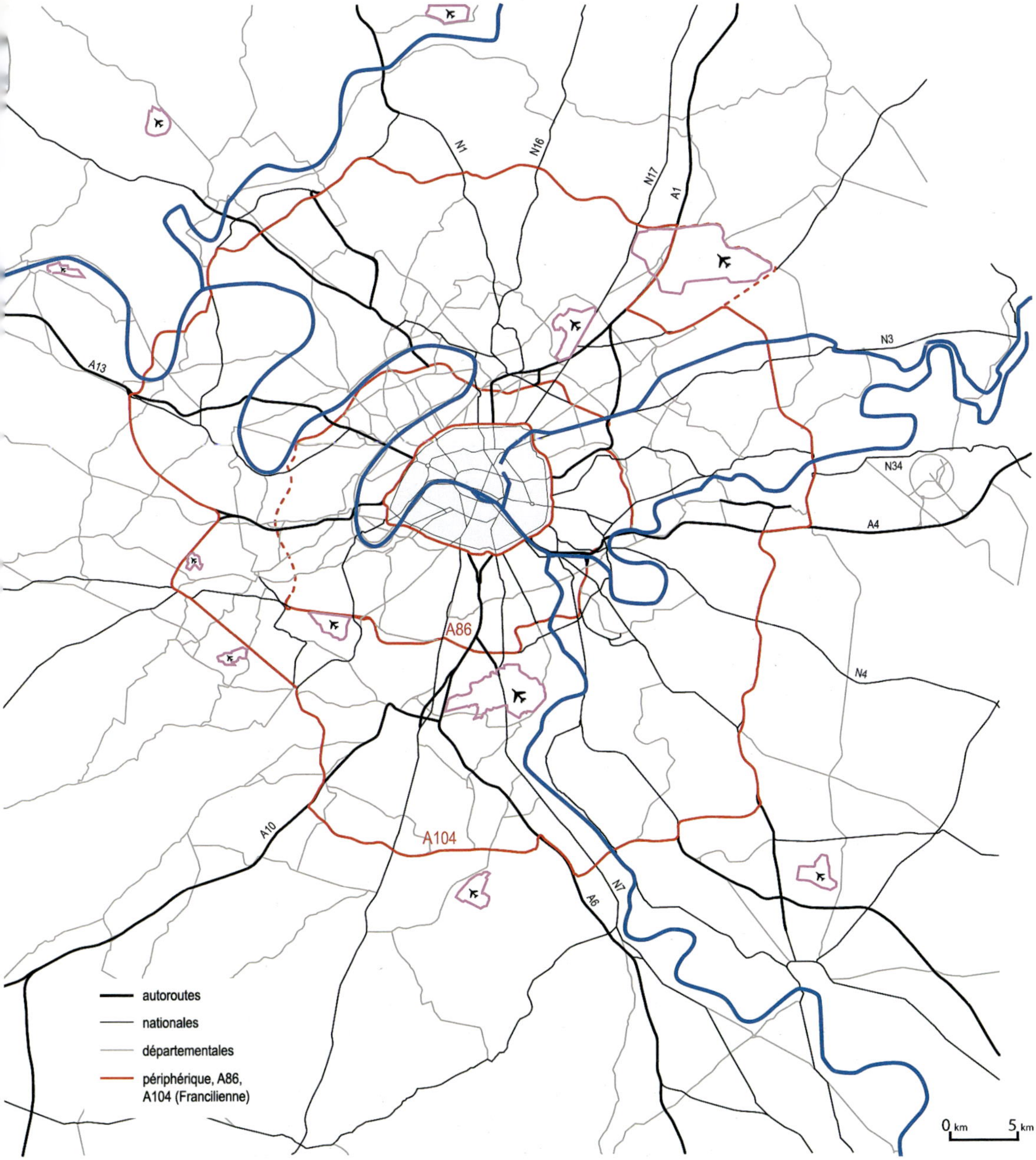

__Les principales voies routières : radiales, périphérique, A 86 et Francilienne.

__La culture Caddie. Vélizy 2.

dynamiser les activités commerciales alentour plutôt que de s'enfermer dans leur splendide isolement. Ce sont des questions simples. Peut-on atteindre à ces centres par les transports en commun courants autant que par l'autoroute ? Les habitants proches peuvent-ils y accéder à pied ou à vélo ? L'ouverture de voies reliant le centre commercial aux quartiers et aux centres des communes voisines est-elle possible ? Questions simples qui touchent la vie quotidienne de millions d'habitants. J'ai gardé l'image de ces femmes africaines, leur panier en équilibre sur la tête, entourées d'enfants tout jeunes se faufilant entre le garde-corps et la glissière de sécurité du pont qui franchit l'autoroute A 6 car il n'est pas prévu d'aller à pied de La Grande-Borne au centre commercial situé en face. Hiérarchie du maillage sans doute.

Même pour ceux qui disposent d'un véhicule, ne serait-il pas agréable parfois d'aller à pied au centre commercial, quitte à prendre sa voiture ou à faire livrer quand il s'agit des lourds achats hebdomadaires ou mensuels ?

Enfin, si l'on ne peut pas facilement ouvrir le centre commercial vers la ville, pourquoi ne pas développer la ville autour du centre commercial et profiter de son dynamisme pour créer un véritable centre urbain aux fonctions multiples et diversifiées. On se souvient des débats sur l'achèvement du Carré Sénart et des réticences à y introduire des logements.

NATIONALES ET CENTRES-ROUTES : DES CENTAINES DE PROJETS URGENTS

Le concept de centre-route proposé par la géographe Marcelle Demorgon (1975) rend compte de l'évolution du paysage et de la fabrication des agglomérations française depuis une trentaine ou une quarantaine d'années. Je le préfère à celui d'entrée de ville généralement utilisé, car sa portée est plus générale : l'entrée de ville renvoie à un passage de la campagne à la ville qui caractérise les agglomérations isolées et s'applique mal à Paris. De plus, l'association du centre, lieu de vie et support de la vie quotidienne, et de la route, lieu de passage, m'apparaît fructueuse.

Le centre-route peut être vu comme l'aboutissement d'un long processus d'extension des villes et des agglomérations, l'héritier de la rue commerçante du faubourg, du village-rue ou du village-route. Une version française du *strip* américain. Dans la région parisienne, la plupart des grandes radiales, routes nationales devenues quelquefois départementales, sont aujourd'hui des centres-routes. Généralement érodés par une circulation lourde et incessante à laquelle pendant des années on a tout sacrifié, ces centres-routes mêlent un bâti souvent dégradé et des activités commerciales diverses, regroupées par thèmes selon les routes ou les sections. Bricolage et aménagement de la maison jusqu'aux piscines en plastique qui se dressent en attente d'acheteurs voisinent assez logiquement avec le mobilier et les moquettes. Plus loin, garages, stations-service, concessionnaires automobiles, marchands de pneus, de pare-brise ou de pots d'échappement forment une autre continuité logique. Petits centres commerciaux et bazars leur succèdent, brasseries, restaurants d'enseignes et restaurants chinois, déstockage et vêtements d'usine... Chacun peut rapidement mettre quelques images sur cette énumération, avec des variantes selon l'état du bâti, les nuisances du trafic automobile et la distance d'un centre-ville. Sur la RN 20, entre Arcueil et Paris, des logements sans doute un peu bruyants mais encore prisés alternent avec des commerces, des bureaux et quelques institutions ou services. La RN 14 avant d'arriver à Cergy mêle tous types de commerces sans logement. La RN 10 entre Saint-Cyr et Trappes semble destinée à la maison (la ville nouvelle proche constitue une demande importante). La RN 19 fait figure de *strip* coloré rassemblant les éternelles enseignes de la restauration, des zones d'activités prospères... D'autres semblent épuisées par le trafic, l'usure, les gaz d'échappement. Même les arbres ne résistent plus : la RN 6 à Villeneuve-le-Roi ou la RN 1 entre Saint-Denis et Sarcelles illustrent ces paysages urbains dévastés.

En traversant parfois au hasard d'un rendez-vous inhabituel la région parisienne, nous avons tous rencontré ces centres-routes qui malgré leur usure semblent remplir un rôle essentiel en combinant voie de circulation bien identifiée et lieu de consommation, voire de loisirs – encore le shopping ! Et l'on s'impatiente un peu de les retrouver année après année dans le même état de dégradation et d'abandon.
Pourtant, quelques exemples existent qui montrent des raisons de ne pas désespérer. La RN 305 entre Ivry et Choisy achève sa mue et, à l'issue d'un élargissement porté par une volonté constante du Conseil général, offre des trottoirs soignés, des plantations continues, un TCSP central sur un terre-plein planté tandis que sur les rives, logements et activités, équipements et commerces, sont venus remplacer l'industrie sinistrée.
La RN 7 du côté d'Athis-Mons a comblé ses passages souterrains aux carrefours pour refaçonner un espace où une circulation légèrement apaisée et une végétation retrouvée donnent espoir de voir revivre commerces et activités. Verra-t-on enfin à la faveur du TCSP la RN 1 et la RN 16 à Pierrefitte et à Sarcelles suivre le même chemin ? En 1997, lors de l'étude de définition pour le projet de ville de Sarcelles, la question figurait déjà à l'ordre du jour. Dix ans plus tard les travaux viennent de commencer et déjà le SDRIF 2007 parle de son prolongement jusqu'au triangle de Gonesse. Gardons l'espoir !

Plus généralement, la voirie métropolitaine connaît un ralentissement des projets autoroutiers et des voiries rapides de désenclavement. En ce début du

XXIe siècle, nous peinons à achever la réalisation du plan de Prost qui constitue, peu ou prou, la référence de tous les projets ultérieurs. Un exemple : la réalisation d'une rocade routière ou autoroutière située entre l'A 86 et la Francilienne, dessinée dans le plan de Prost de 1934, repris dans la version du SDAURP 1941, rebaptisée ARISO (Autoroute interurbaine de Seine-et-Oise) dans le PADOG de 1960, réinterprétée dans le SDAURP 1965 puis, sous le nom d'A 87, dans le SDAURIF 1976, encore présente mais sous des dénominations différentes selon les sections – BIP au nord, liaison A 6, RN 6 au sud – et non prioritaire dans le SDRIF 1994, semble avoir disparu du dernier projet à l'exception de la section entre A 1 et A 15. D'où l'inquiétude qui naît quand on lit une fois de plus les propos généraux et généreux : « optimiser, développer, compléter ». Mais la généralité même de ces propos et le recentrement sur le réseau intermédiaire notamment en cœur d'agglomération devraient permettre une requalification ambitieuse des grandes voies (nationales et assimilées) donc des centres-routes. À condition que l'intendance suive. Car il s'agit le plus vite possible de requalifier la surface, c'est-à-dire la répartition entre chaussée et trottoir, l'éclairage, les plantations et le mobilier urbain de milliers de kilomètres de voies, afin d'accueillir des transports collectifs, bus ou tramway en site propre, pour engager une revalorisation de l'image des quartiers traversés et une amélioration des activités riveraines.

ESPOIRS ET LIMITES DU TRAMWAY

Faute de transports lourds, on a redécouvert les vertus du tramway. L'histoire a commencé en Seine-Saint-Denis. Dans un territoire majoritairement desservi par des radiales (RER et métro), le Conseil général a ajouté la première ligne de tramway, le T1 Saint-Denis-Bobigny, rompant par cette rocade la logique radiale. À l'ouest, dans les Hauts-de-Seine, la seconde ligne de tramway, le T2 La Défense-Issy-les-Moulineaux, utilise la plateforme SNCF et s'apparente au tram-train.

Plus récemment, la Ville de Paris suit le mouvement avec la première partie du tramway des Maréchaux, 8 km du boulevard Victor à la porte d'Ivry.

Personne ne s'en plaint et les premières réalisations ainsi que celles menées dans plusieurs grandes villes de provinces – Nantes, Grenoble, Strasbourg, Bordeaux… – peuvent servir de point de départ pour engager des politiques de transports liant réalisation des infrastructures, requalification des voies et réhabilitation des tissus.

Du coup, les projets de tramway foisonnent et risquent de prendre la place d'autres moyens de transport plus ambitieux et mieux adaptés aux quantités de personnes à transporter, aux distances à parcourir et aux temps de

transport acceptables. Or il ne faut pas se tromper d'échelle. Pour sympathique qu'il soit, le tramway reste un transport d'échelle locale plus efficace que le bus mais qui reste loin derrière le métro. Avec 100 000 voyageurs par jour (v/j) pour 60 000 avec le bus, il reste loin derrière le métro qui transporte près de 500 000 v/j avec une vitesse commerciale nettement supérieure.
Il faut donc prendre le tramway pour ce qu'il est : un transport agréable, un symbole fort, un cabotage urbain qui participe à la requalification des territoires. Il convient surtout de ne pas le considérer comme une alternative mais comme un complément à d'autres moyens de transport plus lourds et penser la métropole en dépassant les logiques sectorielles qu'elles soient fonctionnalistes (le transport d'un côté, l'aménagement urbain d'un autre, le développement économique d'un troisième) ou institutionnelles (les bus ne sont pas des métros, la SNCF n'est pas la RATP, le Département n'est pas la Région…), car il s'agit de transformer la vie quotidienne des habitants et de revaloriser des territoires entiers : changement d'image, desserte de l'habitat, développement de l'emploi…
Le tram alors présente un intérêt indéniable par la façon dont il incite à requalifier l'espace public en même temps que se réalise l'infrastructure. C'est spectaculaire à Paris dans les parties réalisées du boulevard des Maréchaux dont les larges trottoirs et la réduction de la circulation automobile ont changé non seulement l'image mais les conditions mêmes de la vie quotidienne pour les habitants riverains.
Le tramway et dans une moindre mesure le bus ou site propre fournissent l'occasion de réaménager les centaines de kilomètres des grandes voiries dégradées de la métropole dont la requalification est urgente.
Modernisation et complément des RER, tangentielles et rocades ferrées, des réalisations longues à venir et sans aucun doute faut-il aussi continuer à équiper et à moderniser les réseaux techniques, eau et électricité, téléphone et fibre optique. Il faut également faire un effort particulier pour reconquérir les cours d'eau et les ruisseaux afin de rétablir les continuités écologiques et retrouver les équilibres un peu trop rapidement et inconsciemment abandonnés au profit d'une urbanisation techniciste et autiste. Mais il faut d'urgence retrouver à l'échelle de la métropole une égalité dans le traitement des espaces publics et des transports. Deux réseaux qui souvent se confondent, car autobus ou tramways empruntent les avenues et les boulevards de la ville, deux réseaux dont l'état à quelques exceptions près est marqué par la négligence et l'abandon.
Les 500 millions d'euros prévus dans le plan banlieue au titre du désenclavement pour la France entière permettraient s'ils étaient exclusivement affectés à l'amélioration de la voirie de requalifier 100 à 120 km de boulevards, avenues et routes urbaines. À lui seul le département de la Seine-Saint-Denis compte 80 à 100 km de grande voirie à requalifier. On mesure

là l'importance des besoins et la nécessité de mobiliser État, Région, Départements et Communes, fonds européens et emprunts exceptionnels, services techniques, concepteurs et entreprises, pour un plan ambitieux de requalification des territoires de la banlieue qui porterait en priorité sur les centres-routes, les centres commerciaux et les transports en commun lourds.
N'est-ce pas en agissant sur ces terrains plutôt qu'en démolissant des logements encore occupés que l'on peut amorcer dans les banlieues les conditions d'un développement économique créateur de richesse et d'emplois tout en améliorant immédiatement les conditions de la vie quotidienne de ceux qui, à juste titre, se sentent exclus ?
Échelles de temps et coûts d'investissement ne sont pas les mêmes. Mais si l'on doit patienter encore dix ans pour prolonger une ligne de métro, est-il nécessaire d'attendre aussi longtemps pour refaire les trottoirs ?

ENVOI

Depuis longtemps je rêve de proposer à des responsables de villes nouvelles, aménageurs, maîtres d'ouvrage, urbanistes et techniciens divers le programme suivant.
Au cœur d'un secteur urbanisé, au carrefour de deux grandes voies majeures et d'une rue commerçante, on se propose d'implanter un ensemble d'équipements publics ou privés, de commerces, de services et de logements autour d'un vaste espace public planté.
Les équipements comprendront :
– une caserne de gendarmerie,
– la bourse du travail du département,
– un grand hôtel de tourisme,
– deux théâtres dits « de boulevard ».
Les commerces se répartiront en trois grandes catégories :
– deux ou trois grands magasins spécialisés en mobilier et arts de la maison, habillement, informatique, TV-vidéo,
– quatre grandes brasseries, ainsi que trois enseignes de restauration rapide,
– une vingtaine de boutiques pour commerces traditionnels y compris tabac-presse, deux ou trois agences bancaires avec accès sécurisés, deux bazars et quelques commerces alimentaires.
Les commerces seront pour l'essentiel situés en rez-de-chaussée des immeubles qui pourront recevoir également dans les étages inférieurs (R+1, R+2) différents services urbains et professions libérales : cabinets médicaux, cabinets dentaires, assureurs, experts-comptables, architectes, masseurs kinésithérapeutes, agents immobiliers, laboratoires d'analyses médicales, ces deux derniers de préférence à rez-de-chaussée.

Les logements situés aux étages et accessibles aux handicapés sont prévus pour accueillir 1 500 familles majoritairement avec enfants dont 25 % de locatifs sociaux.
L'espace public central devra accueillir outre la circulation automobile assez intense dans cette partie de la ville :
– deux stations de taxi,
– quatre lignes de bus avec deux arrêts abrités pour chacun situés de manière à faciliter les correspondances,
– deux dépôts de Vélib',
– un square planté avec une partie aménagée pour les jeux d'enfants,
– deux kiosques à journaux,
– une canisette.
Les dispositions d'ensemble devront être assez généreuses pour permettre, tout en maintenant le bon fonctionnement de chaque élément, d'accueillir différentes manifestations :
– manège pour enfants et boutiques du marché de Noël pendant quinze jours,
– quinzaine commerciale automobile avec stand d'exposition des derniers modèles,
– rassemblements hebdomadaires alternés du parti populaire kurde et du parti communiste turc.
Enfin, l'espace devra également être entièrement dédié à des manifestations exceptionnelles où toute circulation de véhicule privé sera interdite et celle des bus réduite ou détournée telles que :
– rassemblements ou dissolutions de manifestations politiques ou syndicales pouvant accueillir parfois plus de 500 000 personnes (deux ou trois par an dont le 1er mai),
– meeting politique exceptionnel comme la proclamation de la Ve République,
– concert de rock gratuit retransmis sur grand écran à l'occasion de la Fête de la musique (3e week-end de juin), exemple : les Rolling Stones ou Johnny Hallyday…
Dans tous les cas l'espace lui-même ou les rues adjacentes devront pouvoir accueillir des postes de secours et permettre le stationnement des forces du maintien de l'ordre, soit au minimum deux compagnies de CRS ou de gendarmes mobiles.
Enfin, l'aménagement de l'ensemble devra permettre d'implanter en sous-sol une station d'interconnexion de transport public rapide de grande capacité, type métro, pour cinq lignes.
Le terrain réservé pour cet aménagement représente 12 hectares, soit un rectangle de 300 x 400 m, la plus grande dimension étant sensiblement est-ouest. L'espace public central ne devra pas être inférieur à 4 hectares.

1234567

es **paris, londres, new york, shanghai** les For

Selon le *Metropolitan World Atlas* [1] qui compare 120 grandes villes, Paris rassemble 9,645 Mh et 5,1 M d'emplois sur 2 721 km^2, correspondant à l'agglomération, selon l'INSEE soit environ un cercle de 60 km de diamètre proche de celui du plan d'Henri Prost de 1934. Outre la Ville de Paris proprement dite, le découpage administratif et l'autorité politique sont partagés entre 396 communes, soit avec les arrondissements parisiens plus de 400 maires élus. Un grand nombre de communes sont regroupées dans différentes formes d'intercommunalités ; de plus, certains territoires sont également administrés par des Établissements publics d'aménagement dépendants de l'État ; l'ensemble est regroupé en huit départements dirigés par huit préfets et huit conseils généraux. À l'intérieur de cette agglomération, la métropole parisienne rassemble 8,5 Mh et 4,7 M d'emplois sur environ 1 450 km^2, soit 210 communes dont Paris, centre incontesté, 2,2 Mh.

Grand-Londres compte 8,2 Mh sur 1 580 km^2 répartis entre 2 *cities* (City of London et City of Westminster) et 31 *boroughs*, l'ensemble rassemblé dans une entité unique, the Greater London Authority, représentée par un maire dont le pouvoir souvent incitatif, les décisions restant aux communes, s'étend cependant aux transports (TfL, Transport for London), à la Police métropolitaine, aux services de secours (pompiers) et au développement (London Development Agency). Il est également responsable de l'élaboration du projet métropolitain. Les *boroughs* conservent leur compétence sur le logement, l'éducation et les services sociaux (Luciano Vandelli, 2004). La GLA ne couvre pas tout le territoire de l'agglomération dont de larges parties s'étirent le long des grandes voies jusqu'aux premières villes nouvelles, encore moins l'aire urbaine qui englobe plusieurs comtés, mais elle dépasse largement la zone dense et continue, Central London l'ancien comté de Londres (LCC), aujourd'hui compris entre Canary Wharf à l'est et Hammersmith à l'ouest, soit sensiblement un ovale de 16 km dans sa plus grande dimension, les deux premières zones du métro londonien.

New York City rassemble 8,1 Mh sur 780 km² organisée en cinq *boroughs*, Manhattan, Brooklyn, Queens, Bronx et Staten Island, administrés par une autorité politique et technique centrale représentée par le maire, un service de transport, un service de propreté, une administration de la santé… New York City n'est qu'une partie de la vaste agglomération new-yorkaise de 20 Mh qui déborde sur les premiers États voisins (New Jersey et une partie du Connecticut). Manhattan, 1,6 Mh, sans être au centre en constitue sans aucun doute le centre, la partie la plus connue qui identifie la ville au point que pour beaucoup Manhattan, c'est New York.

Shanghai dans sa récente réorganisation administrative rassemble 14,8 Mh sur un territoire de 6 600 km². Capitale économique de la Chine, ville des plus hautes tours et des records du monde en tout genre, elle a franchi la rivière Huangpu et engagé un développement impressionnant sur le territoire de Pudong où se trouvent aujourd'hui localisés le principal aéroport, le nouveau port industriel, le plus grand pont du monde (32 km) en direction des îles voisines où se développent de nouveaux mouillages et la création d'un nouveau centre-ville posé comme un miroir face au centre ancien. Tout autour, des territoires encore agricoles, réserves pour des cités satellites et des extensions futures. Au total 20 entités administratives, *boroughs* ou districts, rassemblées sous l'autorité de la municipalité centrale et du comité local du parti communiste chinois.

Quatre villes, quatre centres indiscutables, quatre agglomérations de dimensions comparables, une compétition de chaque instant pour être parmi les villes qui comptent.

Densités :

Paris Métropole	58 h/ha, GLA 52 h/ha,
NYC	67 h/ha (104 sur les terres émergées),
Shanghai	120 h/ha.

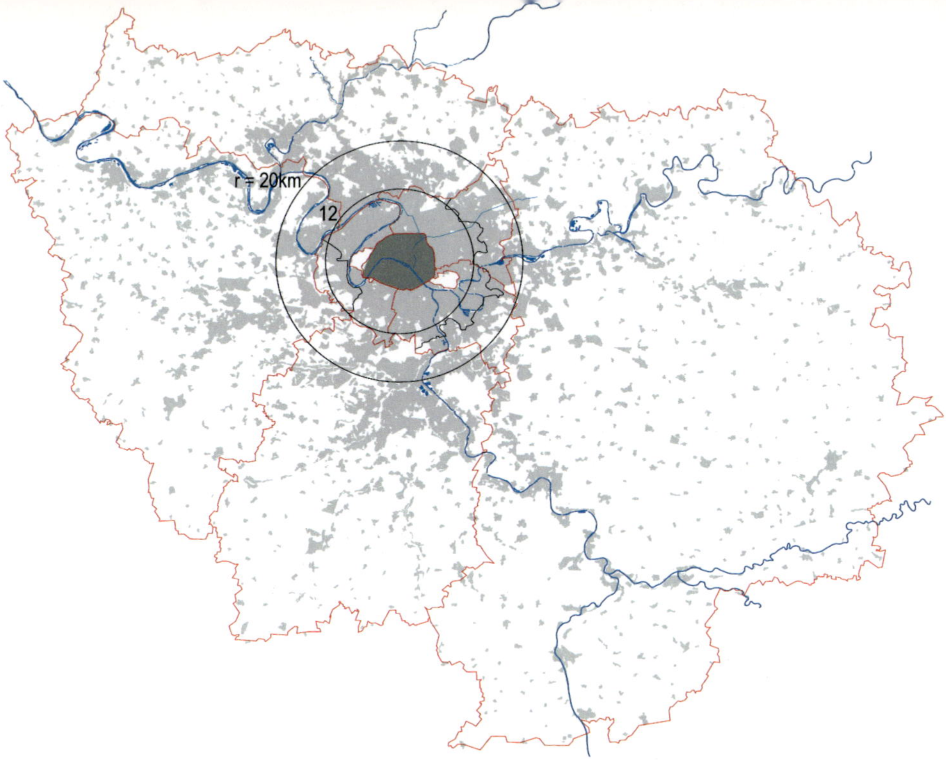

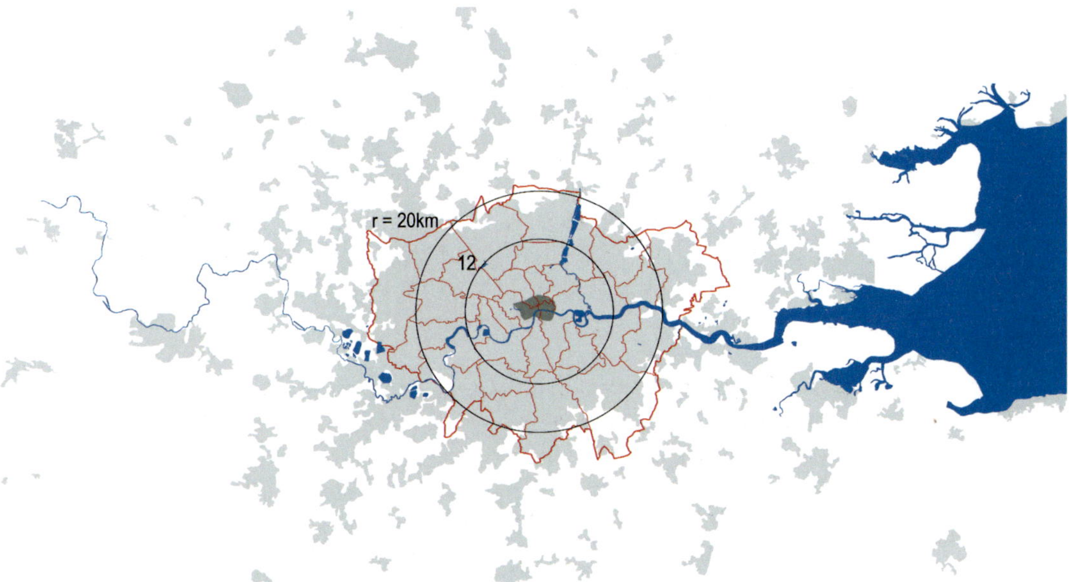

__Centre, agglomération et limites administratives.
HAUT : Paris, BAS : Londres.

__Centre, agglomération et limites administratives.
HAUT : New York, BAS : Shanghai.

Londres et Paris sont depuis toujours en rivalité permanente, « The Rivals » titre *The Economist* du 15 mars 2008 soulignant la proximité des élections entre Paris le 16 mars et Londres le 1er mai. Compétition pour le leadership de l'Europe occidentale au Moyen Âge, du monde unifié pendant la période coloniale et la première ère industrielle, avant de s'affronter pour le statut de ville-monde au sein de nouveaux rapports de force d'une économie globalisée. Toutes deux sont capitales de pays stables et ont été à la tête d'un Empire colonial étendu dont l'histoire a marqué leur statut de métropoles cosmopolites. Toutes deux ont été les lieux d'où sont parties les révolutions industrielles et politiques qui ont construit le monde moderne.

Au cours des deux derniers siècles, Londres et Paris ne cessent de prendre et de reprendre successivement l'avantage. L'historien Eric Hobsbauwm (1962) remarque l'avance scientifique de Paris et de la France à l'aube du XIXe siècle, mais la supériorité financière et commerciale des Anglais. Paris invente avec la Révolution la première Exposition des produits du commerce et de l'industrie. Mais c'est Londres qui, en 1851, réalise la première grande Exposition internationale et frappe les imaginations avec le Cristal Palace. Paris relève le défi avec la Galerie des machines puis la tour Eiffel ou le Grand Palais.

L'aménagement urbain, l'urbanisme naissant, l'art urbain occupent dans cette compétition une place de choix. Napoléon III s'inspire de Londres pour moderniser Paris, mais deux siècles plus tôt Covent Garden doit sa disposition à la place des Vosges… Paris réalise Le Vésinet mais c'est Ebenezer Howard (un Américain) qui théorise, à Londres, la cité-jardin, ancêtre des villes nouvelles. On n'en finirait pas de rechercher les épisodes de ce match dont une des parties s'est jouée encore récemment avec la compétition pour l'organisation des jeux Olympiques de 2012. Une partie où la forme de l'agglomération a joué un rôle essentiel.

La construction des centralités d'une ville capitale possède une histoire longue. En 1588 la défaite de l'Invincible Armada marque pour les villes anglaises et en particulier pour Londres le début d'une histoire qui tranche avec celle du Continent. L'Angleterre mesure à cette occasion l'unité de son territoire et découvre que c'est sur la mer qu'il est le mieux défendu. L'inutilité des fortifications et des défenses intérieures conduit à la suppression des enceintes et facilite l'unification du marché intérieur. À Londres, la forme de la ville n'est plus contenue par un mur, l'extension à l'horizontale est libre. Elle s'engage au XVIIe siècle avec le lotissement des *Estates*, les grandes propriétés foncières de l'aristocratie britannique, et se poursuit pendant la période géorgienne avant que la vague d'urbanisation suscitée par l'industrialisation ne lui donne un visage victorien.

Dans cette extension basse où la ville se réalise par vastes fragments homogènes, les contrastes sont multiples. On passe d'un quartier à l'autre, d'une ambiance à une autre sans transition et les réseaux de l'industrie, voies ferrées et canaux, accentuent les coupures. La ville ne connaît pas de limites autres que géographiques. Pas d'enceinte qui contienne et favorise la densification, pas de muraille transformée en boulevards. Elle s'étend par une succession d'opérations qui répètent les mêmes séries de maisons identiques témoignant de la poursuite depuis trois siècles d'une concentration du capital immobilier, d'un non-morcellement de la propriété foncière et d'une standardisation poussée des éléments de la construction. Ce qui fait souvent dire de Londres qu'au-delà du centre, la ville n'est plus qu'une immense banlieue.

Le centre de Londres est petit, la « zone de congestion » où la circulation automobile est taxée couvre approximativement un cercle de 3 km de rayon ; la *circle line* du métro enserre un ovale d'environ 8,5 km par 3,2 km entièrement rive gauche (North Bank), l'équivalent parisien (lignes 2+6) couvre un ovale un peu plus plein, 8,5 km par 5,5 km. Tandis qu'à Paris les gares ont pénétré à l'intérieur de l'enceinte des Fermiers généraux, elles sont, à Londres, restées à l'extérieur de l'aire centrale qu'elles contribuent à ouvrir. Avec comme conséquence qu'une seule ligne de métro réunit toutes les gares (sauf Waterloo, rive droite).

Le centre de Londres est directement bordé par de grands parcs : Regent's Park-Primerose Gardens au nord avec 220 ha, l'ensemble Saint James-Green Park-Hyde Park-Kensington Gardens à l'ouest avec 300 ha, au total plus de 500 ha. Dans une position comparable le Champ-de-Mars offre 33 ha, les Buttes-Chaumont 24 ha, Bercy 12 ha, le Jardin des Plantes 17 ha, le Luxembourg 20 ha… l'ensemble des parcs et jardins intramuros totalisant moins de 2 km^2 (200 ha). Si l'on ajoute les deux bois on atteint 17 km^2 dans un rayon de 10 km comparable à Londres en englobant Victoria Park et Mile End, Southwark et Rotherhite, Burgess Park, Kennington, Battersea, Fulham…

Mais au-delà, à Paris, excepté les bois de Meudon et de Ville-d'Avray, il faut presque 20 km pour atteindre le parc de Versailles, les forêts de Saint-Germain ou de Marly, le château de Grosbois tandis que Londres, toujours dans Londres, offre Kew Gardens, Richmond-Wimbledon, Barnes et Roehampton, Clapham, Greenwich-Blackheath…

La démonstration avait été faite au siècle dernier par Forestier (1905), elle reste toujours valable mais prend une signification particulière si on ne s'arrête pas aux données statistiques, hygiénistes ou morales (« le sport plutôt que l'alcoolisme »), mais que l'on croise proximité et facilité d'accès aux parcs avec le réseau des transports en commun et les indicateurs de centralités pour apprécier les éléments de qualité de la vie recherchés aujourd'hui par les habitants.

Un centre plus petit, une limite floue qui attire autant qu'elle ne clôt, une entité administrative unifiée depuis longtemps et régulièrement réajustée [1], Londres fonctionne comme une constellation où maints centres secondaires ont une existence, une identité, un rayonnement qui ne mettent pas en cause leur appartenance à la ville. Vestiges de territoires agricoles ou de domaines aristocratiques, zones de marais ou berges inondables, friches reconverties, les grands parcs sont assez régulièrement répartis sur le territoire. Des espaces ouverts plus petits, *green*, *common*, ou *square* constituent une trame de proximité qui accompagne les centres secondaires. Pré communal commun (le *common*), jardin et cimetière dans l'enclos paroissial, terrain de sport et de récréation, square des beaux quartiers, l'espace ouvert qualifie le lieu et permet aux habitants de s'identifier à leur quartier. Il conserve les traces de l'histoire auxquelles les Anglais sont attachés. Conserver des traces du passé participe à cette nécessité soulignée par le sociologue Richard Hoggart (1966) que tout changement pour réussir doit s'appuyer sur le maintien de quelques éléments. Appliquée à l'aménagement urbain qui procède en Angleterre par un renouvellement radical dans un pays où la propriété foncière reste encore concentrée, une telle position explique que l'on puisse à la fois engager la ville dans des transformations nombreuses et spectaculaires tout en maintenant dans des lieux spécifiques les dispositions anciennes. On le voit à l'attention portée aux vieux pubs qui subsistent aux carrefours des voies anciennes. Leur implantation remonte au temps des diligences mais leur maintien n'est pas anecdotique tant il impose, à l'échelle du piéton, de conserver des continuités qui permettent de se repérer malgré les transformations.

Ces transformations du coup peuvent être ambitieuses, changer la silhouette de la ville, oser les voisinages, voire les confrontations les plus audacieuses. Foster dans la City (tour Swiss Re), le London Eye face à Westminster, le nouveau front de la rive sud face à Saint-Paul et à la tour de Londres, Canary Wharf dans la perspective de Greenwich.

L'intérêt de Londres dépasse la question des audaces architecturales. Elles ne seraient qu'anecdotes maniéristes si elles ne s'inscrivaient pas dans un projet métropolitain ambitieux dont la désignation de Londres pour les jeux Olympiques de 2012 a démontré la solidité. Mené tambour battant par Ken Livingston, le projet métropolitain élaboré en quatre ans (2000-2004) et traduit dans le *London Plan* a intégré les projets et les actions antérieures (le projet des Docklands date des années 70) en les situant dans une perspective métropolitaine explicite. Selon Christian Lefebvre (2004), il a également tiré

__Paris : La Défense depuis l'Arc de triomphe.

__Londres : Saint-Paul et la City depuis la Tate Modern.

les leçons du vide laissé par la suppression en 1986 du Greater London Council (GLC), des limites de l'initiative des acteurs économiques et de l'absence de visibilité internationale de celles prises à l'échelle des *boroughs* et donné une forte représentativité au GLA et à son maire. *The Voice of London!*

NEW YORK

Ici peu d'histoire commune, guère de rivalité, sauf culturelle ; des statuts qui diffèrent. Et pourtant des échanges, des rapprochements, des parentés. La conviction forgée au XIXe siècle que la grande ville rend libre. Un goût partagé pour l'aménagement urbain qui se traduit longtemps par l'influence de l'école des Beaux-Arts de Paris sur les architectes new-yorkais, avec en retour la fascination au XXe siècle des architectes parisiens pour New York – que l'on pense à Perret ou à Le Corbusier dans les années 20 et 30, ou encore la mobilisation toute récente à Paris en faveur des tours.

Manhattan, avec 59 km^2 émergés et 1,6 Mh, est le centre connu et reconnu, comparable à Paris intra-muros. Plus que Paris, le centre a une limite indiscutable et indéplaçable, ses rives, d'où il regarde les autres *boroughs*. Le rapport des différentes parties est spectaculaire, mis en scène depuis le *Waterfront* de Brooklyn, la côte du New Jersey ou le ferry de Staten Island. L'eau sépare mais rassemble, culture portuaire.

La verticale des gratte-ciel prend tout son sens sur l'horizontale de la baie, donnant à la ville son célèbre *skyline* que tant d'autres cherchent à imiter. Manhattan est dense (270 h/ha brut et une forte concentration d'emplois), mais cette densité est compensée par l'ouverture permanente que procure l'insularité. À la suite des tout premiers quartiers établis au sud sur la pointe dont le plan révèle les étapes de croissance, l'île est distribuée par une grande trame régulière issue de la Land Ordinance de Jefferson qui unifie les différents quartiers et facilite la desserte par les transports en commun. La forme allongée, un rectangle de 5 km sur 12 km, favorise la ventilation naturelle. Au centre, Central Park avec 200 ha d'un seul tenant offre autant d'espace vert que tous les parcs parisiens réunis. Si Manhattan est sans conteste le centre de New York, plusieurs centres se combinent dans Manhattan pour produire un effet de centralité particulièrement fort. Centre des affaires et de la finance sur la pointe, autour de Wall Street, marqué par un premier groupe de tours en perpétuel renouvellement (Downtown), qui dialogue avec l'autre forte ponctuation engagée au sud de Central Park (Midtown), avec l'Empire State Building à mi-chemin. Centre de la mode et du design sur Soho et Tribeca, centre intellectuel et universitaire autour de Greenwich Village, sans compter les différentes communautés d'une ville fortement marquée par

les vagues d'immigration. Little Italy se réduit comme une peau de chagrin, Chinatown prospère, Harlem s'embourgeoise, Washington Bridge est exclusivement latino.
La personnalité de Manhattan est forte, favorisée par sa situation insulaire, la simplicité de son tracé et la performance de ses transports en commun. Face à Manhattan, les quatre autres *boroughs* moins célèbres constituent chacun un territoire doté d'une identité et d'une image, aussi étendu et peuplé qu'un département parisien. Brooklyn avec son histoire industrielle garde un *downtown* attractif et profite de sa corniche et de ses plages. Queens et le Bronx conservent une image de périphéries laborieuses avec leurs propres codes, Richmond (Staten Island) ressemble à un fragment d'Amérique profonde transporté au sud de la baie.

La ville néanmoins est unie. Par son histoire et sa culture… Par l'évidente complémentarité de ses sites, par une administration simple et ramassée. Par un réseau de transports en commun qui, avec 400 km de lignes de métro fonctionnant 24 h/24 et une impressionnante flotte de bus, offre un service permanent où la tarification unique pour l'ensemble du réseau participe d'ailleurs nettement à ce sentiment d'unité. Quant au plan du métro, il met en évidence de manière presque caricaturale la hiérarchie des *boroughs* et la structure des centres. Autant Manhattan présente une constellation équilibrée dans sa partie sud (downtown/midtown) où de multiples centres se répondent, ce que le tracé des lignes et les correspondances révèlent, autant, partant de ce centre, le reste de l'île, notamment Harlem, voire le reste de la ville, apparaît comme des territoires dépendants, bien reliés au centre mais peu ou mal reliés entre eux. Avec une exception, Brooklyn, dont la centralité affirmée se pose non en rivale, mais en second indiscutable. Mais au-delà du centre de Brooklyn, la structure en arbre révèle le statut de périphéries utiles mais repliées sur elles-mêmes. Staten Island n'a pas de métro.
Enfin, à New York, le métro, pour un ticket, vous emmène jusqu'à l'aéroport.

Avec 8,1 Mh sur 780 km^2 de terres émergées, New York est nettement plus dense que la métropole parisienne (104 h/ha pour 58 h/ha). Elle le reste si on intègre la baie, l'Hudson et la rivière (67 h/ha sur 1 200 km^2).

__New York : Soho et la pointe de Manhattan depuis Bleecker Street.

SHANGHAI

J'ai de Shanghai une connaissance trop lacunaire pour en parler abondamment. Quelques remarques néanmoins peuvent éclairer la réflexion sur l'agglomération parisienne et la métropolisation.Les 6 600 km^2 du territoire municipal de Shanghai (dont 260 km^2 de rivières, 4 %) se répartissent en deux grandes catégories : les districts urbains ou arrondissements et les districts ruraux.

La ville dense qui s'est développée le long de la courbe de la rivière Huangpu au nord de la ville historique rassemble les cinq districts centraux et les districts urbains qui les entourent. Elle comprend aussi la part urbanisée des districts ruraux où sont prévus les développements de villes satellites comme Songjiang. Elle s'étend également depuis peu sur le territoire de Pudong dont le nouveau centre fait face au Bund, de l'autre côté de la rivière. Au total, quelque 6,5 Mh sur moins de 300 km^2, 44 % des habitants de la municipalité sur 4,4 % du territoire. La densité brute moyenne est extrêmement forte, 226 h/ha, avec des pics à plus de 1 000 h/ha net dans certains quartiers, des COS de 7 à 9 dans les « villages urbains » centraux, ces vieux bourgs agricoles intégrés dans la ville et densifiés à l'extrême.

Le reste de la ville contient une part importante de campagne faite de territoires maraîchers où l'on cultive sous des serres en plastique et de grandes étendues tramées par les canaux qui irriguent et qui drainent un sol où l'eau est omniprésente. De vastes zones industrielles, des ports, des universités et des entreprises, quelques villages se glissent dans cette catégorie. Au nord du fleuve Yang-Tsé-Kiang, l'île de Chongming abrite une réserve écologique, six fermes modèles, dix agglomérations modestes et accueillera bientôt une ville nouvelle.

Le développement économique et démographique accéléré que connaît la ville en fait un sujet d'observation passionnant. Grande ville, donc, dont on décrit à l'envi la frénésie de construction aux dépens du patrimoine, et pourtant si l'on dépasse les idées toutes faites Shanghai apparaît plus soucieuse qu'il n'y paraît de préserver son identité et les traces de son histoire.

L'attention à l'eau se manifeste d'abord par la force du fleuve, le Yang-Tsé-Kiang (le fleuve jaune), et de la rivière Huangpu (500 m de large au Bund, soit le Rhin à Strasbourg) ; plus doucement dans la courbe sinusoïdale de la Creek River qui limite au nord le centre-ville ; très subtilement par le dessin libre des autres cours d'eau en contrepoint de la trame régulière des canaux qui structure le territoire agricole.

L'attention à l'architecture combine trois attitudes : la mise en valeur, voire la reconstitution de quelques groupes d'édifices anciens, témoins du

Shanghai historique ; la protection du patrimoine de la fin du XIXe siècle aux années 40, le Bund anglais, le quartier de la concession française, quelques usines ; la confiance en l'architecture contemporaine, notamment les tours, et en sa capacité à exprimer le dynamisme économique de la ville et du pays.
Frappe également le soin apporté à la végétation et au paysage : entretien minutieux de la campagne irriguée dont aucun terrain ne saurait être laissé à l'abandon ; mise en scène attentive du paysage des infrastructures (routes et autoroutes) ; développement des parcs et des jardins urbains et création de promenades sur les berges de la rivière Huangpu et de la Creek.
Enfin, l'implantation réaliste de grandes voies rapides urbaines sur pilotis (*elevated roads*) qui superposent une trame d'échelle métropolitaine à la trame plus ténue des avenues et des rues banales constitue une réponse radicale mais efficace à la structuration d'une agglomération dans laquelle les distances sont importantes. Elle résout avec simplicité une des difficultés majeures sur laquelle nous butons à Paris : la tentation de toujours repousser plus loin les infrastructures qui nous gênent ou de les enterrer quand nous ne pouvons pas les éloigner. Ici l'*elevated road* circule en pleine ville, elle coupe le centre, longe la place du Peuple et survole des jardins publics sans que cela trouble quiconque.
Relativement récent, le métro de Shanghai comprend aujourd'hui 5 lignes dans un schéma qui décrit un centre-ville assez vaste. Une ligne circulaire (ligne 4) en voie d'achèvement entoure un territoire plus étendu que quatre districts centraux puisqu'elle dépasse la Creek pour desservir la gare centrale et traverse la rivière Huangpu pour englober le nouveau centre d'affaires de Pudong, une croisée centrale (lignes 1 et 2) sur la place du Peuple, vaste place jardin rassemblant les institutions : PCC, Opéra, musées… ; une ligne qui s'étend vers le nord (ligne 3) après avoir contourné le centre par l'ouest où elle double la ligne 4 ; une dernière ligne qui prolonge la ligne 1 au sud.
En construction également, une navette ultrarapide sur pilotis comme le nouveau métro de Dubai desservira depuis Pudong le nouvel aéroport. Au total, on compte cinq correspondances simples, deux autres à trois lignes dont une sur la gare centrale. Toutes sont également réparties dans le territoire du centre. À comparer au RER parisien.

__Shanghai : la ville depuis le parc d'attractions.

COMMENT PRODUIRE DE LA CENTRALITÉ

Pour un Parisien intéressé par sa ville, toute grande ville est source de réflexion, d'étonnement, de comparaison, de remise en cause. Pourquoi font-ils différemment de nous ? Est-ce que ça marche ? Est-ce qu'on pourrait le faire à Paris ? Je n'ai cessé depuis quelques années de parcourir la ville de Londres – le Grand-Londres – généralement par les transports en commun, avec cette question lancinante, qu'est-ce qu'un centre ? Quels sont les ingrédients à rassembler pour passer du petit centre de faubourg avec ses deux pubs et sa supérette à quelque chose de plus visible, qui rayonne sur un territoire plus vaste que les trois rues derrière et qui apporte aux habitants un ensemble de services, d'équipements, de possibilités de loisirs ou simplement une ambiance, une animation, l'impression de n'être pas relégué, privé de ville. Bien sûr il y a les valeurs sûres et anciennes, les vieux villages qui ont été découverts par les intellectuels et les artistes voilà plus d'un siècle : Chelsea, Hampstead, Richmond. Ou à l'opposé l'ambitieux projet des Docklands couronné par Canary-Warf où l'on tente de reproduire une ambiance à la Manhattan. Et, entre les deux, le renouveau de la rive sud mené à la faveur de la requalification du métro, en particulier la Jubilee Line dont la nouvelle station Canada Waters a donné un nouveau statut au Canada Estate, un grand ensemble des années 60 construit pour les travailleurs des docks du Surrey qui subsiste alors que les docks sont partis… ou un vieux bourg de la banlieue comme Hammersmith…

À 9 km de Saint-Paul, Hammersmith se trouve dans une situation comparable à celle de Saint-Denis (centre ville), Bobigny (Mairie), Rosny-sous-Bois (gare de Rosny), Créteil (L'Echat) ou Maison-Alfort (Vert-de-Maison). La vieille route historique qui depuis Hyde Park Corner longe Kensington Gardens change de nom une fois de plus. Après s'être appelée Hammersmith Road dans la traversée de Brook Green, elle se nomme Hammersmith Broadway quand elle arrive vers le vieux noyau, puis prend le nom de King Street après le carrefour avec Shepher's Bush Road, dans la traversée du vieux village de Hammersmith.

Hammersmith est un quartier populaire qui appartient au *borough* de Hammersmith and Fulham et marquait après les beaux quartiers de Kensington et de Chelsea la reprise des activités industrielles. Les berges aujourd'hui ouvertes à la promenade des piétons sur près de 3 km gardent le souvenir des entrepôts de matériaux et des usines (certains transformés en lofts ou en bureaux branchés, l'architecte Richard Rodgers y a son agence). Un peu plus au nord, dans la courbe du fleuve, en montant vers Chiswick, William Morris y avait son domicile, son imprimerie et sa maison d'édition,

la Kelmscott Press, qui abritait aussi le siège de la Socialist League. Le tissu résidentiel est encore constitué de vastes ensembles de logements sociaux d'origine charitable (Peabody Estate et Guiness Estate) ou financés par le secteur public dans les années 60 et 70. Mais aussi de rangées de cottages ouvriers maintenant recherchés par les intellectuels et les jeunes cadres.
Depuis vingt ans, à la faveur d'une mutation violente provoquée par la crise de l'industrie, le quartier connaît une évolution économique et sociologique. Les bureaux remplacent les fabriques et les entrepôts, la classe ouvrière et la petite bourgeoisie des employés de l'administration et des banques ne sont plus les seules composantes. Placé au carrefour de voies importantes et au débouché d'un pont, le centre est un point de passage obligé, confirmé par la construction en 1961 du *flyover* (autopont) sur la Great West Road (A4/M4) qui mène à Heathrow (aéroport à 21 km) et Reading (ville nouvelle à 64 km). Le centre profite de la possibilité du trafic, il se développe à côté du *flyover* en deux entités : Broadway, King Street.
Broadway est à la fois élargissement du chemin ancien et carrefour avec les autres voies (vers Shepherd Bush au nord, vers le pont au sud). Cette situation stratégique a suscité l'implantation des gares des lignes de banlieue fusionnées aujourd'hui dans le métro. Avec dans les années 90 une vaste opération de modernisation de l'îlot situé entre le *flyover* et Broadway, opération qui rassemble dans un quadrilatère de 200 m de côté les stations de deux lignes de métro (Piccadilly et District Lines en sous-sol), un centre commercial d'une trentaine de boutiques au niveau de la rue et une gare d'autobus de 16 lignes au niveau +1, un pub et environ 40 000 m^2 de bureaux (immeubles à R+7 d'un postmodernisme discutable au plan architectural).
De l'autre côté de Hammersmith Broadway, une autre ligne de métro (Hammersmith and City) avec sa vieille gare terminus, deux pubs victoriens vénérables (Edward et George), une dizaine de boutiques, l'ancien poste de la brigade des pompiers transformé en café branché, la façade d'une *high school* et un terrain en attente.
Autour d'Hammersmith station, l'église Saint-Paul avec son jardin, un autre pub, des voies de circulation assez denses qui relient au *flyover* et un ensemble de bureaux nouveaux ou relookés que l'on peut estimer à 120 000 m^2.
Partant de là, King Street, la grande rue du village dont les commerces se sont modernisés à la faveur d'opérations immobilières depuis vingt ans, s'étend sur près de 600 m : le Town Hall et un petit centre commercial en marquent l'achèvement. Commerces alimentaires, vêtements, nourriture à emporter, informatique, réparations et services de la maison forment l'essentiel, avec quelques enseignes connues (Mark and Spencer, Primark, KFC…) ; puis les commerces s'espacent, laissant place à des services ou à des ateliers de réparation (électroménager), puis des séries de restaurants (un

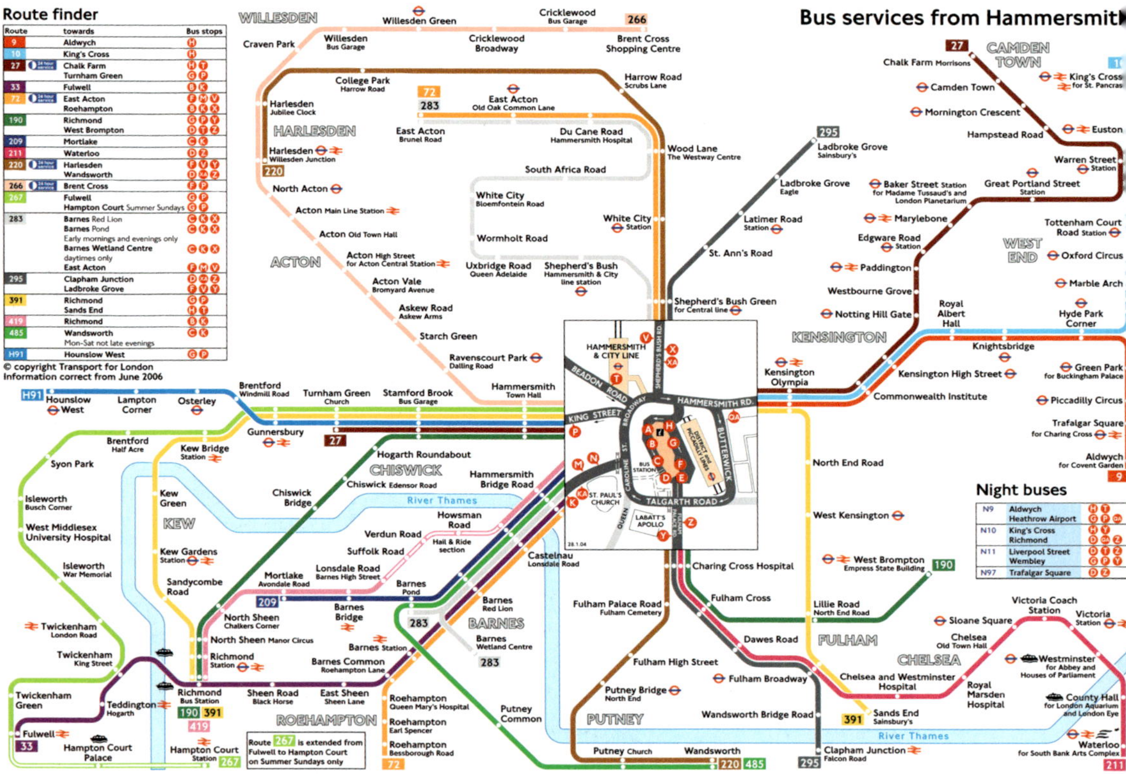

__Les lignes de bus depuis Hammersmith, Londres.
Le plan mis à disposition à la sortie du métro figure Hammersmith comme un centre où convergent 21 lignes de bus.

__Hammersmith Grove, Londres.
La suppression de la circulation automobile dans la dernière section de l'avenue permet de créer une place desservant les équipements (Lyric centre) et les commerces et affirmant à côté du métro la centralité du quartier.

groupe de cuisine indienne notamment), deux églises s'affichent, trois autres églises et quelques écoles sont proches mais en retrait, sur des rues parallèles. Peu après le Town Hall, s'ouvre un petit parc (Ravenscourt Park, 10 ha) et juste en face un hôtel des années 70 avec une tour d'une quinzaine d'étages. Les maisons sont toujours mitoyennes avec des commerces çà et là ; puis tout change quand la Highstreet devient la Chiswick Road avec des trottoirs plus larges généreusement plantés, des maisons en retrait, un bâti discontinu. Au total, la rue se déploie sur 1,5 km, longée par le métro avec une station tous les 750 m.

Le centre naît ici de l'association de deux actions :

– l'implantation des commerces et des bureaux,

– la mise en valeur de l'ancien village avec sa grand-rue, ses équipements, ses services et ses commerces dont l'évolution suit celle de l'économie et des modes de vie des habitants.

Quand vous sortez du métro à Hammersmith, vous trouvez à votre disposition dans la gare un dépliant avec une carte, les horaires et les destinations des bus d'Hammersmith vers les quartiers du Grand Londres. Le dessin de cette carte où Hammersmith se trouve au centre de l'étoile des lignes me semble révélateur d'une pensée où le radioconcentrique a laissé la place à la constellation. Hammersmith, vous, moi, sommes à ce moment le centre de Londres ; et les quartiers centraux bien connus comme Piccadilly, Trafalgar, Covent Garden ou la City deviennent des quartiers parmi d'autres. Quartiers particuliers avec des intérêts spécifiques mais qui n'organisent ni la vie quotidienne ni les déplacements journaliers de l'ensemble des Londoniens.

Toujours à la sortie du métro à Hammersmith, les commerces situés entre la station et les bus, y compris la superette alimentaire, sont ouverts jusqu'à 22 heures et quatre lignes de bus fonctionnent 24 h/24.

À l'échelle de l'ouest londonien, Hammersmith constitue un centre qui rayonne bien au-delà du village initial et rassemble quelques grands équipements d'intérêts généraux : on trouve l'hôpital Charing Cross à 600 m au sud, un petit music hall (Apollo) de l'autre côté du *flyover*, quelques écoles ou collèges réputés (Hammersmith and West London, St-Paul's Girls School, École française…) dans un rayon de 500 m de la station. Un peu plus loin, à deux arrêts de bus, l'Olympia de Kensington, la plus grande salle de vente londonienne et les deux hôtels internationaux qu'elle suscite.

Le réaménagement récent de l'entrée du village est venu accentuer l'attrait des lieux en apportant un nouvel espace urbain. La transformation en place piétonne de la dernière section d'Hammersmith Grove établit une relation directe entre la vieille gare et King Street. La place offre un espace calme, en retrait de la circulation automobile, mais bordée par des rues passantes où

	PARIS	LONDRES	NEW YORK	SHANGHAI
	Ville de Paris 2,2 Mh 100 km² 20 arrondissements	Central London 2,7 Mh ancien LCC (1889) 2 cities + 12 boroughs	Manhattan 1,6 Mh 59 km² 1 borough	Central districts 5,2 Mh 172 km² 6 arrondissements ou districts urbains
La Métropole	8,5 Mh 1 450 km² › 200 communes	Greater London Authority 8,2 Mh 1 580 km² 33 boroughs	New York City 8,1 Mh 780 km² émergé 1 200 km² 5 boroughs	8Mh 650 km² 10 districts
L'Agglomération	9,9 Mh 2 700 km² 396 communes	9,4 Mh 2 260 km²	14 Mh	14 Mh 1 500 km²
Région urbaine	Région IdF 11,6 Mh 12 000 km² 1 300 communes 8 départements	13,9 Mh		Municipalité de Shanghai 15 Mh 6 340 km² 19 collectivités
Aire urbaine ou Région Métropolitaine	14 Mh	Greather South East 19 Mh	21,7 Mh 11 500 km² sur 3 États	connurbation avec Nankin

Sont soulignées les dénominations qui désignent des entités administratives.

circulent notamment les bus. Un sol dallé permet l'extension des terrasses des cafés et des pubs ; elle accueille une fois par semaine un marché de produits alimentaires bio assez couru. Au centre, des jets d'eau aléatoires masquent le bruit du trafic et les enfants s'y poursuivent au risque de se faire asperger. La reconstruction du vieux théâtre lyrique d'Hammersmith associée à une galerie d'art affirme la vocation culturelle du centre, en contrepoint du travail et de la consommation. Sur l'un des côtés de la place, les immeubles anciens sont conservés tandis que l'autre façade, celle du théâtre, se prolonge par un mail commerçant (King's Mall). Progressivement, en partant de la place, la ville a entrepris de réduire l'emprise des voies circulées, d'élargir les trottoirs et de remplacer les vieilles dallettes de ciment par des dalles de pierre calcaire. La requalification de l'espace public participe à celle du quartier.

1 Arjen van Susteren, 2005, *Metropolitan World Atlas*, Rotterdam, 010 Publishers.

nds ensembles mobilité / centralités paris, londres, new york, shangaï

les formes

1234567

de la gouvernance métropolitaine

annexes

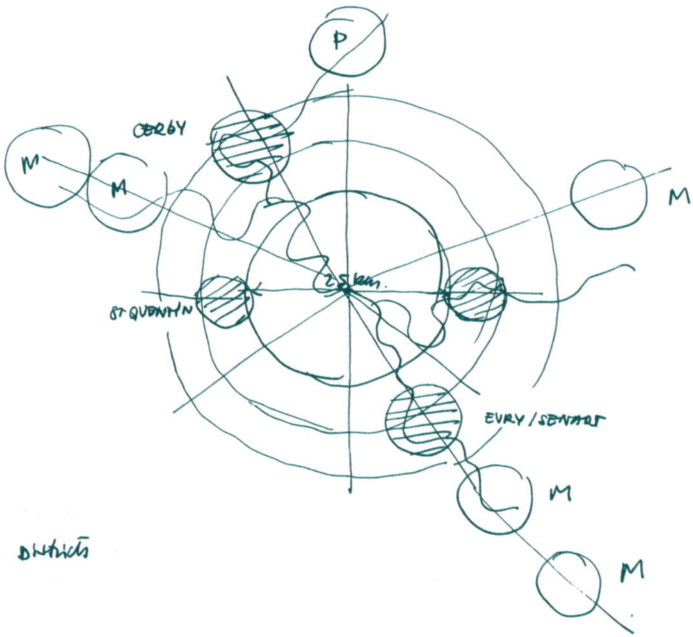
P
CERGY
M
M
M
25 km.
ST QUENTIN
EVRY / SENART
M
M

Imaginer le Grand-Paris, c'est s'interroger sur la nature de la grande ville contemporaine, la qualité de son paysage, la modulation de ses tissus, les relations entre ses centres. C'est aussi se confronter au modèle radioconcentrique dont les schémas successifs – PADOG de 1960, SDAURP de 1965, SDAURIF de 1976 et SDRIF de 1994 – ont tenté, sans grand succès, de s'écarter.
Les villes européennes se sont généralement développées selon un plan radioconcentrique qui a permis d'en contrôler la croissance et d'intégrer les extensions. Après les chemins et les murs du Moyen Âge, les avenues, les boulevards et les larges enceintes de l'époque classique ont amplifié le système mêlant volonté d'embellissement – il s'agit de frapper les esprits –, efficacité défensive et facilité de circulation ; les embarras de Paris n'apparaissent pas avec l'automobile. Le processus est efficace : à chaque extension, l'ancienne limite devenue boulevard ou tour de ville incorpore les faubourgs tandis que naissent de nouveaux confins intégrés à leur tour. Les changements techniques apportés par le chemin de fer puis par l'automobile n'altèrent pas son fonctionnement. À Paris comme à Milan ou à Vienne, le boulevard périphérique, brutale introduction de l'autoroute dans le tissu, semble même en être l'aboutissement logique : un nouveau boulevard, ou plutôt un boulevard d'un nouveau type, venu remplacer la dernière enceinte. S'il décrit facilement Amsterdam, Bordeaux, Bruxelles, Paris, Toulouse ou Moscou, le modèle radioconcentrique cependant n'est pas universel. Des sites exceptionnels tels Berlin, Venise ou Marseille, ou des conditions historiques

particulières comme à Londres ou à Barcelone ont dicté d'autres configurations. Il est pourtant assez répandu pour constituer une sorte d'archétype dont l'éclatement au cours du dernier demi-siècle nous désoriente profondément. Et il faut se demander si la perte de la forme de la ville, voire la mort de la ville, annoncée par Carlo Aymonino (1966), Henri Lefebvre (1968), Françoise Choay (1994), ou Olivier Mongin (2005) n'exprime pas simplement notre difficulté à lire la ville contemporaine, notre incapacité à saisir une situation qui échappe à nos références. Il faut se demander quelle est notre capacité à penser la ville actuelle autrement que sur le mode passéiste de la ville européenne chère à Léon Krier, nostalgique du Paris d'Amélie Poulain ou cynico-esthétique de la ville du chaos, virtuelle et branchée ?

Il faut se demander si malgré une succession de termes, métropole, mégapole, conurbation, mêtapole, global-city ou generic-city…, qui tentent de saisir un nouvel état de l'urbain et une nouvelle échelle de la ville, nous sommes capables de penser Paris dans sa totalité autrement que selon ce modèle radioconcentrique si intimement lié à une représentation centralisée du monde et du pouvoir.

Car tout logique qu'il soit, le plan radioconcentrique est d'abord un dispositif défensif. La limite est liée à l'enceinte, la forme de la ville est celle de son rempart, témoin de l'autorité qui l'a édifié. Au XIXe siècle, alors que cette forme historique est devenue anachronique au regard des enjeux territoriaux et des techniques militaires, c'est pourtant celle qui est choisie pour Paris avec l'enceinte de Thiers (1840-1845), confirmée en 1860 par Haussmann (le rattachement des communes périphériques), en 1898 par le conseil municipal (le métro), en 1964 et en 1965 par l'État (département de Paris, schéma directeur). Il est temps de réfléchir à cet archaïsme parisien. Quand Barcelone, avec Cerda (1857), se dote d'un plan à l'échelle territoriale qui guidera l'évolution de la ville pendant un siècle, Haussmann pourtant préfet de la Seine (1853) se limite à étendre Paris jusqu'à l'enceinte de Thiers. Quand Londres, pour résoudre la question du logement social, organise le London County Council (1888), Paris ferme les lignes du métro aux habitants de la banlieue en refusant qu'elles dépassent les limites communales (1898).

On en mesure les conséquences aujourd'hui. Paris peine à dépasser la coupure du périphérique. Le prolongement du métro, accepté en 1924, ne concerne que quelques lignes. La capitale s'oppose à la banlieue. D'un côté, une concentration d'équipements et de services publics qui signifie l'unité de la ville et les moyens accordés siècle après siècle à sa gestion et à son prestige ; de l'autre, un territoire morcelé, soumis à un système de transport essentiellement radial (RER et trains de banlieue) surchargé aux heures de pointe, des disparités flagrantes sources de tension et de violence, de vastes zones sous-équipées et mal desservies, une inévitable dépendance de l'automobile individuelle.

À Paris, la permanence du modèle radioconcentrique n'est pas seulement la conséquence d'un effet d'entraînement où l'inscription dans le territoire des infrastructures lourdes et des découpages administratifs favorise la reconduction du schéma. Elle est, c'est mon hypothèse, la rencontre avec un système de pensée inscrit dans une histoire nationale multiséculaire. Paris et ses enceintes successives, c'est l'histoire de France version Michelet ou Malet et Isaac où, depuis le sacre de Clovis, l'accès aux « frontières naturelles » est prévisible. Paris, origine et aboutissement de l'étoile des routes nationales et des voies ferrées, c'est l'image du territoire national et de son administration centralisée depuis Louis XI, Sully, Richelieu, Colbert et Napoléon. Une pensée qui accorde à l'État – garant de l'intérêt public – une place prépondérante. Une pensée qui a foi en l'autorité : culture catholique, monarchie absolue, république jacobine, centralisme démocratique.

RADIOCONCENTRIQUE, POLYCENTRIQUE OU MULTIPOLAIRE ?

Il y a une similitude étroite entre la ville d'Haussmann et l'organigramme de ses services qui peu ou prou perdure jusqu'à nos jours. L'une et l'autre illustrent une logique qui découle de l'organisation administrative du pays selon Napoléon Ier : autorité sans faille des préfets, rôle des grands corps, emboîtement des collectivités, rapports hiérarchiques qui à l'époque du cheval et en l'absence du téléphone garantissaient une efficacité remarquable.
Cette ville hors du commun – modèle idéalisé pour tant d'autres villes – a du mal à se faire à son temps. Paris, capitale du XIXe siècle, disait Walter Benjamin. Et aujourd'hui ? Changement des modes de vie et des modes de pensée, mondialisation de l'économie, impératifs européens, communautarisme inavoué, tout se ligue pour mettre en cause ce modèle sans que nous ayons une alternative claire à proposer. D'où des conflits, des hésitations, des frustrations, des attentes.
Le schéma directeur de 1965 avait affirmé une agglomération polycentrique appuyée sur cinq villes nouvelles et un nouveau découpage départemental. Soixante-sept ans après Ebenezer Howard et ses cités-jardins de demain (1898), vingt ans après le plan d'Abercrombie pour le Grand Londres (1944), l'ambition semblait raisonnable. Mais malgré un effort soutenu de l'État pendant quarante ans, les villes nouvelles qui ne totalisent pas aujourd'hui 10 % de la population de l'agglomération (741 000 h en 1999) ne sont pas devenues les centres indiscutables autour desquels et à partir desquels se réorganise la région parisienne, ni même la grande couronne. Plus près du centre, la crise de l'industrie et les affrontements politiques ont affaibli les nouvelles préfectures : Nanterre, Bobigny, Créteil qui gèrent tant bien que

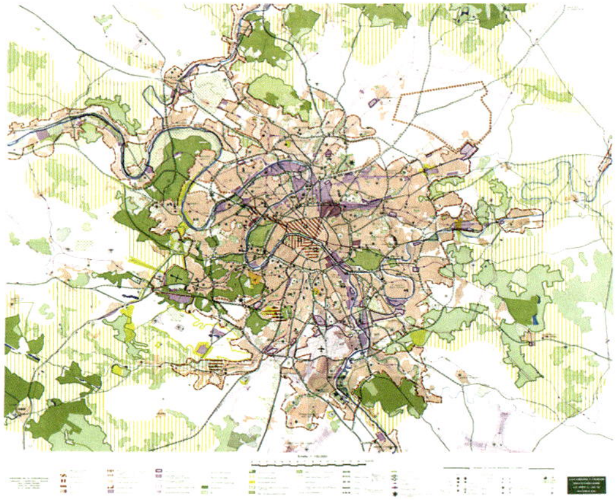

PADOG 1960

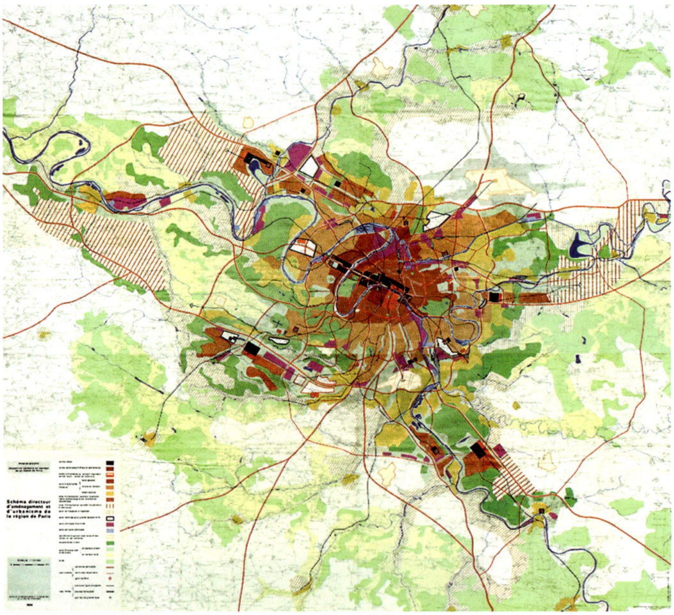

SDAU 1965

__Quatre schémas directeurs à la même échelle. 0 50 km

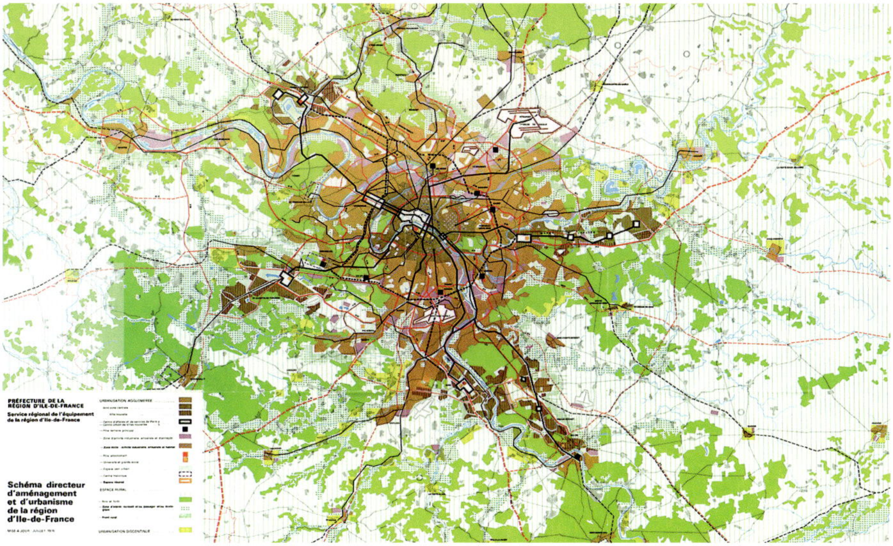

SDAU 1965 mis à jour en 1976

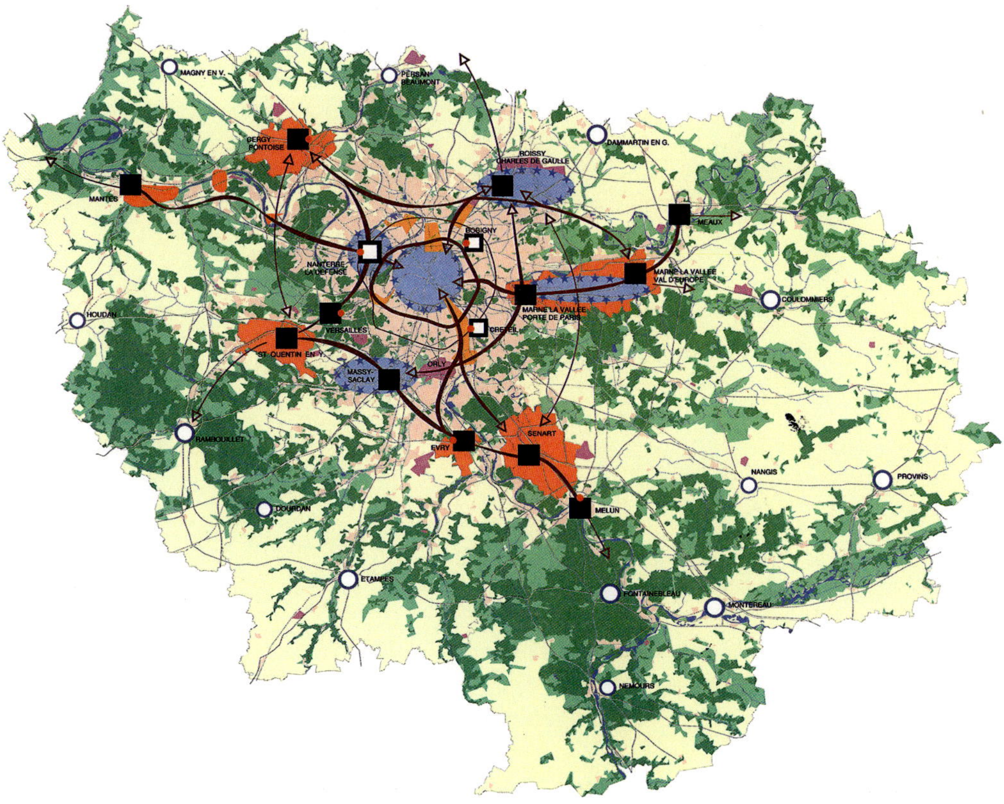

SDRIF 1994

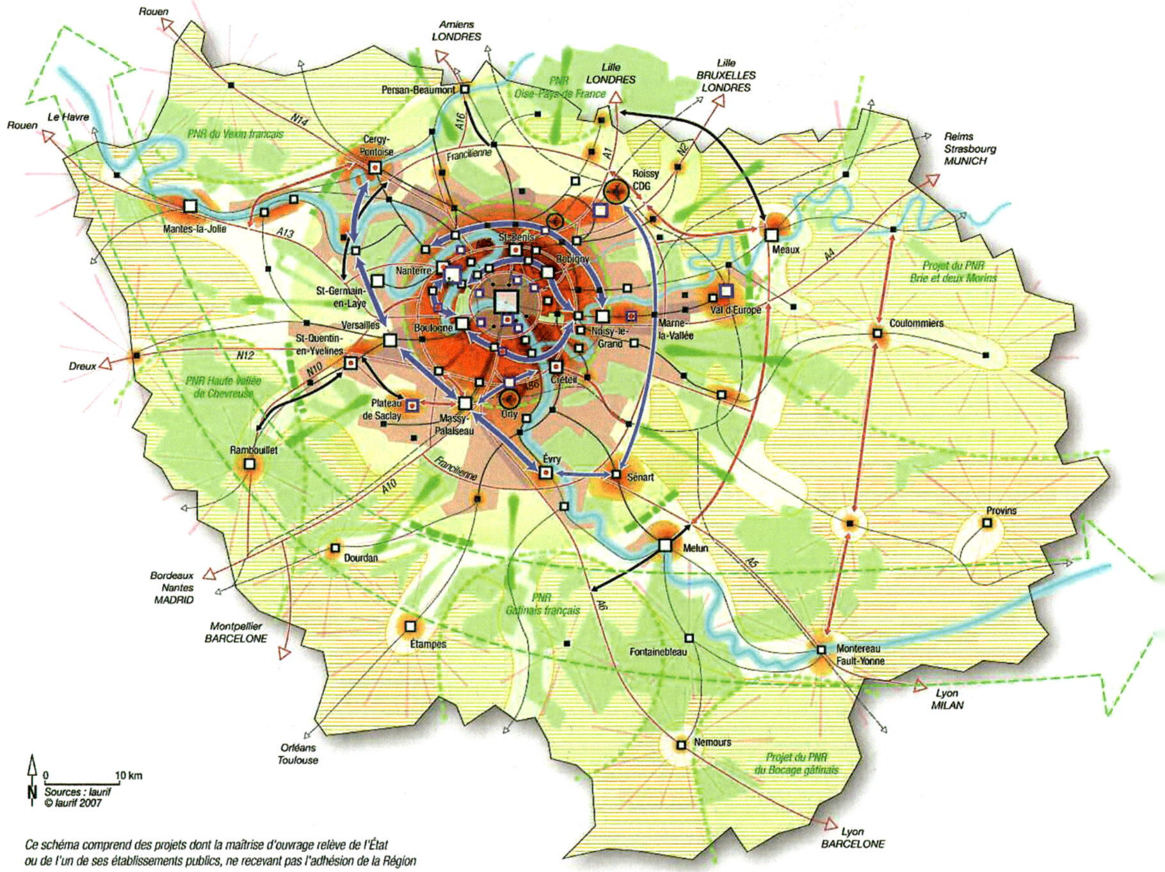
Rouen
Amiens
LONDRES
Lille
LONDRES
Lille
BRUXELLES
LONDRES
Rouen
Le Havre
Reims
Strasbourg
MUNICH
Persan-Beaumont
PNR
Oise-Pays-de France
PNR du Vexin français
Cergy-Pontoise
Francilienne
Roissy
CDG
Mantes-la-Jolie
St-Denis
Meaux
Nanterre
Bobigny
Projet du PNR
Brie et deux Morins
St-Germain-en-Laye
Val d'Europe
Versailles
Boulogne
Noisy-le-Grand
Marne-la-Vallée
Coulommiers
St-Quentin-en-Yvelines
Dreux
PNR Haute Vallée de Chevreuse
Créteil
Plateau de Saclay
Massy-Palaiseau
Orly
Rambouillet
Évry
Sénart
Provins
Melun
Dourdan
Bordeaux
Nantes
MADRID
PNR
Gâtinais français
Montpellier
BARCELONE
Étampes
Fontainebleau
Montereau
Fault-Yonne
Lyon
MILAN
Orléans
Toulouse
Nemours
Projet du PNR
du Bocage gâtinais
Lyon
BARCELONE
0 10 km
N
Sources : Iaurif
© Iaurif 2007
Ce schéma comprend des projets dont la maîtrise d'ouvrage relève de l'État
ou de l'un de ses établissements publics, ne recevant pas l'adhésion de la Région

__SDRIF 2007.

mal des situations difficiles. Bref, l'agglomération polycentrique telle que l'imaginait le schéma de 1965 ne s'est pas réalisée.

Rompant de fait avec le polycentrisme volontaire de 1965 tout en affirmant la continuité des intentions, le SDRIF de 1994 voit dans la multiplication des pôles une nouvelle vertu. À des centres précis, reliés par des transports publics, il oppose une mobilité plus souple, donnant accès à de multiples polarités et choisit de fait la maison individuelle et l'automobile plutôt que l'immeuble et le train.

Le passage de la polycentralité du schéma directeur de 1965 à la multipolarité de celui de 1994 ne se résume pas à une mode linguistique. À la notion de centre était associée celle d'un lien symbolique qui rassemble et rayonne, qui trouve sa force et son attrait dans le mélange des fonctions et l'expression des institutions, qui exprime à la fois la confiance et le désir de la ville, la foi en ses valeurs, ce qu'Henry Lefebvre (1970) résume ainsi « la centralité est constitutive de la vie urbaine [...] la pratique urbaine est attaquée en son cœur par la dislocation des centres. » Même si la réalisation n'apparaît pas toujours convaincante, c'était le projet des villes nouvelles : équilibrer l'attraction sur le Paris central et restructurer la banlieue par la création de ces nouveaux centres rassemblant administration d'État, formation et enseignement supérieur, commerces et loisirs, industrie et tertiaire. Tout autre est le pôle auquel est associée l'idée d'une concentration, souvent programmée, d'activités appartenant à une même branche de l'économie (pôle industriel, pôle logistique, pôle universitaire, pôle de loisirs, pôle de santé) qui culmine dans l'expression « pôle d'excellence ». Là où le centre rassemble, le pôle sépare et spécifie. Passer du centre au pôle n'est pas innocent.

Le SDRIF de 1994 déteste l'idée de centre à tel point que Paris, le centre majeur de l'agglomération, est volontairement ignoré, absent de la majorité des plans où des flèches et des tirets relient des pôles urbains (pp. 7, 10, 23, 31, 32, 33, 39...) parmi lesquels se distinguent des pôles régionaux (pp. 22, 40) ; des pôles de proche couronne (pp. 22, 32) voire des pôles d'emplois (p. 19) mais aussi des pôles structurants (p. 10) et des pôles restructurateurs (p. 37) ou de restructuration. Le mot centre apparaît rarement, il est réservé aux seuls « centres d'envergure européenne » (pp. 22, 32 et 33), Paris-La Défense, Roissy, Marne-la-Vallée, Orsay-Saclay-Massy-Orly (mais Paris n'est pas nommé sur le plan). La multiplicité de ces pôles augmentés de quelques centres promet à tous emplois, formation, calme et loisirs. On peut sourire. Plus grave est l'effacement de Paris sur les cartes.

Comme si le territoire de la région était devenu étranger à Paris, presque hostile : Franciliens contre Parisiens, voiture contre métro, campagne urbanisée contre ville. Mais cette détestation n'a pas inventé un nouveau modèle d'agglomération, les dessertes sont toujours majoritairement radiales et les quelques rocades prévues pour compléter le schéma ne sont pour la plupart pas réalisées. Les banlieues difficiles restent toujours aussi mal loties, on ne s'en préoccupe vraiment que quand elles explosent.

Abandonnant la logique des pôles de 1994, le dernier projet de schéma directeur prône « une organisation polycentrique par aires urbaines élargies autour d'un cœur d'agglomération régénéré ». Le schéma de principe qui l'illustre insiste sur une vision par secteurs formant de grandes radiales ponctuées de pôles urbains à développer et de centralités à consolider. Le tout s'inscrit dans une logique de faisceaux révélant les relations avec le reste du territoire national ou européen – on aura une pensée émue pour Henri Prost – et exprimant les grandes vocations économiques.

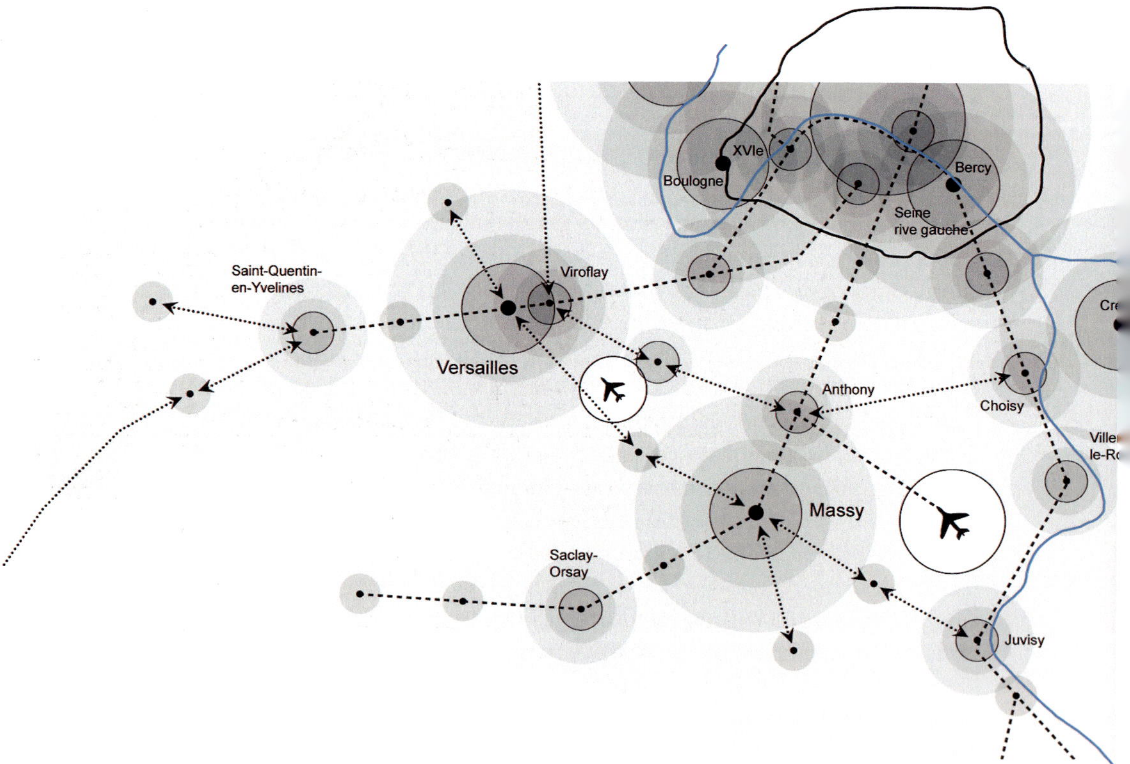

__1. Centralités hiérarchisées.

L'art du non-choix atteint ici des sommets. La facture schématique du dessin et l'absence de toute indication écrite laissent planer un grand flou. On reconnaît la Seine, la Marne et l'Oise promises à un rôle structurant. La ceinture verte semble s'appuyer sur les forêts existantes mais maintiendra des espaces agricoles. L'aérodrome de Villacoublay a disparu. La métropole ici se dessine par défaut, avec une limite mouvante comprise entre les deux contours de zone verte. Au centre, l'ancien département de la Seine, légèrement élargi mais il ne comprend pas la totalité des trois départements de la première couronne, forme le cœur de l'agglomération, la part dense et continue. Autour, dans la zone verte, règne le discontinu, ponctué par des centralités reconnues : les (ex-)villes nouvelles y occupent une place de choix puis viennent Meulan et Poissy, Versailles et Massy, Melun et Meaux, puis des centralités plus petites qu'on hésite à nommer de peur de se tromper : Saint-Germain, Montmorency ou Sarcelles, Créteil… Un parfait exercice de

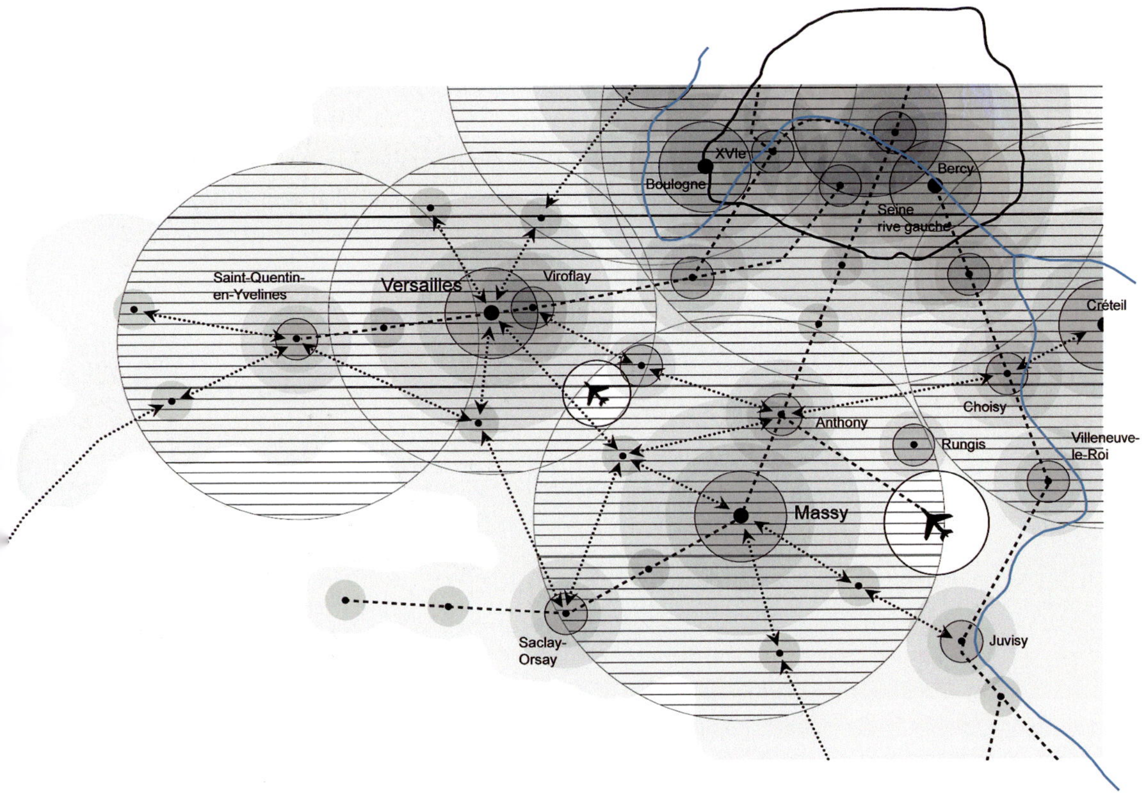

__2. Le renforcement des liaisons.

synthèse, susceptible de plaire à tout le monde, radioconcentrique mais pas trop, dense mais pas partout, bourré de bons sentiments, politiquement correct.

Il ne s'agissait que d'un premier schéma, d'une esquisse dont on attendait les développements. Hélas, le projet de schéma directeur arrêté par délibération du conseil régional le 15 février 2007 apparaît tout aussi désespérant.
Posée au milieu de la tâche vert et jaune d'une région encore essentiellement agricole et forestière, l'agglomération parisienne est d'abord une immense tâche brun clair poliment légendée « espace urbanisé à optimiser ». Ce constat ne peut guère susciter la controverse – qui oserait, s'agissant des territoires déjà urbanisés et habités inscrire la mention « espace urbanisé à dévaloriser » ? Il s'agit donc d'un faux choix. Sur cet espace qui s'étend en se diluant jusqu'à Meaux, Mantes et Melun, nos trois M des années 50, baptisés « pôles de centralités à conforter hors agglomération centrale », ressortent deux indications lisibles : un semis de points rouges indique « les secteurs de densification préférentielle », les Hauts-de-Seine et la Seine-Saint-Denis en accueillent la plus forte concentration ; et un arc flou de couleur rose légendé « arc-express (fuseau d'étude) » qui entoure négligemment mais à distance la capitale.
À côté le plus souvent, mais figuré par des points orangés placés sur le jaune agricole, s'étendent les « secteurs d'urbanisation préférentielle » où la ville

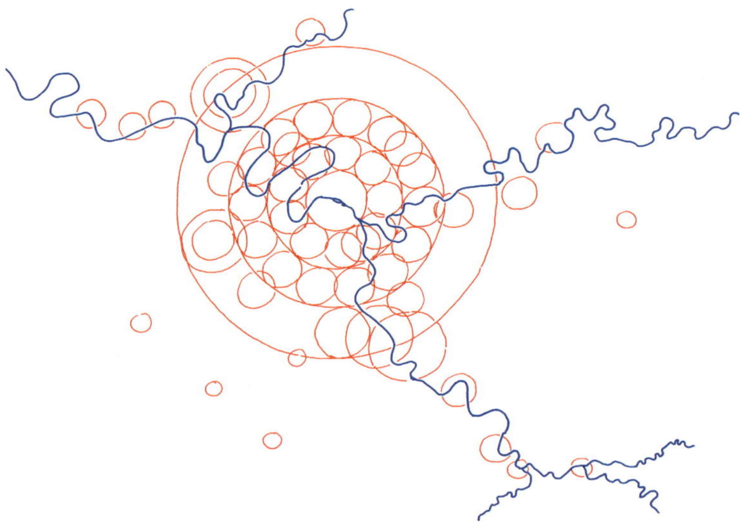

__Une agglomération polycentrique.

__Limites et liaisons.

nouvelle de Sénart et l'est de Marne-la-Vallée occupent une bonne part. Plus discrètement – les points sont plus petits – mais toujours sur l'espace agricole, apparaissent des « secteurs d'urbanisation conditionnelle ». Un peu partout, d'élégantes étoiles vertes à cinq branches épointées rappellent la volonté de créer des espaces verts ou d'en ouvrir au public.
Je passe sur le détail des continuités végétales ou écologiques, et des réseaux de transports illisibles à l'échelle de la carte générale. L'aérodrome de Villacoublay est réapparu.

Pourtant les prémices semblaient prometteuses. La prise en compte de l'environnement et l'engagement pour le durable conduisaient à reconsidérer la densité ; le combat des inégalités suscitait développement solidaire et formation... Mais sans projet affirmé, dessiné, débattu, cela reste des vœux pieux. La grande faiblesse du schéma directeur, dans les versions connues du projet diffusé, apparaît dans la question de la mobilité et des transports collectifs. Car on peut craindre que la consolidation des centres existants et la densification autour des gares ne cachent en fait une absence totale d'ambition. Les gares sont là, surchargées mais qu'importe... limitons les investissements. On sait – les auteurs le rappellent – que la seule rocade de banlieue réalisée depuis 1994 est le tramway Bobigny-Saint-Denis que l'on nous propose de poursuivre à l'est jusqu'à Noisy-le-Grand, à l'ouest jusqu'au pont de Bezons ou à Nanterre, ce qui est très bien mais pas très nouveau, les projets sont à l'étude depuis plus de dix ans. Comment croire alors à la réalisation de la tangentielle nord opportunément ressortie des cartons, déjà dessinée dans le PADOG de 1960...

À force de ménager la chèvre et le chou, Paris, toujours limité à son enceinte de 1840, est en perte de vitesse. Trop resserrée la ville s'étiole, la hausse des prix du foncier et de l'immobilier en chasse les habitants aux revenus modestes et moyens, l'égoïsme s'installe dans l'autosatisfaction du bon goût, du patrimoine et de l'entre-soi. Sans gouvernance, l'agglomération vit au jour le jour. Son territoire traversé par les oppositions violentes entre l'extrême richesse et l'extrême pauvreté, elle se replie sur les identités locales. Repli d'autant plus naturel que rien n'existe pour développer un sentiment d'appartenance commune à une unité jusqu'ici non nommée. L'Île-de-France ou plus précisément l'agglomération parisienne reste pourtant la région la plus riche de France, l'une des toutes premières d'Europe du point de vue économique avec un PIB de 500 milliards d'euros. Mais sans que cette situation n'apporte à la majorité des habitants une amélioration sensible de leurs conditions de vie et une espérance de développement à court terme. Le chômage règne et les perspectives d'emploi restent sombres, la crise du logement curieusement non prévue se transforme en maladie chronique, la mobilité, aujourd'hui nécessité primordiale, se heurte à des transports publics inadaptés ou reste exclusivement dépendante de l'automobile, privant ceux qui n'en disposent pas d'un accès facile à l'emploi, à la formation et aux loisirs.

Étouffement du centre et sous-équipement de l'agglomération se conjuguent pour marginaliser Paris. L'échec de la candidature pour les jeux Olympiques en 2005 aurait pu servir de signal d'alarme mais la perspective des élections municipales du printemps 2008, un an après les présidentielles et les législatives, laissait peu de place à des changements en profondeur. Alors on se console en pensant que c'est de toute façon inéluctable : Paris est à l'écart de la fameuse banane bleue qui, de Londres à Milan, dessine la carte urbaine de l'Europe du développement. Ou que ce n'est pas aussi grave – et sans doute aussi vrai – que ce que l'on dit. Après tout, Paris reste la ville la plus attractive en matière de tourisme et l'industrie française des produits de luxe la plus importante du monde. Et l'on se rassure en répétant que le métro de Londres est vraiment très mauvais et que New York aussi comprend des quartiers difficiles. La politique de l'autruche une fois de plus nous empêche d'y voir clair et de comprendre que le destin de Paris et celui de son agglomération sont liés, que le sous-équipement de celle-ci et la muséification de celui-là sont les deux faces d'une même pièce où se joue, sinon la décadence, au moins la marginalisation de la capitale. Le sentiment d'arriver au moment d'un choix qui ne peut plus être différé est renforcé par la comparaison avec d'autres grandes capitales ou villes mondes ainsi que par l'image que nous renvoie la presse étrangère comme en témoignent les nombreux articles parus à l'occasion des élections municipales réunis par l'hebdomadaire *Courrier international* du 13 au 19 mars 2008 sous le titre « Paris et sa banlieue épinglés par la presse étrangère ».
Face à une telle situation, et si l'on ne se résigne pas à la perte de dynamisme économique, intellectuel et culturel de la capitale, le dépassement des clivages entre Paris et banlieues et des antagonismes entre Paris et Île-de-France apparaît comme une nécessité impérieuse.
Les premières ouvertures menées sous la précédente mandature et l'organisation de la Conférence métropolitaine vont dans ce sens, à petits pas car il ne faut pas brusquer les élus voisins et faire ressurgir l'épouvantail de l'annexion. Plus radicales, les déclarations du chef de l'État invitant à la création d'un Grand-Paris rival de Londres, de New York ou de Dubai ont récemment ravivé le débat, non sans inquiéter les élus qui se demandent à quelle sauce ils vont être mangés.

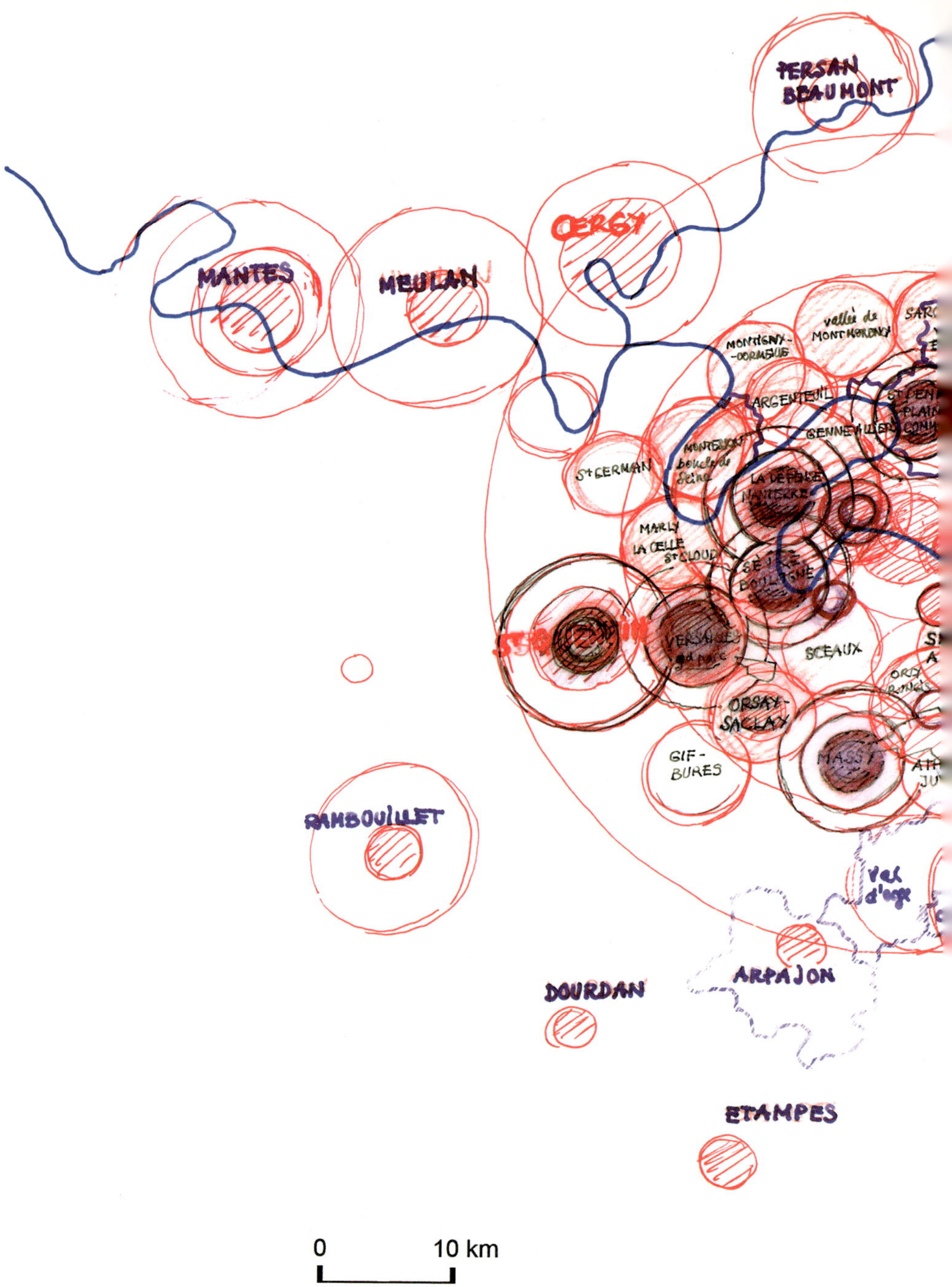

__Une agglomération de centres.

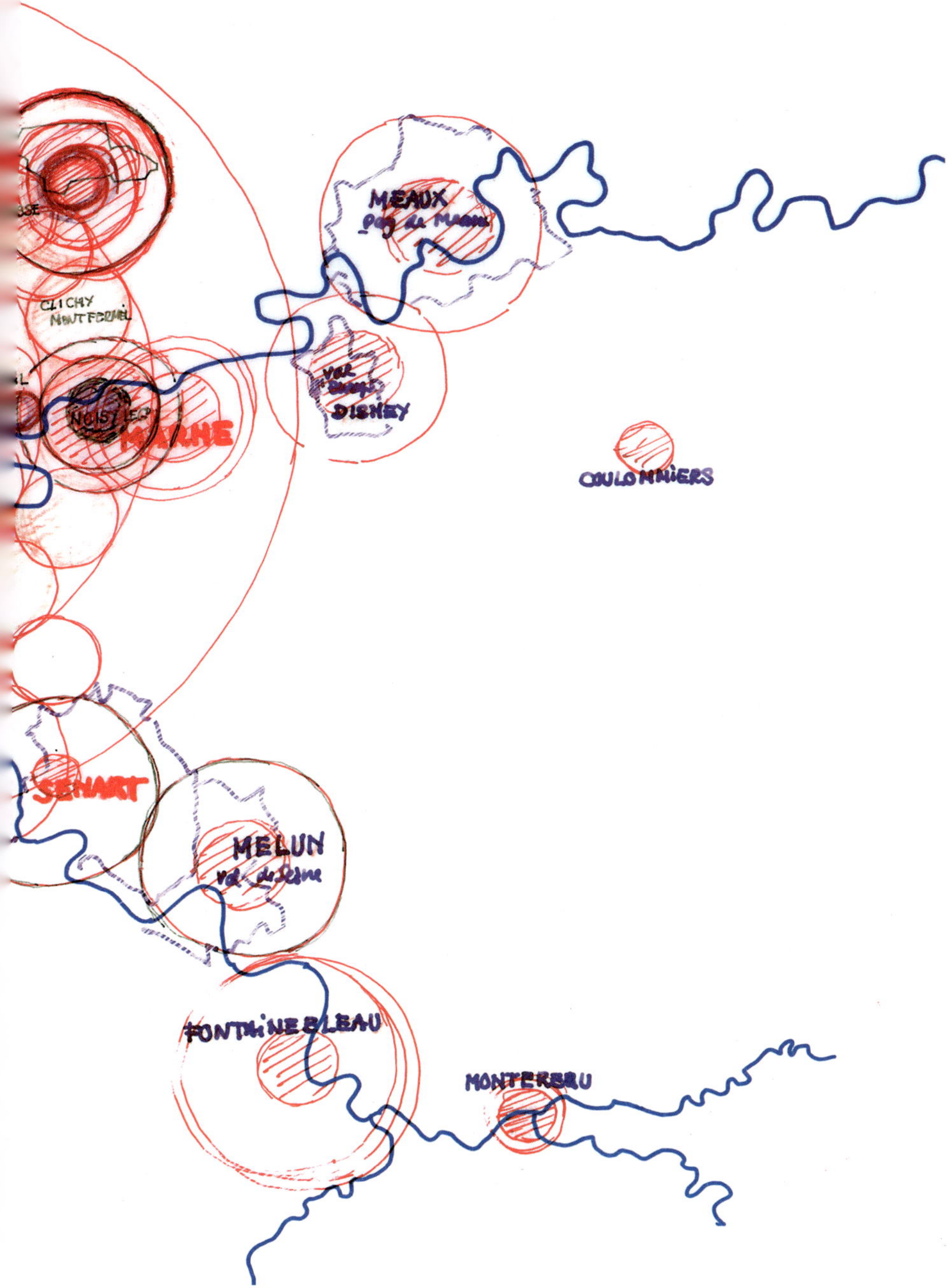
MEAUX
CLICHY
MONTFERMEIL
DISNEY
COULOMMIERS
SENART
MELUN
FONTAINEBLEAU
MONTEREAU

Réformes administratives, concours d'idées, nomination d'un secrétaire d'État chargé du développement de la région Capitale, le tout sur fond d'élections qui ont conforté le poids des élus de gauche dans les municipalités et les conseils généraux de la région. L'équation du Grand-Paris multiplie les paramètres.

LA FORME DE LA VILLE ET LES LIMITES DU GRAND-PARIS

Si les dix projets du concours d'idées du Grand-Paris peuvent illustrer des situations et stimuler les imaginations, la question des entités qui composent la Métropole, des centralités qui la structurent et des dispositions matérielles sur lesquelles elles s'appuient ne peut être négligée. Dans le débat actuel, les positions restent tranchées. D'un côté les partisans d'un Grand-Paris resserré, de l'autre ceux d'une vaste entité qui dépasse l'agglomération pour se confondre avec la région, voire embrasser l'aire urbaine. Appartenance politique, situation locale, conflits de personnes et stratégies personnelles se rencontrent pour dessiner une géographie complexe. Dans ce faisceau de propositions tantôt convergentes, tantôt opposées, la question des limites, si délicate soit-elle, est fondamentale. Quelles limites pour le Grand-Paris, quelle forme pour la ville capitale ?

Écrivant cela j'ai conscience qu'évoquer la limite c'est mettre le doigt sur un point particulièrement sensible et prendre le risque de susciter des oppositions multiples. Pourtant je ne crois pas que l'on puisse en faire l'économie et se satisfaire de la description vague d'une ville diffuse et d'une urbanisation illimitée. Il faut donc s'interroger sur la notion de limite aujourd'hui et dans le territoire vaste de la région Capitale, tenter de cerner des entités qui aient du sens. Rompant avec la conception ancienne et défensive, les limites du Grand-Paris doivent jouer un triple rôle. Elles intègrent autant qu'elles enclosent, elles associent des échelles emboîtées, elles sont définies par adhésion au lieu d'être imposées.

Il faut d'abord lever une ambiguïté : la limite ne doit pas être confondue avec une clôture. Il ne s'agit pas de perpétuer l'image ancienne et rassurante mais anachronique de l'enceinte, ni prétendre arrêter la ville ou en interdire la croissance. Définir une limite c'est tracer les contours d'un territoire, le nommer et permettre à ses habitants de s'y reconnaître. Au morcellement extrême qui favorise le repli voire l'hostilité, le Grand-Paris doit pouvoir substituer des entités plus vastes, cadre d'une identité aujourd'hui inexistante. Interrogeant la nature de la ville, Olivier Mongin (*op. cit.*) insiste sur la nécessité de la limite, une limite qu'il souhaite intégrative, une limite poreuse qui ouvre sur le proche et le lointain. Il voit dans cette délimitation « la condition de parcours infinis et insolites » qui sont le propre de la ville.

Définissant des territoires qui s'associent pour former le Grand-Paris, la limite est multiple. Elle donne forme et identité à ces territoires, chacun ainsi délimité, voire nommé. À ce premier niveau élémentaire s'ajoutent d'autres limites qui révèlent l'emboîtement des échelles de la métropole, les problématiques différentes qui en ressortent et les modes de gouvernance qui s'y appliquent.
Enfin, si nécessaire soit-elle, la limite ne peut être imposée d'en haut par un pouvoir central ou à la suite d'un accord politicien. Même si la géographie, ou l'économie, plaide pour telle ou telle configuration, le Grand-Paris suppose l'adhésion : celle des élus mais aussi et surtout celle des habitants car c'est de leur conviction intime que dépendent sa réalité et son dynamisme.

Penser le Grand-Paris à partir de ses échelles emboîtées, ou en d'autres termes imaginer la structuration de l'agglomération, met en évidence un écueil qu'il faudra éviter à tout prix : ajouter des étages supplémentaires à l'empilement administratif existant déjà complexe (plus de 500 communes dans l'agglomération, 8 départements, 1 région et la frange des 5 régions voisines…). C'est le risque inhérent à la proposition de définir un ou des « territoires de projet » qui apparaît comme une manière de contourner la difficulté institutionnelle et d'éviter l'autoritarisme. Il en ressort une métropole à géométrie variable progressivement construite par adhésion volontaire à des projets communs dont on espère qu'elle fera par la pratique évoluer les mentalités et améliorera la vie quotidienne des habitants en établissant une réelle solidarité.
La limite n'est pas tout, la ville délimitée et les entités qui la composent ne sont pas homogènes, leurs tissus variés sont ponctués et il importe de penser le Grand-Paris à partir de ses centres tout autant qu'à partir de son étendue. Considérant à juste titre la ville de Paris comme le centre majeur de la métropole, les partisans de la zone dense imaginent un territoire compact, sensiblement unifié par un effort important en faveur des transports publics et une densification raisonnable, mettant en commun ses ressources par une péréquation volontaire et conduisant un développement économique profitable à tous. Un tel projet suscite la réserve des nantis, peu enclins au partage, les contours de cette zone sont variables. L'évidence d'une association avec les 29 communes périphériques semble s'imposer. Fausse évidence, si l'on en croit Daniel Behar (2008) qui souligne à juste titre en utilisant la formule « Haussmann 2 » les tensions que créerait cette « dilatation communale » entre les arrondissements parisiens et les communes intégrées que l'on imagine mal renoncer à leur souveraineté de plein exercice. Sans compter la crainte qu'éprouveraient les autres, ceux de l'extérieur, d'être encore davantage exclus. L'ancien département de la Seine, plus vaste, a aussi ses

adeptes et constitue à quelques variantes de contour près une entité géographique assez pertinente aux plans économique et social. Sa réalité institutionnelle est plus incertaine même si, pour ne pas aborder la question d'une modification des limites départementales, il semble plus simple d'assimiler la zone dense à l'ensemble formé par Paris et les trois départements de première couronne : 775 km², 6,5 Mh.

Dans ce schéma, l'initiative, la force de proposition et le pouvoir d'exécution sont logiquement exercés par le maire de Paris et les présidents des conseils généraux des trois départements qui l'entourent, fédérés dans un Grand-Paris ou un Paris métropolitain avec l'appui de l'État et de ses préfets. Sa faiblesse vient des difficultés institutionnelles qu'il soulève. À l'intérieur, il doit mettre d'accord cent vingt-quatre communes dont Paris et quatre départements aux richesses inégales. À l'extérieur il doit être accepté par les élus et les habitants de la deuxième couronne qui risquent de se sentir relégués ou exclus. Pourtant, malgré ces difficultés, il a la faveur d'une partie des acteurs politiques et vient (avril 2008) d'être mis en lumière sans équivoque par la proposition de supprimer les quatre départements concernés pour les remplacer par une structure unique[1].

À ce schéma unitaire s'oppose une vision polycentrique qui s'appuie sur quelques fortes intercommunalités qui entendent constituer des centralités complémentaires, voire des contre-pouvoirs, Plaine-Commune au nord autour de Saint-Denis ; Seine-Amont-Développement au sud-est, qui peut s'appuyer sur l'Opération d'intérêt national mise en place par l'État ; Seine-Aval au sud-ouest dominé par Boulogne-sur-Seine ; La Défense-Nanterre à l'ouest, centre d'envergure européenne et site de redéveloppement dans le SDRIF 1994.
Ces différentes visions peuvent décrire sensiblement le même territoire (plus de 700 km², 6,5 Mh). Elles diffèrent quant aux formes de la gouvernance : mise en avant des communes ou des intercommunalités, pouvoir unifié (un seul maire comme à Londres) ou partagé (un maire à Paris et neuf ou dix maires ou présidents d'intercommunalités). Et pour quelles compétences ?
À ce Grand-Paris dense et compact presque contenu dans un cercle de 12 km de rayon, faut-il intégrer ou associer d'autres villes ou groupes de communes qui appartiennent de toute évidence à l'agglomération et y tiennent déjà une place reconnue mais ne participent pas forcément à son centre ? Au sud-ouest apparaît Versailles dont la communauté Versailles-Grand-Parc regroupe dix communes et 140 000 habitants. Au sud, Massy, mis en situation stratégique par la rencontre TGV-RER ; la proximité d'Orly et de Rungis, le voisinage des grandes écoles sur le plateau de Saclay, également à la tête d'une intercommunalité ? Faut-il intégrer les villes

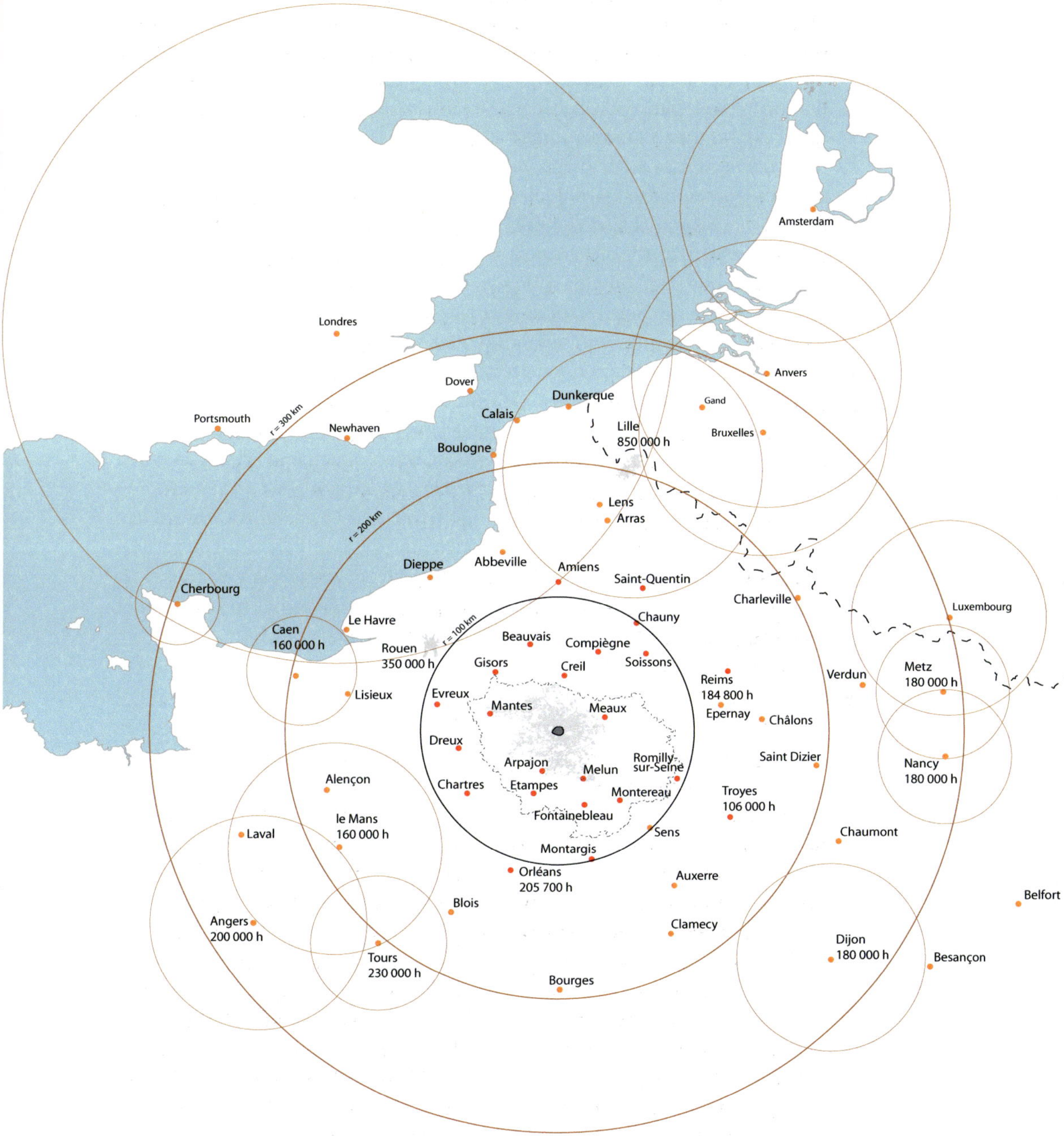

__L'aire urbaine parisienne dans le réseau des villes à proche et moyenne distance (r = 300 km).

nouvelles ? Certaines ont déjà un pied dans la zone dense (Marne-la-Vallée avec Noisy-le-Grand mais Eurodisney semble bien loin), et les autres ?

La cartographie de ce Grand-Paris diffère notablement de l'image de la zone dense. Avec près de 1 500 km^2, 8,5 Mh, il recouvre l'agglomération consolidée de 1965. Géographiquement, les territoires discontinus dessinent une sorte d'archipel gravitant autour d'un cœur dense. Institutionnellement, différentes logiques se côtoient : intercommunalités entraînées par des élus charismatiques, missions de l'État et Établissements publics, pôles d'emplois dominés par une entreprise (ADP), départements qui entendent s'affirmer et qui se voient mal découpés ou supprimés. Les fractionnements institutionnels et morphologiques appellent une organisation polycentrique.

La polycentralité peut revendiquer l'héritage de Paul Delouvrier et du schéma directeur de 1965. Mais tous les centres ne sont pas équivalents. Économiquement, politiquement ou culturellement certains dominent et organisent de fait le territoire et la vie quotidienne des communes voisines. D'où le concept de polycentralité hiérarchisée que j'ai proposé pour rendre compte de la structuration du territoire métropolitain et des formes de gouvernance qui pourraient s'y déployer. Polycentralité car il semble impensable de rassembler 8,5 millions d'habitants sous une autorité unique au mépris des organisations existantes. Hiérarchisée, car dans un tel rassemblement toutes les communes n'ont pas le même poids et que l'organisation de l'agglomération par constellations – certaines intercommunalités en sont déjà une illustration – suggère de respecter les hiérarchies existantes.

POLYCENTRALITÉ HIÉRARCHISÉE ET CONTOURS MULTIPLES

La mise en œuvre d'une polycentralité hiérarchisée vise à réduire le nombre de collectivités concernées afin d'en faciliter la gouvernance et d'en accroître la lisibilité. A contrario on peut méditer l'exemple des villes nouvelles, incapables depuis quarante ans de dépasser le découpage administratif et électoral des anciens villages pour constituer de véritables municipalités, fondements démocratiques de la gestion des villes. Cette réduction par adhésion des communes à des intercommunalités qui partagent les ressources, définissent les stratégies de développement et assurent la gestion technique des territoires, suppose des changements profonds.

Une organisation par districts, comme le propose Marc Wiel (2008), donnerait une réalité institutionnelle à cette polycentralité. Elle dessinerait une agglomération « en marguerite » reprenant à la fois l'image du plan de Prost et le logo de la Région. Autour du centre initial, le Paris intra-muros, un premier anneau de pétales auquel succède une seconde couronne. Une transition douce et réaliste consiste à inscrire les districts dans les limites des départements actuels. La métropole s'organise à partir de douze à quinze districts centraux, deux ou trois par département, quatre ou cinq par fusion des arrondissements parisiens, chaque district rassemblant 400 000 à 600 000 habitants. C'est assez simple pour la première couronne déjà entièrement urbanisée, plus délicat pour les départements de la seconde couronne sauf à créer, comme à Shanghai, une distinction entre les districts urbains centraux et ceux, moins denses, qui entourent, ou à limiter le Grand-Paris à l'agglomération consolidée sensiblement contenue à l'intérieur de la Francilienne et nettement plus petite que l'agglomération dense du SDRIF 2007 (1 500 à 1 600 km^2 pour 2 200 km^2). Au-delà, formée à partir des « autres agglomérations » décrites par le SDRIF, une troisième couronne de vastes districts à faible densité où se maintient une activité agricole atteint les limites de la Région, cadre institutionnel et politique, lieu d'équilibre entre l'activité urbaine et le monde rural.

Trois contours à l'évidence structurent déjà ce Grand-Paris. L'ancienne enceinte de Thiers associant aujourd'hui boulevards des Maréchaux et boulevard périphérique distingue le Paris-intramuros de la banlieue. Adoucissement de la rupture, couverture partielle, tramway commencent à transformer cette coupure en suture. L'ensemble RN 186-A 86, futur support du métrophérique, est le deuxième contour important. Il peut marquer la distinction entre métropole centrale et première couronne, un peu comme *inner/outer* London. Ligne de repère reliant des centres existants ou potentiels, c'est encore une limite intégrative rassemblant et reliant les territoires. Enfin, flirtant avec la limite actuelle de l'agglomération continue, la Francilienne (A 104) constitue une troisième rocade où la ville rencontre encore la campagne, où forêts et villes nouvelles viennent construire la limite hétérogène de la métropole.

Au-delà, l'activité, l'attractivité et le rayonnement de l'agglomération capitale ont depuis longtemps dépassé les limites de l'Île-de-France pour constituer une vaste aire urbaine, aire économique et bassin d'emploi, mais aussi aire historique et culturelle. Dans ce réseau de villes, l'attraction de Paris et plusieurs siècles de centralisation ont contenu le développement des villes proches : Compiègne, Provins, Montereau, Chartres, Évreux ou Beauvais ont sans doute perdu l'importance qu'elles avaient au Moyen Âge ou même au XIXe siècle. En revanche, un cercle d'environ 100 km autour de Paris rassemble une couronne de villes importantes, Amiens, Reims, Troyes, Orléans et Rouen, auxquelles s'ajoutent une dizaine de villes de moindre importance comme Saint-Quentin, Laon, Épernay, Joigny, Montargis, Nogent-le-Rotrou.

Un peu plus loin, un cercle d'environ 200 km autour de Paris, écorné par la Manche, rassemble une série de villes qui appartiennent également au réseau : Boulogne, Lille, Bourges, Tours, Le Mans, Alençon, Caen, Le Havre, Dieppe. Enfin, s'agissant de Paris métropole mondiale, le réseau des villes dans lequel il s'insère ne peut pas ignorer Londres (2 h 10), Bruxelles (1 h 15), Luxembourg (1 h 45), Strasbourg (2 h), Lyon (2 h) ou Nantes (2 h).

Ainsi trois échelles au moins permettent de cerner les contours successifs du Grand-Paris.

La première est constituée par la zone dense qui varie selon les définitions entre 550 et 775 km^2 (5,5 à 6,5 Mh) et rassemble 80 à 120 communes. Elle est l'échelle indispensable pour mener à bien deux actions : amplifier l'espace de la capitale qui étouffe à l'intérieur des limites de Thiers, développer équitablement les territoires de la première couronne trop longtemps asservis. Le déplacement d'une limite administrative unifiant ce vaste territoire permettrait à Paris-Capitale d'atteindre une dimension raisonnable en comparaison d'autres capitales européennes (Madrid 400 km^2).

La seconde s'identifie à l'agglomération consolidée définie par le SDAURP de 1965. Elle couvre 1 450 à 1 650 km^2 (8 à 8,5 Mh). Elle est l'échelle d'une métropole où se rassemblent plusieurs centres historiques et les grands équipements métropolitains, même si c'est Paris-central qui domine. Sa gouvernance permet la mise en valeur des sites naturels ou forestiers inclus dans l'agglomération et indispensables à sa survie ainsi que la constitution des réserves foncières qui permettront son développement. Elle permet surtout la coordination d'une politique économique et culturelle pour conserver et développer les 4,7 M d'emplois existants.

La troisième est celle de l'aire urbaine. Elle dépasse la région et les bourgeonnements de lotissements qui se pressent près de sa limite. Avec plus de 30 000 km^2 (un cercle de 100 km de rayon) et 14 à 15 Mh (25 % de la population de la France métropolitaine), elle soutient la comparaison avec Londres (Greather South-East, d'Oxford à Douvres et de Cambridge à Brighton, 22 000 km^2, 19 Mh). Cette échelle, qui correspond à ce que les Anglo-Saxons appellent la Région urbaine, constitue à l'échelle de la compétition mondiale l'unité économique. Les distances rapportées aux moyens de communication modernes ne sont plus un obstacle aux relations. Le rôle du centre historique, Paris, et sa renommée sont essentiels pour l'identification et le développement. Ainsi définie la Région urbaine de Paris ne semble plus à l'écart de la banane bleue et s'inscrit dans un réseau de villes européennes avec lesquelles avion et TGV ont rendu les communications rapides.

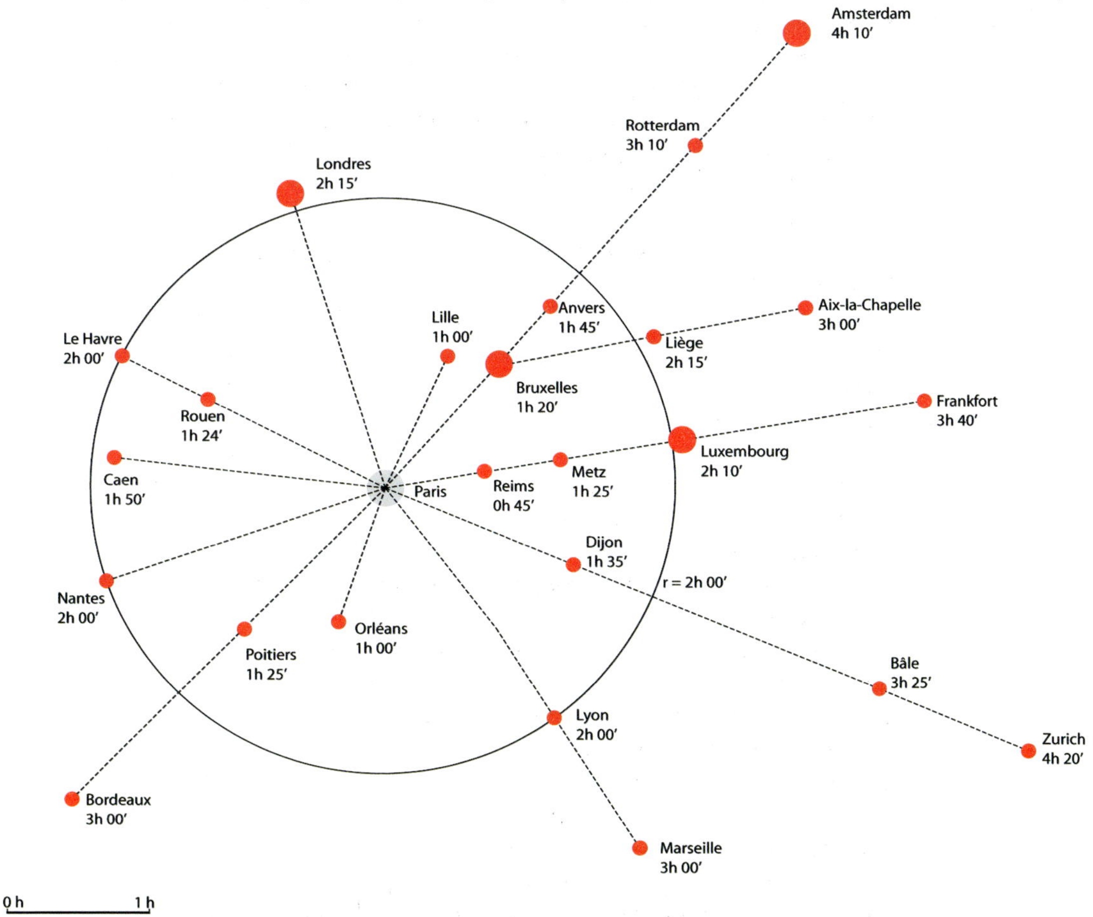

__Paris, gare du Nord, et Londres, Saint-Pancras Station.

QUEL DESSIN POUR LA MÉTROPOLE ?

De multiples figures s'offrent au choix de la gouvernance métropolitaine : schéma unitaire, polycentralité simple ou hiérarchisée, organisation par districts ou géométrie variable des territoires de projets, cœur dense ou métropole élargie. Face à l'urgence sociale, aux défis économiques et aux retards techniques, l'efficacité s'impose. Elle demande une visibilité à l'échelle régionale, nationale et internationale qui suppose une organisation claire réunissant selon Christian Lefebvre (*op. cit.*) trois conditions :

– l'existence d'une institution leader, c'est l'enjeu de Paris Métropole ;

– la formalisation des relations avec l'ensemble des collectivités territoriales, c'est l'enjeu du montage institutionnel et des relations entre métropole, agglomération et région ;

– l'appui de la société civile et le développement des relations avec les acteurs économiques, c'est l'enjeu notamment de l'affirmation de l'aire urbaine et de son identité nationale.

Si elle ne peut exister sans le soutien de l'État, l'émergence d'une organisation métropolitaine se trouve grandement facilitée par la présence d'un individu leader charismatique qui porte le projet et entraîne l'adhésion. Elle ne peut se réaliser sans une requalification attentive des territoires, en premier lieu ceux qui cumulant pauvreté et sous-équipement se trouvent de fait mis à l'écart du développement.

Le Grand-Paris commencera d'exister par des mesures simples, modestes mais essentielles pour rompre les logiques de ségrégation : un nom partagé, une tarification unique des transports, une répartition équitable des services. Il suppose bien sûr des investissements importants afin de donner à chaque habitant une égalité dans trois domaines :

– le logement, dont le déficit actuel (près d'un million) constitue non seulement une pénalisation des plus pauvres et une paupérisation des classes moyennes mais un obstacle au développement économique ;

– la formation, essentielle à tous les niveaux, de la petite enfance à la formation professionnelle pour que l'égalité des chances soit autre chose qu'une formule régulièrement affirmée mais sans effet ;

– la mobilité qui dans la grande ville contemporaine conditionne à la fois l'accès à la formation, à l'emploi, à la culture et aux loisirs.

Logement, formation et mobilité réclament à l'évidence un engagement fort des collectivités, ne serait-ce que pour amorcer le comblement des retards constatés aujourd'hui. Les choix qui seront opérés dans ces trois domaines vont conditionner la structure de la métropole. En particulier les transports publics qui supposent des infrastructures matérielles durablement inscrites dans le sol.

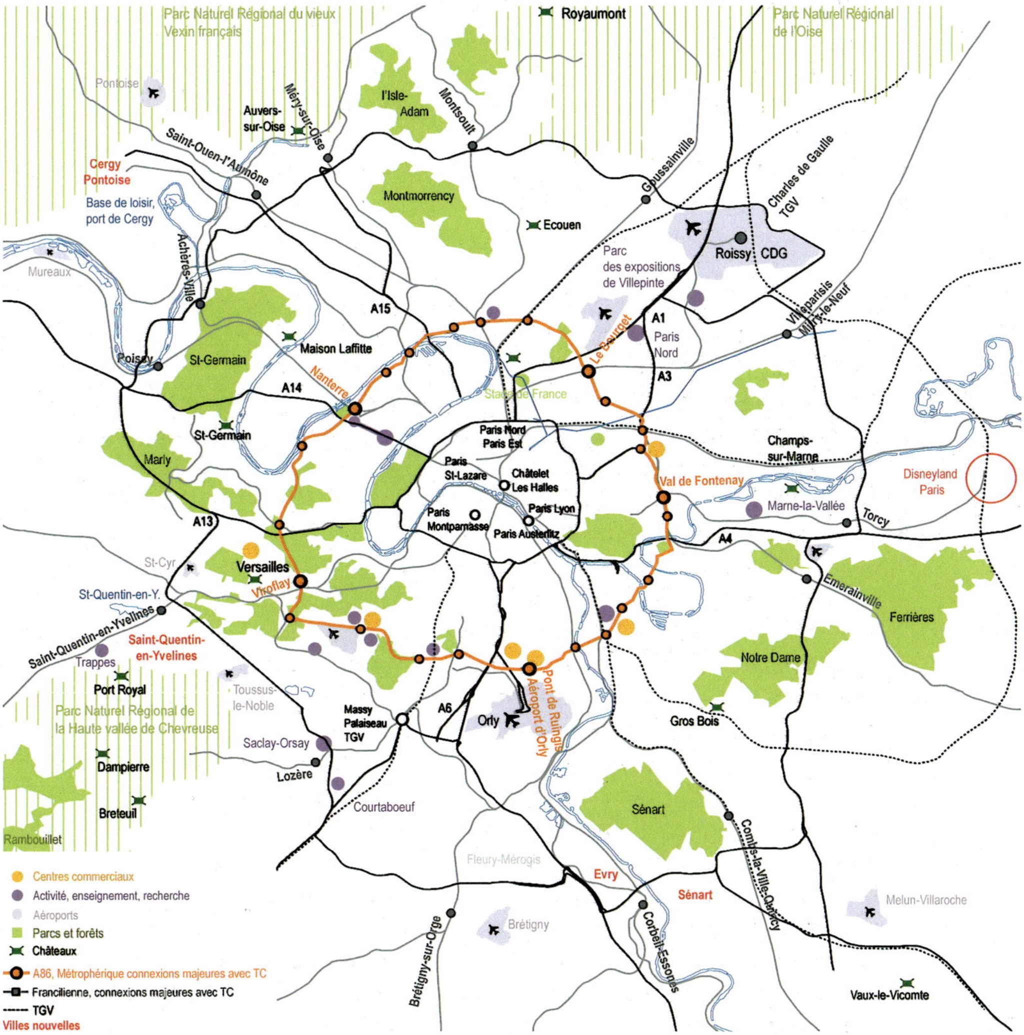

__Limites et repères du Grand-Paris.

Dessiné à l'époque où les territoires de la banlieue étaient, sauf exception, asservis à la capitale, le réseau de transports a été principalement conçu pour servir Paris, les territoires n'étant desservis que dans la mesure où c'était utile à la capitale. Dans le schéma radioconcentrique, c'est principalement le radial qui compte. Il faut aujourd'hui inverser ce schéma et desservir les territoires pour eux-mêmes en multipliant les relations diagonales entre les centres et en articulant les différentes échelles d'une métropole dont le centre a dépassé 40 km de diamètre. En même temps, il faut prendre la mesure de la région urbaine qui, avec 200 km de diamètre et 15 Mh, demande aussi des transports réguliers, rapides et confortables.

La seule alternative sérieuse au schéma radioconcentrique qui maintient les inégalités n'est pas dans un combat abstrait entre centralités et polarités, elle est dans la mise en œuvre d'une polycentralité hiérarchisée assurée par la réalisation d'un maillage efficace de transports en commun lourds dont on peut espérer trois effets : conforter les centres existants, révéler des centralités nouvelles, relier les différents territoires du Grand-Paris sans toujours passer par le centre. On me dira que cela est déjà prévu ou que cela coûte trop cher. Mais combien coûte à la nation d'entretenir – mal, j'en conviens – deux millions de chômeurs depuis vingt ans ? Combien coûte à la nation d'attendre et de reporter de schéma en schéma et de plan en plan la qualité de vie urbaine à laquelle chaque habitant a droit ? Services de proximité, accès à la formation, à l'emploi, aux loisirs. Une question de citoyenneté.

La carte d'un Grand-Paris plus juste et plus solidaire sera le plan de ses transports en commun.

Paris, 21 mai 2008.

1 Rapport du sénateur Philippe Dallier, avril 2008.

annexes

Abréviations et sigles

ADP	Aéroports de Paris
ANRU	Agence nationale de la rénovation urbaine
APUR	Atelier parisien d'urbanisme
ARISO	Autoroute interurbaine de Seine-et-Oise
BIP	Boulevard intercommunal du Parisis
CAUE	Conseils d'architecture, d'urbanisme et d'environnement (départementaux)
CBD	Central Business District
CDG	Aéroport Charles-de-Gaulle
CE	Coefficient d'emprise. Emprise au sol/surface du terrain
CES	Conseil économique et social
COS	Coefficient d'occupation du sol
COS brut	surface planchers totale (SHON)/surface secteur, îlot ou parcelle
COS net moyen	surface planchers totale/surface terrain (hors voirie, espaces verts et terrains de sports non bâtis)
CRS	Compagnie républicaine de sécurité
DDE	Direction départementale de l'équipement
Densité brute de logements au secteur	nb total logements/surface secteur l/ha
Densité brute de population au secteur	nb d'habitants/surface secteur h/ha
Densité brute globale au secteur	total emplois + habitants/surface du secteur h+e/ha
Densité résidentielle nette (à l'îlot ou à la parcelle)	nb d'habitants/surface îlot ou parcelle
DIACT	Délégation interministérielle à l'aménagement et à la compétitivité des territoires (ex DATAR)
Dpt	Département
e	emploi/emplois
EBC	Espace boisé classé
ENSBA	École nationale supérieure des Beaux-Arts
ENSIA	École nationale supérieure des Industries alimentaires
EVIP	Espace vert intérieur protégé
GLA	Gross Leasable Area
GLA	Greather London Authority (depuis 2000)
GLC	Greather London Council (1963-1986)
h	habitant/habitants
ha	hectare/hectares
HBM	Habitation à bon marché
HEC	École des hautes études commerciales
HLM	Habitation à loyer modéré
Iaurp/IAURIF	Institut d'aménagement et d'urbanisme de la région parisienne / région Île-de-France
IDF	Île-de-France
IFU	Institut français d'urbanisme

INRA	Institut national de la recherche agronomique
INSEE	Institut national de statistiques et des études économiques
km	kilomètre/kilomètres
l	logement
LCC	London County Council (1888-1963)
M	Million/Millions
Md	Milliard/Milliards
NYC	New York City
OIN	Opération d'intérêt national
PADOG	Plan d'aménagement et d'organisation générale de la région parisienne élaboré en 1960
PIB	Produit intérieur brut
RdC	Rez-de-chaussée
RATP	Régie autonome des transports parisiens
RD	Route départementale
RER	Réseau express régional
RFF	Réseau ferré de France
RIF	Région Île-de-France
RN	Route nationale
SDRAURIF	Schéma directeur d'aménagement et d'urbanisme de la Région Île-de-France élaboré par l'État approuvé en 1975
SDRAURP	Schéma directeur d'aménagement et d'urbanisme de la région parisienne élaboré par le district de Paris et approuvé en 1965.
SDRIF	Schéma directeur de la région Île-de-France Celui de 1994 réalisé par l'État qui associe la région Île-de-France est officiellement dénommé schéma directeur de l'Île-de-France (SDIF) mais l'abréviation SDRIF est le plus couramment utilisée. Celui de 2007 réalisé à l'initiative de la région Île-de-France qui l'a arrêté le 15 février 2007, mais il reste non encore approuvé par l'État qui a demandé des modifications.
SGVN	Secrétariat général des villes nouvelles
SHOB	Surface hors œuvre brute
SHON	Surface hors œuvre nette
SNCF	Société nationale des chemins de fer
STIF	Syndicat des transports de l'Île-de-France
T1, T2	Tramway ligne 1, 2…
TCSP	Transport en commun en site propre
TfL	Transport for London
TGV	Train à grande vitesse
ZA	Zone d'activité
ZAC	Zone d'aménagement concerté
ZFU	Zone franche urbaine
ZI	Zone industrielle
ZPPAUP	Zone de protection du patrimoine architectural, urbain et paysager
ZUP	Zone d'urbanisation prioritaire
ZUS	Zone urbaine sensible

Bibliographie

J'ai présenté cette bibliographie par thèmes, tout découpage comporte une part d'arbitraire et certains ouvrages pouvaient honnêtement figurer sous une autre rubrique, cependant aucun n'est cité deux fois. Sans prétendre être exhaustive, cette bibliographie sur les différents aspects du Grand-Paris est abondante, mon souhait serait que chercheurs et institutions engagent une bonne fois un travail de fond sur ce sujet et le rendent accessible à tous.

1. La ville contemporaine et l'étalement urbain

Ascher François, 1995, *Métapolis*, Paris, Odile Jacob

Banham Reyner, 1971, *Los Angeles, the Architecture of Four Ecologies*, Los Angeles-London, University of Los Angeles, 2001 paperback

Bauer Gérard et Roux J.-M., 1976, *La Réurbanisation ou la ville éparpillée*, Paris, Le Seuil

Bosc Stephane, 2005, *La Ville par paquets*, thèse d'architecture sous la direction de Xavier Eizaguirre Garaitagoita, Barcelona UPC

Buchanan Colin, 1963, *Traffic in Town, a Study of the Long Term Problems of Traffic in Urban Areas*, London, HHSO (éd. fr. 1965)

Burgel Guy, 1993, *La Ville aujourd'hui*, Paris-Hachette, coll. Pluriel

Chalas Yves et Dubois-Taine Françoise, 1997, *La Ville émergente*, Paris, L'Aube

Dupuy Gabriel, 1991, *L'Urbanisme des réseaux*, Paris, Armand Colin

Dupuy Gabriel, 1995, *Les Territoires de l'automobile*, Paris, Anthropos

Esprit n° 303, 2004, *La ville à trois vitesses : gentrification, relégation, périurbanisations*, Paris

Font Arrelano Antonio, 2005, *Transformacions Urbanitzadores, 1977-2000 – Aera Metropolitana i Regio Urbana de Barcelona*, Barcelona, Aera Metropolitana

Font Arrelano Antonio, 2004, *L'Explosio de la Ciutat*, Barcelona, Forum universal de les cultures

George Pierre, 1952, *La Ville, le fait urbain à travers le monde*, Paris, PUF

Gandelsonas Mario, 1999, *X-Urbanism, Architecture and the American City*, New York, Princeton architectural press

Koolhaas Rem, 1995, *S,M,L,XL, New York*, Monacelli Press

Koolhaas Rem *e al.*, 2000, *Mutations*, Bordeaux, Arc en Rêve

Le Corbusier, 1925, *Urbanisme*, Paris, Crès

Le Corbusier, 1943, *La Charte d'Athènes*, Paris, éd. de Minuit, (rééd. 1958)

Le Corbusier, 1946, *Manière de penser l'urbanisme*, Paris, éd. Architecture d'Aujourd'hui

Le Corbusier, 1959, *Les Trois Établissements humains*, Paris, éd. de Minuit

Lefebvre Henry, 1968, *Le Droit à la ville*, Paris, Anthropos

Lefebvre Henry, 1970, *La Révolution urbaine*, Paris, Gallimard

Mangin David, 2004, *La ville franchisée, formes et structures de la ville contemporaine*, Paris, la Villette

Mayer W. & Wade R C., 1969, *Chicago, the Growth of a Metropolis*, Chicago, University Press

Munarin Stefano & Tosi Maria Chiara, 2001, *Tracce di Città*, Milano, Franco Angeli

Parcerisa Joseph et Rubert de Ventos Maria, 2002, *Métro, Galaxias Metropolitanas*, Barcelona, UPC

Pour n° 188, 2005, Ferrand, *Où va la ville ?*, Paris, GREP

Riboud Jacques, 1965, *Développement urbain, recherche d'un principe*, Paris, Mazarine

Roncayolo Marcel, 1990, *La Ville et ses territoires*, Paris, Gallimard

Solá Morales Manuel de, 1997, *Las Formas de Crecimiento Urbano*, Barcelona, UPC

Sorre Max, 1952, *Les Fondements de la géographie humaine*, tome III, Habitat, Paris, Armand Colin

Veltz Pierre, 1996, *Mondialisation, villes et territoIres*, Paris, PUF (2005 2e éd.)

Vigano Paola, 1999, *La Città e Elementare*, Milano, Skira

Wright Frank-Lloyd, 1932-1959. *Broadacre city*, (Disappearind city, Living city)

2. Occupation du sol, découpages fonciers, densité et densification

APUR, 2003, *Quelle forme urbaine pour quelle densité vécue ?*, note de travail, Paris

Auzelle Robert, 1946-1958, *Encyclopédie de l'urbanisme*, Paris, Masson

Auzelle Robert, « Densités », *Architecture d'Aujourd'hui* n° 178

Belliot M., Cuillier C. et Starkman N., 2007, *Habitat, formes urbaines, densités comparées et tendance d'évolution en France*, Paris, FNAU/Traits urbains

Busquets I Grau Joan, 1999, *La Urbanizacion Marginal*, Barcelona UPC

Castex Jean *e al.*, 1980, *Lecture d'une ville : Versailles*, Paris, Le Moniteur

CAUE 92, 2006, ± *Dense*, Sceaux, Catalogue de l'exposition du CAUE des Hauts-de-Seine

Cerdá Ildefonso,1859, *Teoria General Dell'urbanizacion*, Madrid (*cf.* également *Cerda, ciudad y territorio, una vision de futuro*, 1994, catalogue d'exposition)

Clément Pierre, Guth Sabine, 1998, « Les avatars d'un rapport densité/formes urbaines à Paris », *Paris, formes architecturales et urbaines*, Paris, éd. Recherche, IPRAUS

Cuiller Francis (dir.), 2002, *Densités et formes urbaines de l'agglomération bordelaise*, Bordeaux, A'Urba

Fouchier Vincent et Merlin Pierre, 1994, *De fortes densités, une solution pour nos villes ?*, Hong-Kong, Consulat général de France

Fouchier Vincent, 1997, *Les densités urbaines et le développement durable, le cas de l'Île-de-France et des villes nouvelles*, Paris, SGVN

IAURIF 2005, *Notes rapides sur l'occupation du sol* n° 382, 384, 385

Komossa S., e Meyer Hans, 2002, *Atlas van het Hollandse Bouwblok*, Bussumn, Thoth (éd. anglaise, 2005)

Mangin David et Panerai Philippe, 1999, *Projets urbains*, Marseille, Parenthèses

Mayer H-M. & Hayes C-R., 1983, *Land Uses in American Cities*, Champaign, Park Press

Muratori Saverio, 1966, *Studi per Una Operante Storia Urbana di Venezia*, Roma, IPS, 2 vol.

MVRDV, sd (2002), *Metacity Data Town*, Rotterdam, 010 publishers

Observatoire de la ville 2007, *Densités urbaines : quelles opportunités pour la ville de demain ?*, Paris, O.V./AMC

Panerai Philippe, avec M. Demorgon et J.-Ch. Depaule, 1997, *Analyses urbaines*, Marseille, Parenthèses

Plunz Richard, 1980, *Habiter New York, la forme institutionnelle de l'habitat newyorkais, 1950-1950*, Bruxelles, Mardaga (1982)

Serra-Riera Enrique, 1995, *Geometria i projecte dels sol als origens de la Barcelona moderna, la vila de Gràcia*, Barcelona, UPC

Stevenin Jacques (dir.), 1992, *Les densités d'occupation du sol, étude de quelques exemples parisiens*, Paris, APUR

Stubben Joseph, 1890, *Der Stadtbau*, Wiesbaden, Vieweg & Son (1980, reprint)

Unwin Raymond, 1909, *L'étude pratique des plans de ville*, Paris, L'Équerre (2e éd. fr. 1981)

Vatov M.C., 2006, « Densité entre refus et devoir », *Traits urbains* n° 10

Vernez-Moudon Anne, 1986, *Built for Changes, Neighborhood Architecture in San Francisco*, Cambridge, Mass. MIT press

3. Dimensions politiques, sensibles et pratico-symboliques de la ville et de l'habitat

Chermayeff Serge & Alexander Christopher, 1963, *Community and Privacy*, New York, Doubleday

Coing Henri, 1966, *Rénovation urbaine et changement social*, Paris, Editions Ouvrières

Communication n° 73, 2002, « Manières d'habiter », Paris, Le Seuil,

Dewolf Ivor, 1963, *The Italian Townscape*, London, Architectural press

Eleb Monique et Chatelet Anne-Marie, 1997, *Urbanité, sociabilité et intimité des logements d'aujourd'hui*, Paris, L'Epure

Gourdon Jean Loup, 2001, *La rue, Essai sur l'économie et la forme urbaine*, Paris, L'Autre

Habiter, habité, l'alchimie de nos maisons, 1990, Paris, Autrement

Hatzfeld Hélène, Hatzfeld Marc, Ringart Nadia, 1998, *Quand la marge est créatrice d'emplois*, Paris, L'Aube

Hobsbawm Éric, 1962, *L'Ère des révolutions*, Bruxelles, éd. Comple (2000)

Lefebvre Henri, 1970, *Espace et politique*, Paris, Le Seuil

Lefebvre Henri, 1958-1981, *Critique de la vie quotidienne*, Paris, l'Arche, 3 t.

Les Cahiers de la Recherche architecturale et urbaine n° 15/16, 2004, « Savant, Populaire », Paris, Momum

Lynch K, 1960, *The image of the city*, Cambridge Mass, MIT press

Lynch K, Appleyard D. & Myer J.R., 1963, *The View*

from the Road, Cambridge, Mass., MIT press, (trad. fr. Dunod, Paris, 1980)

Lynch Kevin, 1995, *City Sense and City Design*, Cambridge Mass. MIT press

Mongin Olivier, 1995, *Vers la troisième ville ?*, Paris, Hachette

Mongin Olivier, 2005, *La condition urbaine, La ville à l'heure de la mondialisation*, Paris, Le Seuil

Paul-Levy Françoise et Segaud Marion, 1983, *Anthropologie de l'espace*, Paris, CCI

Pinçon Michel, Pinçon-Charlot Monique, 1991, *La conquête de l'Ouest : grandes familles, affaires et commerces de luxe à Paris*, CSU, IRESCO, Paris.

Pinçon Michel, 2004, *Sociologie de Paris*, Paris, La Découverte

Rapoport Amos, 1969, *House, Form and Culture*, Englewood Cliffs N-J, Prenctice hall (Dunod 1972)

Sansot Pierre, 1973, *La Poétique de la ville*, Paris, éd. Klincksieck, rééd. Petite Bibliothèque Payot, 2004

Sennet Richard, 1992, *La Ville à vue d'œil*, Paris, Plon

4. Paris et l'agglomération parisienne

Alphand André, 1867-1873, *Les Promenades de Paris*, Paris, Rothschild

Alphand André, 1889, *Les Travaux de Paris 1789-1889*, atlas

Bastie Jean, 1964, *La Croissance de la banlieue parisienne*, Paris, PUF

Beaujeu-Garnier Jacqueline, 1977, *Paris et l'Île-de-France*, Paris, Flammarion

Burgel Guy, 2004, « Paris et l'Île-de-France, un amour de raison », *Pouvoir* n° 110, Paris, Le Seuil

Chemetov Paul, Gilli Frédéric, 2006, *Une région de projets : l'avenir de Paris, un espace recomposé enjeu d'un Paris métropolitain*, Paris, DIACT (polycopié)

Chombart de Lauwe Paul-Henry (dir.), 1952, *Paris et l'Agglomération parisienne*, Paris, PUF (2 vol.)

Couperie P., 1968, *Paris au fil du temps*, atlas historique d'urbanisme et d'architecture, Paris, Guénot

Daly César, 1864, *L'architecture privée au XIXe siècle : nouvelles maisons de Paris et des environs*, t. III, Villas suburbaines (2 vol.), Paris, Librairie A. Morel

Davezies Laurent, 2004, « Paris, capitale économique », *Pouvoir* n° 110, Paris, Le Seuil

Davezies Laurent, 2008, *La République et ses territoires*, Paris, Le Seuil

Dumont Marie-Jeanne, 1984, *Le logement social à Paris 1850-1930*, Paris, éd. Mardaga

Eleb Monique, 1995, *L'invention de l'habitat moderne, Paris 1880-1914*, Bruxelles, AMM

Emery Marc, 1971, *Un siècle d'architecture moderne en France : 1850-1950*, Paris, Horizons de France

Evenson Norma, 1983, *Paris, les héritiers d'Haussmann : cent ans de travaux et d'urbanisme (1879-1978)*, Grenoble, École nationale supérieure des Beaux-Arts-Presses universitaires de Grenoble

Forestier J.C.N., 1908, *Grandes Villes et systèmes de Parcs*, Paris, Norma, 1997

Fortier Bruno, 1989, *La Métropole imaginaire : un atlas de Paris*, Paris, Institut français d'architecture

Fourcault Anne, Bellanger Emmanuel, Flonneau Mathieu, 2007, *Paris-Banlieues, conflits et solidarités*, Paris, Graphis

Fromonot Françoise *e al.*, 2008, « Des tours à Paris », *Criticat* n° 1, Paris

George Pierre, Bastie Jean, 1981, *La Région parisienne*, Paris, PUF

Guide Diamant, 1939, *Paris et principales excursions des environs de Paris*, Paris, Hachette

Guide Joanne Paris, 1914, *Environs de Paris*, Paris, Hachette

Haussmann baron Georges-Eugène, 1890, 1893, *Mémoires*, Paris, Le Seuil, 2000

Lacaze Jean-Paul, 1994, *Paris, Urbanisme d'État et destin d'une ville*, Paris, Flammarion

Lavedan Pierre, 1952, *Histoire de Paris*, Paris, PUF

Lavedan Pierre, 1975, *Histoire de l'urbanisme à Paris*, Paris, Hachette

Le Corbusier, 1965, *Les plans de Paris de Le Corbusier, 1922-1956*, Paris, éd. de Minuit

Lefebvre Christian, 2004, *Paris et les grandes agglomérations occidentales : comparaison des modèles de gouvernance*, Paris, Mairie de Paris

Lemoine Bertrand (dir.), 2006, *Paris en Île-de-France, histoires communes*, Paris, Pavillon de l'Arsenal / A. & J. Picard

Marchand Bernard, 1993, *Paris, histoire d'une ville (XIXe-XXe siècles)*, Paris, Le Seuil

Merlin Pierre, 1982, *L'Aménagement de la région parisienne et les villes nouvelles*, Paris, La Documentation française

Merlin Pierre, 1982, *Les transports à Paris et en Île-de-France*, Paris, La Documentation française

Merlin Pierre, 2003, *L'Île-de-France, hier, aujourd'hui, demain*, Paris, La Documentation française

Mollat Michel (dir.), 1971, *Histoire de l'Île-de-France et de Paris*, Toulouse, Privat

Picon Antoine, Robert Jean-Paul, 1999, *Le dessus des cartes, un atlas parisien*, Paris, Arsenal/Picard

Pinon Pierre, Le Boudec Bertrand, 2004, *Les plans de Paris, histoire d'une capitale*, Paris, Le Passage/ Bibliothèque nationale de France/APUR

Poète Marcel, 1929, *Introduction à l'urbanisme*, Paris, Boivin

Poète Marcel, 1924-1931, *Une vie de cité, Paris de sa naissance à nos jours*, Paris, Picard (3 vol.)

Roblin Michel, 1985, *Quand Paris était à la campagne*, Paris, Picard

Rouleau Bernard, 1988, *Le Tracé des rues de Paris*, Paris, Presses du CNRS

Rouleau Bernard, 1985, *Villages et faubourgs de l'ancien Paris. Histoire d un espace urbain*, Paris, Le Seuil

Sene Daniel (dir.), 2003, *Le Polycentrisme en Île-de-France*, Paris, DREIF

Tomato Architectes, 2003, *Paris, la ville du périphérique*, Paris, Le Moniteur

Vaillat Léandre, c. 1935, *Seine, chef-lieu Paris, Paris*, Arts et métiers graphiques (5 volumes prévus)

Vandelli Luciano, 2004, « Paris-Londres-Berlin-Rome-Madrid », *Pouvoir* n° 110, Paris, Le Seuil

5. Paris intramuros

Bergeron Louis,1989, *Paris : genèse d'un paysage*, Paris, Picard

Chevalier Louis, 1967, *Les Parisiens*, Paris, Hachette

Cohen Jean-Louis et Lortie André, 1991, *Des fortifs au périf: Paris, les seuils de la ville*, Paris, éd. du Pavillon de l'Arsenal

Cohen Jean-Louis et Fortier Bruno, 1992, *Paris, la Ville et ses projets*, Paris, éd. Babylone

DAAVP, 1981, *Gabriel Davioud, architecte de Paris*, Paris, Catalogue d'exposition

Guerrand Roger-Henri, 1999, *L'Aventure du métropolitain*, Paris, Perrin

Hillairet Jacques, 1985, *Dictionnaire historique des rues de Paris*, (2 vol.), Paris, éd. de Minuit

Labedollière Émile de, 1860, *Le Nouveau Paris*, Paris, G. Barba (SACELP 1986)

Loyer François, 1987, *Paris XIXe siècle : l'immeuble et la rue*, Paris, éd. Hazan

Lucan Jacques, 1992, *Eau et gaz à tous les étages : Paris 100 ans de logement*, Paris, éd. du Pavillon de l'Arsenal

Mellot Philippe, 1993, *Paris sens dessus dessous : Marville et Nadar photographes, 1852-1870*, Paris, Michèle Trinckvel

Picard Dominique (dir.), 1998, *Des architectes au service de la ville, l'exemple des architectes voyers de Paris, de 1895 à nos jours*, Paris, Les Éditions générales

Pinon Pierre, 1999, *Paris, Biographie d'une capitale*, Paris, Hazan

Schein Lionel, 1961, *Paris construit*, Paris, Vincent et Fréal

Simon Philippe, 2007, *Paris visite guidée : architecture, urbanisme, histoires et actualités*, Paris, éd. du Pavillon de l'Arsenal

Texier Simon, 2007, *Paris, grammaire de l'architecture XXe et XXIe siècles*, Paris, Parigramme

6. La banlieue

Arnold Françoise, Hirschberger Stéphane, 2002, *Petites Leçons d'espace public, situations essonniennes*, Athis-Mons, Cahiers de la maison de la banlieue et de l'architecture

Auger Jean, Burgel Galia et Guy, Julien Jacques, 2004, « Grands Ensembles et banlieues – témoignages d'histoire urbaine », *Villes en parallèle* n° 38/39, Nanterre

Bacque Marie-Hélène, Fol Sylvie, 1997, *Le Devenir des banlieues rouges*, Paris, L'Harmattan

Banlieues fragiles, 1984, Paris, CCI Georges-Pompidou

Beaucire Francis et Burgel Guy (dir.), 1992, « Les Périurbains de Paris », *Villes en parallèle* n° 19, Nanterre

Bendali Linda, 2006, *Sarcelles, une utopie réussie*, Nantes, Gulf Stream éd.

Bernard Marc, 1964, *Sarcellopolis*, Paris, Flammarion

Bony Laurent, *e al.*, 2005, *Des ensembles assez grands, mémoire et projets en Essonne*, Athis-Mons, Cahiers de la maison de la banlieue et de l'architecture

Burgel Guy (dir.), 1990, « Peuplements en banlieue », *Villes en parallèle* n° 15/16, Laboratoire de géographie urbaine, université Paris X-Nanterre

Castro Roland, Denissof Sophie, 2005, *[Re] modeler, Métamorphoser*, Paris, Le Moniteur

CAUE 94, 1992, *Guide de l'architecture du Val-de-Marne*, Paris, éd. Carré

Cendrars Blaise, Doisneau Robert, 1949, *La Banlieue de Paris*, Paris, Seghers

Demorgon Marcelle, *e al.*, 1986, *La banlieue comme territoire structuré*, École d'architecture de Versailles, LADRHAUS

Demorgon Marcelle, 1987, *La rue, la route et les activités du commerce*, École d'architecture de Versailles, LADRHAUS, (polycopié)

EPAPF, 2000, *Atlas de la Plaine de France*, Saint-Denis, EPAPF

Conseil général du Val-de-Marne, 1993, *Atlas du Val de Marne*, Créteil, Département du Val-de-Marne/Medias-cartes/GIP Reclus

Fernandez Hélène, 2004, *Anatomie de la ville, décrire, dessiner, découper*, Thèse de doctorat d'architecture (dir. Ph. Panerai), université de Paris VIII-Vincennes/Saint-Denis

Fortin Jean-Patrick, 2002, *Grands ensembles, l'espace et ses raisons*, Paris, PUCA

GEP, 2003, *Atlas de la Plaine Saint-Denis, aménagement, urbanisme, environnement*, Bobigny, DDE 93

Hatzfeld Marc, 2006, *La culture des cités, une énergie positive*, Paris, Autrement

Isabey et Leblan, 1864, *Villas, maisons de ville et de campagne composées sur les motifs des habitations de Paris moderne dans les styles des XVIe, XVIIe, XVIIIe et XIXe siècles et sur un choix des maisons les plus remarquables de l'étranger*, Paris, Librairie d'architecture et d'art A. Levg

Labedollière Émile de, c. 1860, *Histoire des environs du nouveau Paris*, Paris, G. Barba

Lallaoui Mehdi, 1993, *Du bidonville aux HLM*, Paris, Syros

Lambert Théodore, 1889, *Maisons de campagne et villas*, Paris, Librairie générale de l'architecture et des Arts décoratifs Charles-Schmid

Lambert Théodore, 1889, *Habitations à bon marché*, Paris, Librairie générale de l'architecture et des Arts décoratifs Charles-Schmid

Lambert Théodore, 1905, *Petites Maisons pittoresques*, Paris, Librairie d'architecture R. Ducher (publication par séries)

Michel Geneviève & Deraine Pierre Jacques, 2005, *Aux Courtillières, histoires singulières et exemplaires*, Paris, Créaphis

Panerai Philippe, 1996, *La Vallée de la Seine dans le Val-de-Marne, paysage et aménagement*, Créteil Conseil général du Val-de-Marne

Pennetier Claude, Nathalie Viet-Depaule, Burgel Guy (dir.), 1991, *Bibliographie de la banlieue parisienne*, Nanterre, Villes en parallèle Document

Petit Victor, 1860, *Maisons de campagne des environs de Paris*, Paris, Monrocq (édition en fascicules)

Petit François, 1993, *L'Homme de la meulière*, Athis-Mons, Cahiers de la maison de la banlieue et de l'architecture

Petit François, 1993, *Du cabanon au pavillon*, Athis-Mons, éd. Centre culturel d'Athis-Mons

Raguenet A., 1885, *Monographies des bâtiments modernes*, Paris, E. Ducher (publication par fascicules)

Riboud Jacques, 1965, *Développement urbain*, Paris, Mazarine

Seine Amont Développement, 2005, *Seine Amont, un territoire de projet*, Ivry, Seine Amont Développement

Stebe Jean-Marc, 1999, *La crise des banlieues*, Paris, Le Monde

Union régionale des CAUE d'Île-de-France, 2001, *Architectures du 20e siècle en Île-de-France*, Paris, ministère de la Culture et de la Communication

Viollet-Le-Duc Eugène et Narjoux Félix, 1877, *Habitations modernes*, Paris, Morel & Cie

Viollet-Le-Duc Eugène et Narjoux Félix, 1880, *Constructions modernes et économiques*, Paris, Monrocq (publication par fascicules)

7. Paris en débat

Auzelle Robert, *e al.*, 1943, *Destinées de Paris*, Paris, éd. du Chêne

Bastie Jean, 1963, *Paris en l'an 2000*, Paris, Sedimo.

Burgel Guy, 2008, *Paris meurt-il ?*, Paris, Perrin

Christ Yvan, 1967, *Les Métamorphoses de Paris*, Paris, Balland

Cornu Marcel, 1972, *La Conquête de Paris*, Paris, Mercure de France

Dufau Pierre, Laprade Albert, 1967, *Pour ou contre la démolition de Paris*, Paris, Berger-Levrault

Fermigier André, 1991, *La Bataille de Paris : des Halles à la Pyramide, chroniques d'urbanisme*, Paris, Gallimard

Fromonot Françoise, 2005, *La Campagne des Halles, les nouveaux malheurs de Paris*, Paris, La Fabrique

Gravier Jean-François, 1947, *Paris et le désert français*, Paris,

Le Corbusier, 1951, *Destin de Paris*, Paris, Sorlot

Legall Gérard, 2008, *Réunifier et réconcilier la ville, constats et propositions*, Avis et rapports du Conseil économique et social, Paris, JO

Ragon Michel, 1965, *Paris, hier, aujourd'hui, demain*, Paris, Hachette

Raymond Henri, *e al.*, 1966, *Les Pavillonnaires*, Paris, CRU

Offner Jean-Marc, 2007, *Le Grand Paris*, Paris, La Documentation française

8. Revues

AMC

AMC Le Moniteur

Communications,

d'A

Esprit

Études Foncières

L'Architecture d'Aujourd'hui

L'Architecture française

Les Cahiers de l'IAURP/IAURIF

Paris-projets

Urbanisme

9. Plans d'urbanisme

Préfecture de la Seine, 1959, *Plan d'urbanisme de Paris*

Région parisienne, 1960, *Plan directeur d'organisation générale de la région parisienne*, Paris,

Préfecture de la Seine, 1965, *Contribution aux études sur les tendances du plan directeur de Paris*

Délégation générale au district de la région parisienne, 1965, *Schéma directeur d'aménagement et d'urbanisme de Paris*, Paris, La Documentation française illustrée

Préfecture de l'Île-de-France, 1976, *Schéma directeur d'aménagement et d'urbanisme de la région Île-de-France*, Paris, IAURIF

Préfecture de l'Île-de-France, 1994, *Schéma directeur de la région Île-de-France*, Paris, IAURIF

Région de l'Île-de-France, 2007, *Schéma directeur de la région Île-de-France (projet)*, Paris, IAURIF

TABLE DES MATIÈRES

ÉDITIONS DE LA VILLETTE

Fondées en 1981 par l'École d'architecture Paris-la Villette (ex-UP6), les Éditions de la Villette publient les réflexions, recherches et travaux menés dans les écoles d'architecture ; tout comme elles s'emploient à publier les textes fondamentaux ou ouvrages pédagogiques nécessaires à la compréhension de ce domaine. Elles mènent également une activité en direction du monde professionnel et des amateurs avertis en publiant des ouvrages relevant, outre de la ville et l'architecture, de problématiques sociales, techniques et esthétiques. Elles ont été lauréates du prix La ville à lire, décerné par la revue *Urbanisme.*

Hors collection

Tim Benton, *Les Villas parisiennes de Le Corbusier, 1920-1930*

Textes fondamentaux modernes

Libero Andreotti, *Le Grand Jeu à venir, textes situationnistes sur la ville*
Adolf Behne, *La Construction fonctionnelle moderne*
Sigfried Giedion, *Construire en France, construire en fer, construire en béton*
Emil Kaufman, *De Ledoux à Le Corbusier, origine et développement de l'architecture autonome*

SC

Jean Castex, *Chicago, ville moderne (1910-1930)* (à paraître)
Stéphane Degoutin, *Prisonniers volontaires du rêve américain*
David Mangin, *La Ville franchisée, formes et structures de la ville contemporaine*
Dominique Rouillard, *Superarchitecture, le futur de l'architecture 1950-1970*
Yannis Tsiomis, Volker Ziegler, *Anatomie de projets urbains, Bordeaux, Lyon, Rennes, Strasbourg*

Passage

Jean-Claude Vigato, *Régionalisme*
Philippe Sers, *Vérité en art*
Paolo Amaldi, *Espaces*
Pascal Aubry, Augustin Berque, Pierre Donadieu, Arnauld Laffage, Jean-Pierre Le Dantec, Yves Luginbühl, Alain Roger, *Mouvance II, soixante-dix mots pour le paysage*
Philippe Boudon, *Conception*
Jean-Paul Dollé, *Métropolitique*
Roger-Henri Guerrand, *Hygiène*
Henri-Pierre Jeudy, *Courir la ville*
Masahiro Ogino, *Fissures.*

Savoir-faire de l'architecture

Jean Aubert, *Cours de dessin d'architecture*
Jean Aubert, *L'Axonométrie*
Philippe Boudon, Philippe Deshayes, Frédéric Pousin, Françoise Schatz, *Enseigner la conception architecturale*
Jean Castex, *Renaissance, baroque et classicisme, Histoire de l'architecture 1420-1720*
Brigitte Donnadieu, *L'apprentissage du regard, leçons d'architecture de Dominique Spinetta*
Jean-Paul Jungmann, *Ombres et lumières*
Jean-Paul Jungmann, *L'Image en architecture*
Dominique Paulet et Dominique Presles, *Architecture navale, connaissance et pratique*

Penser l'espace

Yannis Tsiomis (dir.), *Matières de ville*
Georges Charbonnier, préface de Didier Semin, *Le Monologue du peintre*
Ulrich Conrads, *Programmes et manifestes de l'architecture au XXe siècle*
Guy Delabre et Jean-Marie Gautier, *Vers une république du travail, Godin 1817-1888*
Michel Denès et Guendalina Herminghaus, *Form Follows Fiction*
Michel Denès, *Le Fantôme des Beaux-Arts*
Anne-Marie Eyssartel et Bernard Rochette, *Des mondes inventés suivi de Biosphère II* de Jean Baudrillard
Jean-Paul Flamand (dir.), *La Question du logement et le mouvement ouvrier français*
Jean-Paul Flamand, *L'Abécédaire de la maison*
Pierre Joly, *L'Art, l'Architecture et le Mouvement moderne*
Pierre Joly (dir.), *Archives et histoire de l'architecture*
Jean-Pierre Le Dantec, *Jardins et paysages : une anthologie*
Jean-Baptiste Minaert, *Histoire d'architectures en Méditerranée, XXe-XXe siècles*
Christian Moley, *Les abords du chez-soi, en quête d'espaces intermédiaires*
Thierry Paquot (dir.), *Habiter l'utopie, le Familistère Godin à Guise*
Benjamin Ward Richardson, Frédérique Lab, *Hygeia, une cité de la santé*
Andrzej Turowski, *Existe-t-il un art en Europe de l'Est ? Utopie et idéologie*
François Séguret, Hans Walter Muller, Claude Giverne, Xavier Juillot, *L'Entretien des illusions*
Alain Mons, *L'Ombre de la ville*

Études et recherches

Alessia de Biase, Christina Rossi, *Chez nous*
Agnès Deboulet, Rainier Hoddé, André Sauvage, *La critique architecturale*
Jean-Yves Toussaint et Chris Younès (dir.), *Architecte, ingénieur, des métiers et des professions*
François Séguret et Henri-Pierre Jeudy (dir.), *Écologie urbaine ?*
Alain Hayot, André Sauvage (dir.), *Le Projet urbain*

Lumière et couleur de la ville européenne

Annick Maulion Desmier (dir.),
Paris, couleur de la ville
Budapest
Rome

Les rencontres Le Corbusier

Le Corbusier, la nature
Le Corbusier, le symbolique, le sacré, la spiritualité
Le Corbusier , l'œuvre plastique
Le Corbusier, la Suisse, les Suisses
Le Corbusier, moments biographiques

École d'architecture de Grenoble

Jean-Pierre Durand, *La Représentation du projet*
Catherine Maumi, *Thomas Jefferson et le projet du Nouveau Monde*
Bruno Queysanne, *Alberti et Raphaël, Descriptio urbis Romae*
Heinrich Wölfflin, *Prolégomènes à une psychologie de l'architecture*

École d'architecture de Paris-Belleville

Christian Enjolras, *Jean Prouvé, les maisons de Meudon 1949-1999*

eaV, enseignement, architecture, ville

revue de l'école d'architecture de Versailles
n° 13/2008
n° 12/2007
n° 11/2006
n° 10/2005
n° 9/2003-2004
n° 8/2002-2003
n° 7/2001-2002
n° 6/2000-2001
n° 5/1999-2000
n° 4/1998

Les Cahiers de l'École de Blois

n° 6 Végétaux

Cahiers Ramau

Cahiers Ramau 4
Cahiers Ramau 3
Cahiers Ramau 2
Cahiers Ramau 1

Cet ouvrage a été composé en ADOBE CASLON, ADOBE CASLON EXPERT, ISONORM3098 ET MINIMUM. Il est imprimé sur carte couchée demi-mat moderne 250 grammes pour la couverture et sur couché ARTIC THE VOLUME 115 grammes pour les pages intérieures.

sous la direction de MARC BÉDARIDA — conception graphique / C-ALBUM, RACHEL PFLEGER — graphisme & illustrations / PIERRE DUSSER — iconographie / SHAHINDA LANE — révision-correction / FRANÇOISE FAUCHERRE

reproduit et achevé d'imprimer par l'imprimerie NÉOTYPO, août 2008, pour le compte des ÉDITIONS DE LA VILLETTE, 144, avenue de Flandre, 75019 Paris //
editions@paris-lavillette.archi.fr / www.paris-lavillette.archi.fr/editions / tél : 33 (0)1 44 65 23 58 / fax : 33 (0)1 44 65 23 28

ISBN : 978-2-91-545639-4
dépôt légal : 1ère édition / août 2008 n° imprimeur : 1010
Imprimé en France

VOLUMEN / 69bis, rue Vaugirard - 75006 Paris / tél. : 33 (0)1 44 10 75 75 / fax : 33 (0)1 44 10 75 67
/ volumen@volumen.fr
diffusion-distribution-export / VOLUMEN